• 二十一世纪“双一流”建设系列精品规划教材

大学生心理健康与人生发展

DAXUESHENG XINLI JIANKANG YU RENSHENG FAZHAN

主　编　肖　宇

副主编　谭　敏　何媛媛

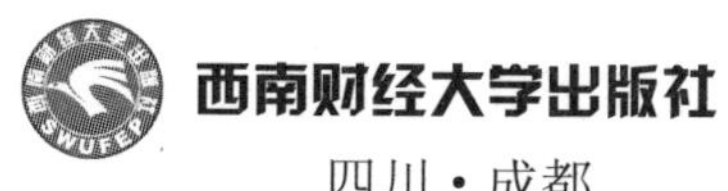

西南财经大学出版社

四川·成都

图书在版编目(CIP)数据

大学生心理健康与人生发展/肖宇主编 .—成都:西南财经大学出版社,
2019.8(2021.1 重印)
ISBN 978-7-5504-4049-4

Ⅰ.①大… Ⅱ.①肖… Ⅲ.①大学生—心理健康—健康教育—高等学校—教材 Ⅳ.①G444

中国版本图书馆 CIP 数据核字(2019)第 164256 号

大学生心理健康与人生发展
主　编　肖宇
副主编　谭敏　何媛媛

责任编辑:王琳
责任校对:李邓超
封面设计:墨创文化
责任印制:朱曼丽

出版发行	西南财经大学出版社(四川省成都市光华村街 55 号)
网　　址	http://www.bookcj.com
电子邮件	bookcj@foxmail.com
邮政编码	610074
电　　话	028-87353785
照　　排	四川胜翔数码印务设计有限公司
印　　刷	郫县犀浦印刷厂
成品尺寸	185mm×260mm
印　　张	12.5
字　　数	283 千字
版　　次	2019 年 8 月第 1 版
印　　次	2021 年 1 月第 4 次印刷
印　　数	6501— 9500 册
书　　号	ISBN 978-7-5504-4049-4
定　　价	35.00 元

前 言

心理健康教育是提高大学生心理素质、促进其身心健康和谐发展的教育，是高校人才培养体系的重要组成部分，也是高校思想政治工作的重要内容。为深入学习贯彻习近平新时代中国特色社会主义思想和党的十九大精神，推动全国高校思想政治工作会议精神落地生根，切实加强高校思想政治工作体系建设，进一步提升心理育人质量，2018 年 7 月 4 日中共教育部党组印发《高等学校学生心理健康教育指导纲要》（教党〔2018〕41 号），明确要求健全心理健康教育课程体系，结合实际，把心理健康教育课程纳入学校整体教学计划，规范课程设置，对新生开设心理健康教育公共必修课，大力倡导面向全体学生开设心理健康教育选修和辅修课程，实现大学生心理健康教育全覆盖。

西南财经大学高度重视大学生心理健康教育课程建设，形成了以《大学生心理健康与人生发展》为核心，其他个性化心理健康教育课程为补充的心理健康教育课程体系，实现大学生心理健康教育全覆盖。学校开设“大学生心理健康与人生发展”课程近十年，积累了丰富的教学经验、教研成果并形成了科学、系统和有针对性的教学理论体系。为加强我校心理健康教育教材建设，科学规范教学内容，提高大学生心理健康教育课程质量，在学校领导、学校教务处等相关职能部门的关心和支持下，我校心理健康教育中心组织课程组教师编写了《大学生心理健康与人生发展》教材。

本教材紧扣《普通高等学校学生心理健康教育课程教学基本要求》，以实际应用为目的，以心理健康理念的构建和心理素质的提升为重点，将我校多年的教研成果和实践经验融入大学生心理健康概述、自我认识、人格发展、生涯规划、人际交往、学习心理、恋爱与性、情绪管理、压力应对、生命教育与危机应对十个心理健康教育主题。在教材编写过程中，我们注重教材的时代性和权威性，引入了大学生心理健康教育领域的最新研究成果，参考了国内外权威的书籍和论文；注重趣味性和实用性，在教材每一节都加入了引入部分和知识链接，选用了贴近大学生生活的例子。该教材能帮助大学生全面、系统地理解和掌握大学生心理健康教育内容，学习和掌握提高心理调适能力的技能，是一本既可以作为教师教学的参考用书，又可以作为学生心理自助的指导用书。

本教材由肖宇担任主编，谭敏、何媛媛任副主编。肖宇负责全书的策划和总体设计，谭敏、何媛媛负责修改定稿。全书分工如下：第一章由郑敏思、徐慊、方从慧编写，第二章由杨新、伍泽莲、何媛媛编写，第三章由周国波编写，第四章由陈宁、何媛媛编写，第五章由谭敏、何茜、何媛媛编写，第六章由李璐名编写，第七章由宋晓莉、马春蓉编写，第八章由何媛媛、宋晋编写，第九章由伊婷编写，第十章由方从慧、杜焕英编写。

在本教材的编写过程中，中国心理卫生协会大学生心理咨询专业委员会常务委员兼秘书长、北京高教学会心理咨询研究会副秘书长、北京航空航天大学大学生心理咨询与发展辅导研究中心主任马喜亭教授给予了指导并提出了具体的意见和建议。刘亚琨、赵萍萍、杨蕊莲、苟洪英在该教材修改、定稿过程中给予了支持和协助。西南财经大学出版社为本教材成书付出了辛勤的劳动。在此，向相关人员表示衷心感谢。本书在编写的过程中，编写人员参考了专家学者的研究成果，由于篇幅有限，不能一一致谢，在此一并感谢。

由于编写时间仓促和编者水平所限，疏漏之处恳请同行专家和广大读者提出批评和建议，以便今后修订和完善。

编者

2019 年 7 月

目 录

第一章 大学生心理健康导论 …… (1)
第一节 大学生心理健康概述 …… (1)
第二节 常见心理障碍及其应对方法 …… (10)

第二章 大学生自我认识与自我成长 …… (18)
第一节 大学生自我意识与自我认识 …… (18)
第二节 大学生自我认识的发展与偏差 …… (22)
第三节 大学生自我意识的成长与完善 …… (28)

第三章 大学生人格发展 …… (37)
第一节 人格概述 …… (37)
第二节 人格理论与测量 …… (42)
第三节 大学生人格特点和健康人格塑造 …… (49)

第四章 大学生生涯规划 …… (56)
第一节 大学生生涯规划概述 …… (56)
第二节 大学生生涯规划任务 …… (64)
第三节 大学生生涯规划问题与应对策略 …… (72)

第五章 大学生人际交往 …… (78)
第一节 大学生人际交往概述 …… (78)
第二节 大学生人际交往特点及问题 …… (83)
第三节 大学生人际交往技能提升 …… (90)

第六章 大学生学习心理及学习策略 …… (98)
第一节 大学生学习心理概述 …… (98)
第二节 大学生学习特点及常见困扰 …… (104)
第三节 大学生学习策略 …… (111)

第七章　大学生恋爱与性心理 …………………………………………………… (118)
第一节　大学生恋爱心理概述 …………………………………………………… (118)
第二节　大学生恋爱心理及问题调适 …………………………………………… (125)
第三节　大学生性心理概述 ……………………………………………………… (132)
第四节　维护大学生性心理健康 ………………………………………………… (138)

第八章　大学生情绪管理 ………………………………………………………… (144)
第一节　情绪概述 ………………………………………………………………… (144)
第二节　大学生情绪特点及常见情绪 …………………………………………… (151)
第三节　塑造积极健康的情绪 …………………………………………………… (157)

第九章　大学生压力与应对 ……………………………………………………… (165)
第一节　压力概述 ………………………………………………………………… (165)
第二节　大学生常见压力及应对策略 …………………………………………… (173)

第十章　大学生生命教育与心理危机应对 ……………………………………… (182)
第一节　生死之间，追寻生命的意义 …………………………………………… (182)
第二节　大学生心理危机及应对 ………………………………………………… (189)

第一章
大学生心理健康导论

第一节 大学生心理健康概述

大学是青年走向社会前的最后课堂，是大学生积累知识、提升综合素质的重要阶段，是引导大学生树立正确的人生观、价值观和世界观的重要途径，是培养高尚品格成就更好自己的重要时期。社会变革迅速，科学技术的快速发展改变着人们的生活和工作方式，这些都为当代大学生的成长发展带来新挑战。对于青年大学生的成长成才而言，心理健康是重要的保障。那么，当代大学生如何发展自己，做到朝气蓬勃、好学上进、视野宽广、开放自信呢？在本书的第一章，我们将从心理健康的视角来介绍大学生的发展。

一、什么是心理健康

1. 心理健康的定义

国家卫生和计划生育委员会等 22 个部门印发的《关于加强心理健康服务的指导意见》将心理健康定义为在成长和发展过程中，认知合理、情绪稳定、行为适当、人际和谐、适应变化几种状态。世界心理卫生联合会将心理健康定义为“身体、智力、情绪十分调和；适应环境，人际关系中彼此谦让；有幸福感；在工作和职业中能充分发挥自己的能力，过着有效率的生活”。心理健康包含许多明确、具体的情绪情感与行为指标，但我们也应注意心理状态是不断发展变化的。一般来说，心理健康的含义有广义和狭义之分。广义的心理健康，主要以促进人们心理调节、开发潜能为目标，使人能在环境中健康地生活，不断提高心理健康水平，更好地适应社会生活并积极有效地服务社会；狭义的心理健康则以预防心理障碍或问题行为为主要目的。

2. 心理健康的重要性

心理健康是影响经济社会发展的重大公共卫生问题和社会问题。当前，我国正处于经济社会快速转型期，人们的生活节奏明显加快，竞争压力不断加剧，个体心理行为问题及其引发的社会问题日益凸显，引起社会各界广泛关注。提升全社会的心理健康水平，是促进社会稳定和人际和谐、提升公众幸福感的关键，是培养良好道德风尚、促进经济社会协调发展、培育和践行社会主义核心价值观的基本要求，是实现国家长治久安的一项源头性、基础性工作。

心理健康影响生理健康。俗话说："笑一笑十年少，愁一愁白了头。"人的生理疾病常常与心理问题互相影响，长期患有身体疾病可能会引发心理问题，同样心理问题长期积压也会引发躯体疾病。如果一个人长期处于紧张、焦虑、抑郁、悲伤或愤怒等情绪之中，又无法及时调整，那势必影响身体健康。大学生保持良好的心理健康状态，有助于保持躯体健康。

心理健康也是学业成功的重要保障。相较于中学，大学阶段的学习更加自主，需要大学生自行安排时间。健康的心理可以让大学生正确地认识现实，做出长远的规划，并在遇到挫折时迅速有效地调整认知和情绪，更好地应对和解决问题。比如，健康的自尊心是心理健康的重要组成部分。研究表明，当人们接收到消极负面的反馈时，如被人拒绝或被人责备，自尊心偏低的人会感觉十分羞愧、耻辱，他们也会觉得是自己的问题。如果人具有健康的自尊心，受到拒绝或责备时，虽然也会感觉失望或沮丧，但其反应来源于这个情境，不会过度，也不会认为是自己的问题。因此，心理更健康的同学，在大学阶段会更加客观地进行归因。例如，一次考试成绩不理想，有较多方面的原因，而不仅仅是"自己无用""太笨"等原因。

3. 心理健康的标准

心理健康是一个相对的概念，并没有一个绝对的界限，并不像生理健康那样可以被具体和精准地测量。随着时代的发展和人们知识经验的不断丰富，人们对于心理健康的理解和认识也在不断发展。大学生特有的年龄阶段和角色特征，决定了大学生的心理健康既具有普遍特征又具有独特性。概括起来，大学生要拥有心理健康状态，须符合以下七个标准：

（1）能正确认识自我和接纳自我。

一个心理健康的人能从各方面客观地了解自己的性格和能力，同时也能接受自己的优缺点，并做出恰当的、客观的评价，对自己有较为合理的、满意的期待和规划，不会对自己有过于严苛和不恰当的要求。一个心理健康的人会努力发展自身的潜能，对自己力所不能及之处也能安然接受，能够体验到自己存在的价值，因而对自己总是满意的。

（2）能保持和谐的人际关系。

人际交往是个体正常的心理需要，也是大学生融入集体、走向社会的必备能力之一，是大学生心理健康必不可少的因素，也是其获得心理健康的重要途径。在与人交往中，个体应尊重他人，接纳他人与自己的差别，与他人进行良好的沟通和交往，能应对生活中的人际冲突。保持和谐的人际关系，并非指从来没有矛盾，也不是表面的客气，而是指在人际交往中，不以自我为中心，也不讨好他人，自然、真实又平和地回应。

（3）有良好的适应能力。

适应能力指个体与现实生活和谐相处的能力。大学生对环境有较强的适应力，能较清晰正确地认识环境，能够主动和外界保持良好接触，能接受和适应现实环境。

但面对不理想的环境时，大学生同样能够积极应对，及时调整自己的需要和期望，让自己的想法和行为与周围环境相协调，在各种环境中都能获得成长和发展。

（4）具有顽强的意志。

顽强的意志指个体在自觉、坚持、果断、自制力等方面都有较好的表现，能够正确地对待学习、恋爱、就业、生活及家庭等各方面出现的困难，能够积极应对成长过程中遇到的挫折和困境，并以顽强的意志和坚忍不拔的毅力战胜挫折和困境。

（5）具有良好的情绪状态。

大学生大多处于青年期，情绪情感体验丰富深刻，波动较大。大学生应当能够较好地管理自己的情绪，具有较强的情绪调节能力，表现为情绪既能适当宣泄又能合理克制，情绪的表达既符合自身的需要又符合社会需要，能够接纳自己的各种情绪，情绪稳定且积极乐观。

（6）具有完整和谐的健康人格。

人格结构包括性格、能力、动机、需要等多方面，大学生应当在大学阶段对自己各方面有较深入的了解和准确的评价，在此基础上努力完善自己的人格。心理学家奥尔波特认为健康人格具有以下能力：第一，具有自我扩展的能力，能够将自我的感觉扩展到自我周围的人和活动上；第二，能与他人建立温暖的相互关系；第三，情绪安定，能自我接纳，有较高的挫折耐受力；第四，具有实际的现实知觉；第五，对自身具有客观的了解；第六，具有统一整合的人生观。健康成熟的人会“深刻领悟生活的目的”，具有清晰的自我意向和行为准则，具有统一的生活哲学，指导人格朝向将来的目标。

（7）心理行为符合年龄特征。

人的心理发展和年龄密切相关，年龄阶段不同心理行为特征也不同，所以心理行为特征只有与特定的年龄段相符合才能相得益彰。中国文化中有“少年老成”一说，指年纪小的人成熟稳重，显得像阅历深的长者。现在也指年轻人缺乏朝气。大学阶段，大学生正值青春蓬勃阶段，大学生在外形、衣着和气质上显得青春洋溢，乃是心理健康的表现。

二、大学生心理发展特点

大学生普遍处于18~22岁的年龄阶段，按照发展心理学的年龄阶段划分，18~35岁属于成年早期，大学生正处于成年早期。习近平总书记在纪念五四运动100周年大会上提到：“这一时期的大学生思想活跃、思维敏捷，观念新颖、兴趣广泛，探索未知劲头足，接受新生事物快，主体意识、参与意识强，对实现人生发展有着强烈渴望。这种青春天性赋予青年活力、激情、想象力和创造力，我们应该充分肯定。同时，青年人阅历不广，容易从自身角度、从理想状态的角度来认识和理解世界，难免给他们带来局限性。”这一时期，大学生的身心发展基本稳定，但由于一直身处校园，他们的发展特点已经承担各种社会责任的成年个体有很大不同。

1. 大学生自我认知发展的特点

大学生生理及其功能越发成熟，应深入思考自己的未来追求和社会角色；同时，大学生批判性思维的发展也能使其有意识进行独立判断，思考人生价值，并做出自己认为合理的选择。大学时代是自我概念发展最快的时期，通过和他人的交往、比较以及他人对自己的评价，大学生不断探索自己的兴趣爱好，认识自己的潜能和局限，以此来完善自我认识。绝大部分新生缺乏对自我的全面思考与规划，他们在高考选择专业时，处于盲目和不了解的状态。但是来了大学后，有了更多独立思考的机会，随着对专业的深入了解，以及对未来进行职业规划，大学生自身的全面规划在逐渐改善。

在社会问题认识方面，大部分学生开始从辩证的角度看问题，会从各个角度进行思考和分析，不再像以前那样简单和绝对化了。很多大学生进入大学后发现，大学阶段的学习和生活方式与高中时期太不一样了，他们需要尽快适应新的环境并调整学习方法，也会有更广阔的眼界和认识。但也有大学生的思维仍停留于事物“非黑即白”的看法上，或对社会上某些问题的判断模棱两可，不知道怎样反应才是正确的，这就容易造成认知困惑和行为不适。

2. 大学生情绪情感的特点

大学生的情绪相较于儿童和青春期少年，更加丰富和细腻，同时不那么直白和外露，具有复杂性、掩饰性和内隐性。大学生因为生活阅历较少，生活人际环境较单纯，生理发育成熟且向往爱情，相比于更成熟的成年人来说，又具有冲动性、波动性和两极性。大学生情结情感特点主要有以下内容：

（1）复杂性和冲动性。大学生在情绪体验上，有着丰富、强烈而又复杂的情绪世界，情绪体验往往较为迅速而强烈。心理学家常用“急风暴雨”来比喻这种激情性的情绪特征。大学生有较强的群体认同感，喜欢模仿，易受暗示，容易受当时情境气氛的感染、鼓动，容易表现出比个人时更大胆的举止。

（2）波动性和两极性。大学生的情绪年龄正处于未成年人向成年人转变的阶段，在情绪状态上表现为两种情绪并存的特点。一方面，相对于中学阶段，大学生的情绪趋于稳定和成熟。而另一方面，与成年人相比，大学生的情绪带有明显的起伏波动性，容易从一个极端走向另一个极端。大学生的情绪有时会表现为大起大落、大喜大怒。

（3）内隐性与掩饰性。大学生的情绪表现，虽然有时也会喜怒形于色，但不像少年时期那样坦率直露。不少大学生常会将自己的情绪隐藏。能够隐藏自己的情绪反应，表示大学生已经发展出较成熟的情绪调节能力，也会根据外在环境来决定自己是否表现情绪。

（4）阶段性。大学四年，不同年级面临的主要任务不同，大学生的主要情绪也会在各个年级有阶段性区别。大学生的情绪情感发展呈现明显的阶段性特点。

3. 大学生人际交往的特点

在上大学以前，很多学生的生活是被家长和老师安排好的，自己能够支配的时间不多，人际关系的范围也局限于同班同学。进入大学后，每个大学生需要对自己的生活和学习进行更多的自主安排，和来自五湖四海的同学进行相处，自己还要去面对和处理一些事情，和更广泛的人打交道。在这个过程中，人际交往的范围越来越广泛，人际交往的影响因素也越来越复杂。当代大学生的人际交往，无论是个体性的人际交往，还是群体性的人际交往，均受到身心发展水平、群体规范与活动方式以及社会文化环境的影响，从而表现出一些典型特点。

（1）交往意识的迫切性。当代大学生的人际交往，在追求人际关系的个体性交往中，表现出强烈的迫切性。迫切性表现为大学生对人际交往的需求强烈，渴望与人交往。大学生在初入大学的新鲜感淡化之后，失落感和孤独感就会愈加明显，这个时候他们非常希望得到周围人们的关心、体贴、信任和理解，尤其渴望得到室友和同班同学的友情。

（2）交往对象、内容的开放性。大学生思想活跃、情感丰富，为了更好地认识社会、适应社会，他们在人际交往中持有积极的心态，主动勇敢地与他人进行交往。首先，这表现在受到社会的发展和来自多方面相关因素的影响后，大学生对于与异性交往的看法会比高中阶段更为开放；其次，大学生的交往范围较宽，校际之间的交往也很频繁，与陌生人的交往也更加落落大方。

（3）交往方式的多样性。现代计算机、通信、网络技术为当代大学生的交往提供了先进的信息传递手段，为大学生在传统的交往方式基础上又增加了许多新的内容，打破了时空的局限，开辟了超时空的广阔天地，大部分的学生不再抱有狭隘的交友观念，转而追求建立更加广泛、多样的人际关系。

4. 大学生行为表现的特点

大学生在大学阶段将面临一些从未遇到过的困难，以前有父母的照顾、老师的监督，而今一切要自己解决。因此，良好的生活适应是这个时期个体发展的重要课题之一。部分同学在高中甚至初中就在校居住，生活自理能力较强，行为上较为独立；然而也有部分大学生生活自理能力较弱，当离开父母后自己处理事情时，一切都要从头学起。部分学生刚进入大学时会经历适应过程，要适应当地的饮食和气候，要融入集体生活，要独立地照顾自己，要学习不同的内容和方式。随着时间推移，大部分学生能积极地面对，从而适应大学生活，但也有同学消极面对或回避困难，导致更多的适应性问题。

大学生进入大学后，自我管理能力较强的学生能较好地安排好自己的生活，确定自己的发展目标并为之不断努力，平衡好学习和学生工作。对于自我控制能力较差的同学，由于缺乏家长和老师的监督，自我控制能力较差的同学会遇到不少问题，有的同学进入大学后就彻底松懈，因此耽误了学习。“拖延症”也是很多同学面临的阻碍发展的问题之一。自我控制能力较差还表现在不能合理安排生活所需，月开支较大，购物随意不够理性等情况。

三、影响大学生心理发展的因素

大学生心理健康的影响因素包括生理、遗传等因素，生活事件、成长经历、家庭环境、学习经历等情景性外部刺激，以及逐渐形成的人格、自我、观念等内部因素，总之是个体、家庭、学校与社会等各方面交互作用的结果。

1. 遗传和生理因素

心理的发展有其生物基础，如脑和神经系统的发育将影响心理。一些心理方面的疾病也受基因的影响，其发病原因和遗传相关。这一点提示我们，不能单纯地从个体或外部的原因来看待心理方面的问题，比如社会舆论中某些不恰当的归因，"因为童年阴影才导致抑郁症"。事实上，心理健康的影响因素是复杂的，而不是单一的。

生理因素对大学生心理健康状况有影响，尤其是较严重的身体疾病，会带来巨大的精神压力，甚至导致心理疾病。长期的神经性头痛、胃病及其他慢性疾病也是引起大学生心理问题的因素。肢体上的残疾对心理也会产生较大影响，会给学习、生活等诸多方面带来困难，加上这些大学生会经常遭遇挫折、取笑和不恰当的怜悯，易产生自卑感，易贬低自己，丧失信心。

2. 个性因素

大学生的个性特点是心理健康的决定性因素。在这个时期，大学生的自我评价存在着光环效应，大多数大学生没经历过大的挫折，他们对自己能力的评估往往会偏高。在实际生活中，周围人的一些看法和评价与他们的自我认识不一致时，就易有负面情绪出现，造成心理失衡。

性格优势是积极人格特质研究的主要内容。具有性格优势的学生与周围环境融合较好，善于恰当处理自身与外在环境的不一致所产生的问题，并且能够积极主动热情地投入生活学习中，不会把应激性事件扩大化、灾难化，而是积极地解决困难，表现出良好的心理适应能力，因而心理症状也较少，心理健康水平相对较高。

有研究表明，具有人际关系性格优势的人的焦虑情绪和生理反应水平较低。具有此种性格优势的群体在面对应激性事件时会将其视作一种挑战，关注的点是解决问题，注意力集中于如何掌控局势和解决问题上，以一种积极主动的情绪状态接受和完成任务，会主动设法去管理困难解决困难，而不是感到畏惧；具有该优势的个体面对困难的挑战时，善于发现其乐趣和其积极的意义。这些个性特点会保护个体免受情绪和机体不适的困扰。

3. 挫折性事件

挫折性事件是心理障碍和心理疾病的主要根源。相关研究表明，挫折性事件对个体的影响越大，个体心理健康水平越低。挫折性事件会对个体产生巨大的心理冲击力，如果个体不能正确面对，会影响其自信心与意志，甚至导致其认知出现偏差，诱发逆反心理甚至报复心理和行为。

然而，心理学家发现，有一些个体就算经历了大量的挫折或十分极端的挫折，也依然保持着健康、乐观的心理状态。心理学家通过对这些个体进行研究，发现他们有一种心理品质，叫复原力。复原力指一种能够从逆境、不确定、失败以及某些无法抗拒的灾难中自救、恢复甚至提升自身的能力。因此，作为大学生，需要以更加坚韧和积极的眼光面对生活中的挫折和困难，不断增强复原力。

4. 家庭因素

家庭结构、家庭经济状况、父母受教育的程度、职业、家庭关系和氛围，以及父母对子女的期望等都会影响大学生的心理健康。总体来讲，家庭结构的不完整可能会导致学生情感缺失，不利于学生的成长。但这也不是必然的结果。相对于家庭结构来说，父母的教养方式和家庭氛围同样关键。

父母教养方式主要包括以下类型：民主型，即父母对待孩子热情有爱，倾听并尊重孩子的意见；专制型，即父母不考虑子女的要求，要求孩子言听计从；溺爱型，即父母任由子女为所欲为。研究表明，民主型教养方式的大学生心理健康水平高于专制型教养方式的大学生心理水平。如果父母对子女的想法和意见充分理解，给予其关心和温暖，则会对学生的心理健康产生有益的影响。但如果父母对学生诸事有过多干涉，并经常拒绝或否定学生，则不利于学生的心理健康发展。

家庭氛围和谐与否影响大学生心理和人格是否得到健康发展。家庭氛围的和睦，有利于大学生的心理健康发展，更有助于他们从容地解决生活和学习中遇到的各种问题，与他人发展良好的人际关系。父母间若相互敌视、经常吵架，会使学生产生恐惧、焦虑、缺少安全感等消极心理品质，若长期生活在这样的家庭氛围中，学生容易出现心理健康问题。

5. 环境因素

环境因素是指一个组织的活动、产品或服务中能与环境发生相互作用的要素，包括那些造成实际的和潜在的、不利的和有利的环境影响的要素。影响大学生心理健康的环境因素主要包括学校环境、社会环境等。“近朱者赤，近墨者黑”，这是个亘古不变的道理，尤其对于大学生这种明辨是非能力较差的群体而言更是如此，他们的思想和行为很容易受到周围环境的影响。

学校教育是大学生成长的重要平台，学校各项设施的建设、学校教师的自身素质、学校整体的学风和校风、学校所开展的教育活动以及文化环境的构建等因素对大学生社会心态培育有着重要的影响。

社会环境中网络对大学生的心理健康有积极的影响。例如，社交渠道有助于拓展人际圈；网络中信息量巨大，丰富了学习方式和内容；网络提供很多的平台，大学生的创造性得到很好的发挥，增强了大学生的自信。但我们也会发现网络有许多不良影响。例如，网络上的信息良莠不齐，大学生较难分辨；大学生过度沉迷于网络不仅会危害其心理健康也会在现实方面造成影响。沉迷于网络游戏、网上购物、网恋等也会危害大学生的心理健康。

四、培育大学生健康的心理状态

1. 树立健康的生活方式

世界卫生组织对影响健康的因素总结如下：健康=生活方式（60%）+遗传因素（15%）+社会因素（10%）+医疗因素（8%）+气候因素（7%）。由此可见，生活方式对人的健康起到了很大的作用。作为青年期的大学生，为了更好地投入学习和生活，需要养成规律作息、定期运动的习惯。体育运动除了有强身健体的作用，还能使人产生一种非常美妙的情感体验，即心情舒畅、精神愉快。大学生通过运动获得激励，可以增强自尊心、自信心和自豪感，增添生活情趣。研究表明，体测成绩优良的大学生的性格也相对外向，情绪较稳定，具有较好的心理状态和较好的社会适应能力。

2. 培养健康积极的心态

健康积极的心态是个体对待自身、他人或事物的积极、正向、稳定的心理倾向，是一种良性的、建设性的心理准备状态。积极心态与消极心态是相对而言的，面对生活和学习的压力与挫折，抱着积极心态的个体，更容易从积极的一面去思考，积极采取行动，努力面对。健康积极的心态也是一种生活态度，拥有这种心态的个人享受生活中的一切过程。

生活中免不了挫折和不顺遂，但若有健康积极的心态来应对，个体就会更加平和，事情也更容易有转机。

健康积极的心态，个体可以通过刻意的训练而不断培育，方法如下：第一，发现使你快乐的时光，增加它。发现使你不快乐的时光，减少它。当你尝试这么去做的时候，会发现自己的心态更阳光，会拥有更多的正能量。第二，懂得放弃，不再纠结已经放弃了的选择，不让自己陷入后悔的情绪旋涡。第三，宽容谅解，更好地站在他人的角度考虑问题，原谅他人的无意过错，也让自己少些烦恼和抱怨。第四，学会放下，放下阻碍和他人交往的隔阂，放下影响自己前行的包袱，用宽容和博爱的心胸“轻装上路”。

3. 主动协调与环境的关系

适应是一个人调整自身，使其个人需要在与环境互动中得到满足的过程，适应也是自我与环境和谐统一的良好生存状态。个体对环境的适应，可分为消极适应和积极适应。消极适应过程是个体认同并顺应了环境中的消极因素的过程，它压抑了自身的积极因素及潜能，未能充分发挥个体的主观能动性。例如，有的同学不喜欢所在学校或所在专业，就消极应对学习、回避人际交往、埋怨父母、自怨自艾，而不是努力改变现状。积极的适应是指个体在客观环境中积极主动地调整自己的不适应，从而使自身得到发展。

每个人都存在着潜能，环境只是发展的条件。任何环境都存在着有利于个人成长的积极因素和不利于个人成长的消极因素，如果个体能正确分析自身的特点和环境，充分发挥主观能动性，就能获得积极适应，自我得到发展。比如，有的同学家里条件较差，进入大学后申请勤工助学，或者在校外兼职工作，吃苦耐劳，积极肯干，不仅帮助自己改善生活条件，在工作过程中也锻炼了能力，收获了经验，甚至发现了商机，毕业后他们无论是就业还是创业都很有优势。

4. 建立人际支持网络

在成长过程中，我们的情绪与人际关系的好坏有着密切联系，人际关系通常是一个人心理健康状况的晴雨表，同时也会反过来影响身心状况。人际关系不仅是人健康成长的基本条件，同时也是心理健康的一个重要支撑因素，有心理问题的人通常都缺少社会支持网络。当一个人感到难过悲伤、抑郁焦虑时，有亲人的安慰、朋友的关怀，他会感到慰藉和力量，从而拥有战胜困难的勇气和办法；相反，如果没有他人帮助和支持，甚至受到他人嘲讽贬低，他的情绪会更加糟糕，会更加贬低自我，坠入失望的深渊。

大学是一个小社会，同学们每天都要和许多人交际交流。人的一生会遇到许多人，通过他人也可以不断了解自我，就像印度哲学家克里希那穆提所说：“你认识你的面孔，因为你经常从镜子里看到它。现在有一面镜子，在其中你可以看到完整的自己，这面镜子就是关系的镜子。”我们在成长发展的过程中会受到很多人的关注和帮助，这让我们可以克服困难，与他人交往让我们不孤单，生活更幸福。

链接：两个动物实验表明心理健康的意义

心理学的发展与心理实验的进展息息相关。以下的几个经典实验，有效地表明了心理健康与行为之间的关系。

大白鼠求生实验

预实验：将一只大白鼠丢入一个装了水的器皿中，它会拼命地挣扎求生，而一般维持的时间是 8 分钟左右。

正式实验：在同样的器皿中放入另外一只大白鼠，在它挣扎了 5 分钟左右的时候，放入一个可以让它爬出器皿的跳板，这一只大白鼠得以活下来。若干天后，再将这只大难不死的大白鼠放入同样的器皿，结果真的令人吃惊：这只大白鼠竟然可以坚持 24 分钟，是一般情况下能够坚持的时间的 3 倍。

第一只大白鼠，因为没有逃生的经验，它只能凭自己本来的体力挣扎求生；而有过逃生经验的大白鼠却多了一种精神的力量，它相信在某一个时候，会出现一个救生的跳板。这种精神力量就是积极的心态。

习得性无助的实验

实验人员把狗放在矮板隔开的室内，一边有电击一边没有，狗只要跳过板墙就可以回避电击。之后，实验人员把狗固定在地板上进行反复电击。最后，实验人员给狗松绑再电击。实验表明，这些狗都趴在地上忍受电击，不进行反抗，也不逃走。

积极的心态能够帮助小白鼠渡过难关，最后存活下来，而消极的心态会让实验中的狗消极应对。对于我们人类而言，心理健康的意义不仅仅是帮助我们活着，更帮助我们满怀希望幸福地生活。总体来讲，健康的心理帮助我们获得幸福快乐、发挥个人潜能、实现人生价值；相反，不健康的心理将会成为我们成长发展过程中极大的阻碍。

小结：

心理健康的定义是：身体、智力、情绪十分调和；适应环境，人际关系中彼此谦让；有幸福感；在工作和职业中能充分发挥自己的能力，过着有效率的生活。心理健康非常重要，对于大学生来说，心理健康有利于身体健康，心理健康也是学业成功的重要保障。大学生要拥有心理健康状态，须符合七个标准：能正确认识自我和接纳自我，能保持和谐的人际关系，有良好的适应能力，具有顽强的意志，具有良好的情绪状态，具有完整和谐的健康人格，心理行为符合年龄特征。

大学生在认知、情绪和行为等方面都有自身的发展特点，需要遵循发展规律。大学生心理健康的影响因素包括生理、遗传等因素，生活事件、成长经历、家庭环境、学习经历等情景性外部刺激，以及逐渐形成的人格、自我、观念等内部因素，总之是个体、家庭、学校与社会等各方面交互作用的结果。大学生要培育健康心理，需要树立健康的生活方式，培养健康积极的心态，主动协调与环境的关系，建立人际支持网络。

思考题：

1. 进入大学，你的观念和人际关系发生了怎样的变化？
2. 对照大学生心理健康标准，谈谈你对心理健康的认识。

第二节　常见心理障碍及其应对方法

“老师，我觉得我患了上抑郁症，我这段时间情绪很低落，做什么都提不起兴趣。上课、学习无法集中注意力，吃饭没胃口，晚上凌晨一两点才睡觉。”

“发生了什么，让你产生这么低落的情绪？”

“两周前，英语考试成绩只考了 51 分。我很难过，也觉得自己很没用，甚至开始怀疑自己还能不能大学毕业。”

“51 分的考试成绩带给你很大的心理冲击，让你对自己产生了怀疑，也让你对未来感到强烈的担心。”

以上是大学生心理咨询中时常出现的一个对话片段。咨询师一方面为同学们越来越关注自己的心理健康感到高兴，另一方面又为大家对心理障碍知识一知半解，稍有症状就“对号入座”而感到担忧。心理障碍的诊断是一个复杂而专业的工作，除了外在的症状表现以外，还要综合考虑个人的人格因素、成长经历和现实事件，甚至还包括文化因素等。

一、心理障碍

心理障碍是指“所有够得上诊断标准的心理上的疾病”。当前普遍适用的诊断标准是美国精神医学学会的《精神障碍诊断与统计手册》。心理障碍是由生理的、心理的或者社会的原因而引发的，在认知、情感、行为等心理过程的紊乱或者异常，导致我们感受到强烈的心理痛苦，或者社会适应功能受到损害，没有能力按照社会认可的方式行动。

所有人都经历过挫折，有的人通过自我调节逐渐平复，有的人通过向朋友、家人倾诉获得支持，也有的人一直沉浸在这些痛苦之中，学习和生活受到严重影响，发展成心理障碍。其实，从心理健康到心理障碍是一个连续谱，我们每个人都处在这个连续谱上。如果我们将绝对的心理健康标识为白色，而绝对的心理障碍标识为黑色的话，那么我们大多数人都游离在连续谱中间的“灰色地带”。

《中国国民心理健康发展报告（2017—2018 年）》指出：“有 11%～15%的人心

理健康状况较差，可能具有轻到中度的心理问题。”青年大学生身心发展还不成熟，对自我、他人和人生还处在思考、探索阶段，再加之当前社会不断进步、竞争越来越激烈，更易出现心理问题，并可能发展成心理障碍。接下来，我们一起来了解下常见的心理障碍，但切勿对号入座。如有需要，建议到专业机构就诊。

二、常见心理障碍

1. 抑郁症

世界卫生组织预测，到2020年抑郁症将可能成为继冠心病后的第二大疾病负担。抑郁症是一种以显著而持续的低落情绪为主要表现，并伴随相应思维和行为异常的一种心理障碍。典型症状表现为三个方面：①情绪低落。个体感到悲伤、空虚、无望、内疚，觉得自己毫无价值，对生活中的所有活动都缺乏兴趣或兴趣减少，出现自杀想法，甚至产生自伤、自杀行为。②躯体症状。个体出现失眠，精力减退，容易感到疲倦，或者睡眠过多。饮食上容易贪食或者厌食，短期内体重变化较大。③思维缓慢。个体大脑迟钝、联想困难，思考能力、记忆能力下降，无法集中注意力。

抑郁症的产生受多种因素影响，包括遗传因素、生物因素、心理社会因素、人格因素和童年经历等。研究发现，抑郁症患者的生化指标与常人不同，表现为5-羟色胺和去甲肾上腺素降低，某些神经元过度活动。此外，重大生活事件，如亲人死亡、失恋、失业等，也可能引发抑郁症。从个人特质层面来看，具有完美主义倾向的人，或者容易冲动和敏感的人，以及容易焦虑和紧张的人更容易患上抑郁症。

尤其值得注意的是，一些严重的抑郁症患者具有自杀风险，约半数以上的抑郁症患者有过自杀想法、计划或行为。他们会感到“生活没有意义”“自己是一个失败者”“一切都是自己的错”。因此，对抑郁症患者的自杀干预也尤为重要。

2. 焦虑症

焦虑症表现为持久的焦虑情绪，既可能是对未来事件、以前过错、工作表现、身体健康等具体事件的强烈担忧，也有可能焦虑的原因根本不存在，或者不明显，发作时常伴有头晕、心悸、呼吸急促、出汗等躯体表现。

焦虑是一种指向未来的情绪反应，是由紧张、担心、恐惧等多种感受交织在一起的情绪状态，常发生在人们遇到新情境或新问题时。在大多数情况下，随着外部压力事件的消失，焦虑情绪会相应消失或减退。例如，为某个重要面试感到焦虑，面试一结束，整个人就放松了下来。然而，有时候人们的焦虑水平却和实际的压力情形不相符，或者压力事件已经消失了，焦虑情绪还持续存在。这种强烈的担忧，与当事人的现实处境极不相符，当事人感到内心痛苦，但又无法控制自己。

3. 强迫症

强迫症是以不断重复出现的强迫思维和（或）强迫行为为主要症状的一种心理障碍，患者明知这些思维和行为没有必要，虽极力抵抗，却控制不住自己要那么想、那么做，甚至越是抵抗，强迫思维和强迫行为越是强烈，让人感到极度焦虑、痛苦不堪，但又无能为力，严重影响我们的正常学习、社交等。

强迫症患者主要表现为强迫思维或者强迫行为，或者二者兼有。强迫思维是指患者“感受到反复的、持续性的、侵入性的和不必要的想法、冲动或意向”。例如，患者反复思考无意义的事情，“我今天到底有没有锁好门”“我的手洗干净没有，会不会还沾染着细菌”等，而患者也明确知道到这些想法完全来源于自己的多虑。强迫行为是重复性、程式化地做某种看起来似乎有目的的行为，如反复确认是否锁好门、反复洗手、所有物品必须放在某个固定的位置等。患者明知道没有必要，却控制不住自己，因为如果强烈地克制自己不去做的话，内心就会出现心慌、焦虑等情绪，担心不好的事情会发生。

4. 人格障碍

人格障碍是个体呈现出来的，明显偏离文化背景的，内在的、持久的、稳定的心理行为模式。人格障碍患者对自我、他人及事件的感知和解释，以及人际交往和情绪反应等均显著地与所处文化环境不相适应，但其思维、语言、智力等均无明显缺陷。患者一般能正常应对日常工作和生活，甚至有可能在某方面有杰出表现，能理解自己行为并预测其后果，也能在一定程度上理解他人对自己行为的评价。但是，患者所表现出来的情绪不稳、自制力差、追求完美、关注自我等特征让其在人际交往和感情生活中常常受挫。

人格障碍有很多类型，这里我们简单介绍常见的偏执型人格障碍、自恋型人格障碍和边缘型人格障碍。

偏执型人格障碍主要表现为个体对他人的不信任和猜疑，过分担心被其他人伤害，因此对危险征兆异常敏感，甚至根据个体的猜疑，错误地解释一些情境线索，因此他们的人际关系总是不好。比如，在和他人正常聊天中，个体注意到对方的嘴角突然咧了一下，他马上就会猜想这个人是不是在心理密谋什么，然后停止说话，转身离开。

自恋型人格障碍患者与我们通常所指的“自恋狂”有些类似，他们强烈地需要他人赞扬，常夸大自己的重要性，认为自己总是比其他人更优秀，时常沉浸在成功的幻想中。他们有一种权利感，不在意他人的感受和需求，期待别人按照自己的想法行事，甚至为了达到自己的目的而利用别人。

边缘型人格障碍的典型表现是情绪容易失控且不能平息，过分依赖他人，担心被遗弃，以及有冲动和自我伤害行为等。边缘型人格障碍患者对自我的认识不稳定，有时极度自卑，有时又极度自负，内心有一种“空虚感”，容易频繁而无缘由地产生抑郁、焦虑和愤怒情绪。在人际关系方面，在和他人相处时，他们经常在极端亲密和极度仇视之间迅速切换。在心理咨询过程中，他们一会儿认为咨询师是个富余爱心、能力卓越的人，一会儿又认为咨询师无视自己的感受，根本帮不了自己。

5. 精神分裂症

精神分裂症是“一种严重的心理障碍，特征表现为思维、知觉及行为上的紊乱。精神分裂症患者思维缺乏逻辑，不能准确感知世界，不能正常生活和工作”。有些时候，患者能够如正常人般思考、交流和生活，但有一些时候患者的思维、言语和行为却是怪异的、混乱的，与现实世界是不符合的。精神分裂症主要包括五类症状，即妄想、幻觉、思维（言语）紊乱、行为紊乱以及情感表达受限。

妄想是指“个体认为真实但极不可能且通常完全不可能的想法”。本是一种错误的信念、推理和判断，患者却对之坚信不疑。例如，“联邦调查局一直在监视并密谋杀害自己”“别人只要看到我的脸，就可以获悉我脑袋里的所有想法”“我是某个伟人的转世”等。

幻觉是一种不真实的体验，即在没有任何外界刺激作用于人体感官的情况下，人们所感知到的体验。幻听和幻视是两种常见的幻觉。例如，一个人在寝室里的时候，患者听到有人在一直骂她。又如，患者多次“看”到死神出现在自己面前，告诉她很快就会死去。

思维（言语）紊乱表现个体的思维和言语缺乏连贯性和逻辑性。例如，个体毫无逻辑地从一个话题突然转到另一个完全不相关的话题上，或者完全答非所问，你问他“你叫什么名字”，他可能回答说“我正在商场里买东西”，或者“创作”一些只有他们知道的新词语，让人莫名其妙。

行为紊乱是指患者可能出现没有明确诱因的、无法预计的异常行为。例如，一个幻想着自己在被恐怖分子追杀的人，可能突然在大街上大喊大叫、狂奔不已。同时，精神分裂症患者生活一般的无法自理，很多人外表邋遢、蓬头垢面。

情感表达受限是指患者在情绪表达上的严重缺失或减少，表现为迟钝、冷漠。例如，个体对家人态度冷淡，对别人的痛苦无法产生共鸣。又如患者在讲述一段饱含情感的个人经历时，虽内心情感强烈，但却面无表情，语言单调，语速毫无变化。

以上简要介绍几种常见心理障碍。心理障碍患者不仅自身感到非常痛苦，学习和生活大受影响，还可能影响到周边的人。我们只有积极有效地应对心理障碍，才能减少或消除其对我们生活的负面影响。

三、心理障碍的应对

心理障碍其实并不像人们想象的那么可怕。心理障碍就像我们身体的疾病一样，只要我们积极进行治疗和接受心理咨询，主动调整心态并寻求社会帮助，是可以痊愈或者好转的。

1. 积极接受医学治疗

接受系统而充分的医学治疗是重度心理障碍的首要选择。有研究表明，药物治疗是控制抑郁症、精神分裂症等重度心理障碍的方便、快速的手段。例如，抑郁症患者体内的去甲肾上腺素和5-羟色胺会比常人少，患者通过服用药物，恢复脑内和体内的神经递质平衡，在6~8周内大多数患者都感到情绪显著好转。

精神分裂症药物则是通过阻断多巴胺受体来减少大脑内的多巴胺活动，进而减少幻觉和妄想，近八成患者可得到显著疗效。很多心理障碍的治疗需要患者长时间坚持。有些患者因为担心精神类药物会让自己“变傻”，或者患者服用药物后由于不良副作用而产生抵触心理，或者因为无法接受药物的正常、暂时的副作用，如记忆力下降、嗜睡等情况，而中断服药，造成治疗不充分，复发可能性加大。

2. 辅助心理治疗/咨询

由于心理的复杂性和隐蔽性，心理障碍的治疗是一个复杂的系统工程，心理治疗或咨询也很有必要。许多患者服药后，外在的症状得到控制，但由于心理障碍的产生还有复杂的心理社会因素，这些根本的病因没有得到解决的话，复发的可能性会增大。因此，在进行医学治疗的同时，辅以心理治疗或心理咨询，既帮助患者调整他们对待心理障碍的态度，增强信心，又释放和消化引起心理障碍的被压抑的情绪，从而改善人际关系，帮助他们尽可能地适应社会。

接受心理治疗或心理咨询辅以药物治疗的患者，比仅服药治疗的患者在外在症状表现上会有更显著的改善。有研究数据表明，“在抑郁症的维持治疗期，即使人际心理治疗的频率只有 1 次，也会使预防复发的周期延长至安慰剂组（非心理治疗组）的 2 倍左右”。

3. 主动调整心态

患者应消除心理负担。由于历史文化的因素，社会大众对心理障碍存在着一定的误区、偏见和歧视，心理障碍患者及家人有一种羞耻感，不愿“家丑外扬”，从而不能及时治疗患者。其实，心理学界普遍将心理问题看成精神上的“感冒”，既然身体生病是正常的事情，心理上的生病又有何不正常的呢？

患者应建立自我信心。泰戈尔曾说：“当你为错过太阳而哭泣的时候，你也要错过群星了。”出现心理障碍，我们的生活受到影响，这已是无可避免的事实，但生活还有很多美好。如果我们一直沉浸在之前的痛苦中，那么将对生命中的其他美好视而不见。只要我们有信心、有决心战胜心理疾病，它便会被我们的“自我暗示”击倒。如果我们因为患上心理障碍而过度自责，或者悲观绝望，认为“自己是家人的负担”“我的人生也没什么价值了”，则会加重我们的痛苦感受，陷入无止境的恶性循环。

患者应进行适度的运动锻炼。相信大家都有这样的体验，如果我们感冒了，一个人躲在宿舍里，会觉得全身都不舒服。但如果我们走出去晒晒太阳，和朋友一起参加一些有趣小活动，好像身体就没什么不舒服的了。适当、适度的运动锻炼，有助于调节我们的身体状态，进而改善我们的心理状态。有研究表明，经常锻炼如跑步等对于缓解轻度、中度的抑郁症有非常不错的疗效，而瑜伽练习也可以帮助人们改变情绪调节方式。

4. 寻求社会支持

心理创伤治疗大师巴萨尔·范德考克在《身体从未忘记——心理创伤疗愈中的大脑、心智和身体》中写道：“我们的一切（包括我们的大脑、我们的心灵和我们的身体）都倾向于与社会系统合作……人际关系和人际互动在我们小时候塑造我们的心灵和大脑，而这两样事物在我们的一生中给予实际存在和精神意义。”

心理障碍患者长时间处于极度的痛苦中，与痛苦的斗争又再次消耗着巨大的心理能量，时常会感到身心耗竭。如果在这个时候，我们的身边有一个亲人或者一个好友，或者一个其他你完全信赖的人，可以看到、听到、理解到我们内心的痛苦和挣扎，在我们身心俱疲、想要放弃时给自己加油、鼓劲，无论自己承受着怎样的痛苦，他或她都在旁边陪着自己，会是怎样的体验？我相信，患者的内心就会一直燃烧着希望的火焰。

真正的强者，是那些看到自己的弱点，并勇于向他人求助的人。每个人也都会有自己的弱点，不管你是否让它展示出来，它都在那里。如果你把它藏得越深，它越可能在不经意间影响你，伤害你。如果你能正视它的存在，接纳它的存在，更积极、乐观地去和它相处，它终将变成我们的朋友。

链接：认识心理咨询

心理健康非常重要，大学生需要关注自身心理健康。如果大学生常常觉得自己情绪负面或想法极端，乃至在人际关系、学业等方面频频出现困难时，可以向学校心理咨询中心求助，在专业心理老师的帮助下，尽快走出心理低谷。

美国心理学家卡尔纳对心理咨询的定义：心理咨询是指一种专门向他人提供帮助与寻求这种帮助的人们之间的关系。在这种关系中，助人者的手段及其所创造的气氛使人们逐步学会以更积极的方法对待自己和他人。心理咨询能够为人们提供全新的人生经验和体验，可以帮助人们更清晰地认识自己与社会，逐渐改变自己对外界不合理的思维、情感和反应方式，并学会处理好各种关系，提高工作效率，改善生活品质，以便更好地发挥个人的内在潜力，实现自我的价值。

心理咨询的对象是健康人群或存在心理问题的人群，它有别于极健康人群，也和心理治疗的主要对象有所不同。根据咨询的内容不同，心理咨询可以分为发展咨询和健康咨询；根据咨询的规模不同，可分为个体咨询与团体咨询；根据咨询采用的形式不同，可分为门诊咨询、电话咨询和互联网咨询。心理咨询的四个主要流派包括：精神分析学派，又称心理动力学派，创始人为奥地利精神病学家、心理学家西格蒙德·弗洛伊德；行为治疗学派，其理论基础是以美国心理学家约翰·华生开创的行为主义心理学派；认知治疗学派，认知治疗学派的代表是美国心理学家阿尔伯特·艾利斯；人本主义学派，创始人为亚伯拉罕·马斯洛和卡尔罗杰斯。

心理咨询与心理治疗是不同的，学校心理咨询中心仅提供心理咨询服务。心理咨询与心理治疗有以下不同：

第一，工作的任务不同。心理咨询的任务主要在于促进个体健康成长，强调发展模式，帮助来访者发挥最大的潜能，为正常发展消除路障，重点在于预防。而心理治疗在于治疗病人过去已经形成的损害，解决和改变发展结构障碍。

第二，对象和情景不同。心理咨询遵循教育的模式，来访者多为正常对象，主要涉及日常生活问题。心理治疗的对象是心理异常的病人，是在临床和医疗情景中开展工作。

第三，工作的方式不同。心理咨询应用更多的方式介入来访者的生活环境之中，如与来访者的家庭、亲友取得联系，设计和组织学习班等团体活动。而心理治疗的形式多为会谈。

第四，解决问题的性质和内容不同。心理咨询具有现实指向的性质，涉及的是意识问题，如有关职业选择、培养教育、生活和工作指导、学习辅导等，因此多采用认知和伦理的途径。心理治疗涉及内在的人格问题，更多的是与无意识打交道。

心理咨询中的保密原则和保密例外原则

心理咨询师需要严格遵守保密原则，有责任向来访者说明心理咨询工作的保密原则以及这一原则在应用时的限制，并且只有在得到来访者书面同意的情况下，才能对心理咨询过程进行录音、录像或演示。然而在特殊的情况，为了更好地维护来访者及他人的利益，咨询师需要打破保密原则，与大学生相关的主要有以下几条：

（1）取得了来访者（或其合法代表）的许可；

（2）来访者有自杀倾向，咨询师判断来访者有明确的自杀危险；

（3）来访者有杀人倾向，或威胁参加明显可能危害他人的行为；

（4）来访者有致命的传染性疾病且可能危及他人；

（5）法律规定需要披露时。

小结：

心理健康和心理障碍之间是一个逐渐过渡的连续谱，没有绝对的心理健康，也没有绝对的心理障碍，而我们每个人都处在这个连续谱的某个点上。心理障碍是由生理、心理或者社会因素引发的，在认知、情感、行为等心理过程的紊乱或者异常。就像我们因沾染细菌和病毒生病一样，我们的心理也会因为外在的不良刺激产生一些“应激”反应，表现出一些心理上的“症状”，或过度焦虑、抑郁、强迫，抑或形成人格障碍或精神分裂等心理障碍。本节给大家简要介绍了五种大学生常见的心理障碍，希望可以增强大学生对心理疾病的了解和认识，关注自我心理健康，但绝不是给大家提供一个诊断标准，因此切勿给自己“贴标签”。如果感觉自己出现异常心理和行为表现，请一定到专业机构进行咨询。如果患上心理障碍，也并没有我们想象的那么可怕，只要接受系统而充分的医学治疗及心理治疗（咨询），是可以好转或者痊愈的。

海明威曾说：“生活总是让我们遍体鳞伤，但到后来，那些受伤的地方一定会变成我们最强壮的地方。”只要我们放下对心理障碍的担忧和害怕，对未来生活充满信心，我们必然会在人生的道路上发现不同的风景。

思考题：

1. 某天，你的室友突然告诉你，他/她被诊断为“焦虑症”，现正在接受药物治疗并辅以心理咨询。在以后的生活中，你会怎样和他/她相处？

2. 你的好友两周前和相恋三年的男友分手了，她非常伤心、难过，虽然她会时常找你倾诉，你也给了她很多的温暖和情感支持，她的情绪却始终没有明显改善，这时候你会怎么帮助她？

引用：

［1］杨钋，毛丹.“适应”：大学新生发展的关键词［J］. 北京教育，2013，4：28-31.

［2］沈德立. 大学生心理健康［M］. 北京：高等教育出版社，2013.

[3] 德博拉 C. 贝德尔，辛西娅 M 布利克，梅琳达 斯坦利. 变态心理学［M］. 袁立壮，译. 北京：机械工业出版社，2013：247.

[4] 苏珊·诺伦-霍克西玛. 变态心理学［M］. 邹丹，等，译. 北京：人民邮电出版社，2017：242.

[5] ROBERT J URSANO M D，STEPHEN M SONNENBERG M D，SUSAN G LAZAR M D. 心理动力学心理治疗简明指南［M］. 林涛，王丽颖，译. 北京：人民卫生出版社，2010：3.

[6] 周莉，刘海娟. 大学生心理健康教育［M］. 北京：中国人民大学出版社，2015：214.

推荐阅读：

[1] 克里. 心理学与个人成长［M］. 北京：中国轻工业出版社，2015.

[2] 斯科特·派克. 少有人走的路，心智成熟的旅程［M］. 北京：中华工商联合出版社，2018.

第二章
大学生自我认识与自我成长

第一节　大学生自我意识与自我认识

新学期开始，小明满怀憧憬地走进自己向往已久的大学校门，并积极报名参加各项活动。但入学不到两个月，小明就感到了压力、疲惫和迷茫。他发现，在人才济济的大学里，自己曾经引以为傲的优点和别人相比不值一提；自己努力参与社团活动，却说不清楚究竟在忙些什么；再加上选拔实验班失败、竞选班委失败等一系列挫折事件，小明对自己产生了深深的怀疑。他一遍遍地问自己："我是个一无是处的人吗？这四年就这样平淡地度过吗？四年后我又会过什么样的生活呢？"这些问题压在小明心上，让他寝食难安……

小明是对自己的定位、自己的未来发展产生了困惑，而这些困惑其实是关于自我认识的问题。很多人终其一生都无法正确地认识自己，囿于"我是谁？我从哪里来？我要到哪里去？"的困惑中，最后像小明一样寝食难安。

正确地认识自己并接纳自己，就是尝试回答这些问题的开始。

一、自我意识

个体的自我意识不是与生俱来的，也不是一成不变的。个体的自我意识起始于婴幼儿时期，萌芽于童年期，形成于青春期，发展于青年期，完善于成年期，它会随着个体身心发展的变化而不断提高和完善。

（一）自我意识的含义

自我意识是人对自己的身心状态以及自己与客观世界关系的觉察和体验。从概念来讲，它包括三个层次：第一种层次是个体对自己身体的觉察与认识，比如对自己身高、体重等方面的认识；第二种层次是个体对自己思维、情感、意志等心理活动的认识；第三种层次涉及个体的周围环境，包括对自己担任的社会角色、自己与周围人之间关系的认识等。

（二）自我意识的结构

自我意识是一个多维度、多层次的复杂心理系统，可依据不同标准进行划分。按意识的内容来划分，自我意识可分为生理自我、心理自我和社会自我；按意识的观念来划分，自我意识可以分为现实自我、理想自我和投射自我；按意识的形式来划分，自我意识可以分为自我认知、自我体验和自我调控。

1. 从内容上划分

（1）生理自我。

生理自我是指个体对自己生理状态的认知、体验和评价，包括对自己身高、体重、外貌等身体方面的认识，以及对温饱饥饿、劳累疲乏的体验和评价。比如，个体认为“我很高挑”。个体对生理自我的认知会随着个体生理发展而不断产生变化。

（2）心理自我。

心理自我是自我意识的核心内容，指个体对于自己心理活动、个性特点以及心理品质的认知、体验和评价，包括对自己的性格、能力、思维感知、兴趣爱好方面的认识。比如，个体认为“我是一个喜欢音乐、思维敏捷的人”。

（3）社会自我。

社会自我是指个体对自己与外界客观事物之间关系的认知、体验和评价，包括个体对于自己在周围客观环境及各种社会关系中的角色、地位、权利、义务、责任的认识，以及对自己和他人相互关系的认识等。比如，个体认为“我是学生会的干事”。

2. 从观念上划分

（1）现实自我。

现实自我是个体基于自己目前的立场和现状，对现实生活中自己的认知。个体所探寻的是自我的真实状态和剖析“我是个什么样的人”。比如，当一个同学经常积极发言，他可能会认为自己“是一个勤奋好学的学生”。

（2）理想自我。

理想自我是个体基于自己的实际情况，对将来的自己产生的想象和认识。理想自我不仅是个体想要达到的形象，也是个人追求的目标。个体所探寻的是“我想成为一个什么样的人”和“我应该成为一个什么样的人”。理想自我必须建立在现实自我的基础上，才能获得良好的发展。一个从小喜欢唱歌的人，希望自己长大后成为一个音乐家，这就是基于现实自我下较为合理的理想自我。

（3）投射自我。

投射自我也叫镜中自我，指个体在想象中认为自己在他人心中的形象以及他人对自己的看法，探寻的是“在别人眼中我是什么样的人”。个体的投射自我和现实自我之间往往存在一定的差异。当这种差异过大时，个体容易产生自卑或是自负等不良情绪。比如，有的女生虽然身材健康，但是由于内心的投射自我认为“其他人眼里的我很胖，他们都在背地里嘲笑我”，从而产生自卑。

3. 从形式上划分

（1）自我认知。

自我认知从认知层面出发，指的是个体对自己各个方面的认识，包括自我感觉、自我观察、自我分析、自我评价等方面的认识。其中进行客观而准确的自我评价是自我认知中最为重要的一个方面，它集中反映了个体自我意识的发展水平。

（2）自我体验。

自我体验是指从情感层面出发，是伴随个体自我认知而产生的内在感受，是个体关于“我是否能对自己满意”的问题，包括了自尊感、自卑感、自豪感、内疚感等。其中自尊感是自我体验中最重要的一个方面。

（3）自我调控。

自我调控是指从意志层面出发，个体对自身心理和行为进行主动支配与掌握的过程，是个体关于“我如何才能成为理想中的自己”的问题，包括了自我监督、自我控制、自我教育等。其中自我控制是最为重要的一个方面，很多大学生“知道却做不到”，就是因为缺乏自我控制的能力。

二、自我认识

随着身心的发展，个体也不再满足于仅仅只是接受对自己的觉察和体验，而是尝试着在自我意识的基础上，主动对自己进行探索。

1. 自我认识的含义

自我认识是个体的主观自我对客观自我进行认识与评价的过程，在这个过程中，个体会更好地认识自己的身心特征并实事求是地进行自我评价、自我调节和人格完善。

自我认识与自我意识的不同之处在于：自我意识是自发的，而自我认识是自觉的。相对而言，自我意识在某个阶段是静态的（从长期、整体上看是动态的），而自我认识作为个体的有意识探索，是一个动态过程。自我意识是人对自己的觉察和体验，而自我认识是个体为了更好地对自己进行观察和了解而进行的一种努力。自我认识的结果，一般都包括了自我意识所包含的内容。

2. 自我认识的内容

成熟的自我意识和健康的自我形象是一个人良好心理素质的重要标志。它不仅要求个体认识自己的生理状况和心理特征，还要求个体能客观地认识自己与他人、社会的关系。只要是个体可以获取的、有关自身心理过程与状态的信息，都可以作为个体观察和思考的材料，从而进一步提升对自己的认识。我们可以从独特性、社会属性、愿望与动机、成长历程这几个方面进行自我认识。

（1）自我的独特性。

个体的心理状态在情感指向、动机呈现与选择等方面具有稳定性，这也让人具备了可以和其他人区分开来、可被识别并让别人记住的特征。比如，小明是一个目的性很强的人，小芳在情感上很依赖他人……但是，个体的心理特征会随着其所处阶段的不同而不断变化。随着个体身心的发展，个体会结合自身的经验，在主观能动性的带动下，对自己做出反思、激励等调整与改变，不断丰富其生物独特性和经验独特性。

了解自己的独特性，就是要了解自己面对事情时的反应模式、情感倾向性（包括对人与对己的）、与人的大致关系和在人群中的位置等。了解自己的独特性有助于个体取长补短，在面对事情时做出更好的选择。

（2）自我的社会性。

个体在社会中生存和发展时扮演着不同的社会角色。我们可以是父母的儿女或老师的学生，我们也可以是竞争对手、恋人等。不同的身份代表我们在群体中所处的不同位置，我们享受该角色带来的便利，也要承担该角色的责任与义务。

了解自己的社会性，就是要尝试了解：在与别人互动中，我们该如何表现？我在某种社会角色下是否满足了对方的期待？我与别人的关系如何？我在所处的社会环境中到底是一个什么样的存在？等等。

（3）自我的愿望与动机。

在我们对自己了解的表象之下，其实还潜藏着很多别人不知道、我们自己也不知道的东西，它们在潜意识中影响着我们的决定。我们要确定自己真正的愿望和动机，这可以帮助我们坚定自己的想法和信念，更好地规划人生道路，勇往直前。

自我的愿望与动机是关于“我想成为什么样的人？”“我想要过什么样的生活？”的问题。它可能隐藏在一些看似无关的念头或者情绪的背后，也可能是一种很清晰的信念。比如，小明内心坚定地想要成为一名大学老师，因此他做好了读研读博的人生规划。虽然他曾收到一份不错的工作邀请函，但是他依然决定努力考研，这是因为他对于成为一名大学老师的愿望非常强烈。

（4）自我的成长历程。

研究表明，早期的成长经历对个体社交能力、心理状况、人际关系和智力能力的发展都产生了极大影响。当个体长时间身处某种环境中，会耳濡目染地习得一些社会规则、礼节及成员之间情感互动模式，并逐步形成自己的行为模式，这些都是成年之后的心理特征的基础。

虽然家庭教养方式、童年成长经历对个体的行为模式起着重要作用，但是在对自我成长历程进行认识的过程中，我们也不能将自己的问题归结为过去经历，消极地认为一切已经无法挽回，自己无能为力。我们追根溯源，把这些经历与当下的发展现状和心理特征结合起来，不是为了寻找理由，而是为了更加深刻地认识自己，充分发挥主观能动性，做出积极的改变。

链接：父母教养方式对个体早期发展的影响

美国心理学家戴安娜·鲍姆林德（Diana Baumrind）将父母教养方式归纳为两个维度，即父母对待儿童的情感态度（接受—拒绝）和父母对儿童的要求和控制程度（控制—容许）。依照这两个维度的不同组合，教养方式可分为四种：权威型（接受+控制）、专断型（拒绝+控制）、放纵型（接受+容许）和忽视型（拒绝+容许）。

权威型：权威型是一种高控制且在情感上偏于接纳和温暖的教育方式。权威型父母会以积极肯定的态度对待儿童，及时热情地对儿童的需要、行为做出反应，尊重并鼓励儿童表达自己的意见和观点。权威型父母能够帮助孩子培养自力更生、自我控制、应对压力、有目标地行动、获取成功的理想、与人配合的态度以及对生活充满好奇等性格特征。

专断型：专断型是一种高控制且在情感上偏于拒绝和冷漠的教养方式。专断型父母极其严格，情感上很少考虑儿童自身的要求与意愿，常以冷漠、忽视的态度对待儿童，并会使用体罚的威胁手段来控制孩子。专断型的父母会使得孩子恐惧、忧虑、消极、脆弱、情绪反复无常和做事缺乏目标等。

放纵型：放纵型是一种在情感上抱以积极肯定，但是缺乏控制的教养方式。放任型父母很少向孩子提出要求，会完全纵容孩子的所有想法，即使他们还不具备做决定的能力。放任型父母对儿童违反规则的行为采取忽视或接受的态度，很少发怒或者训斥儿童。放任型父母会让孩子变得叛逆、不能自立、具有较强的冲动性和攻击性、没有目标且缺乏责任感、合作性差、很少为别人考虑、自信心不足。

忽视型：忽视型是一种在行为上对孩子缺乏控制，情感上也缺乏关爱的教养方式。忽视型父母对儿童缺乏最基本的关注，且容易流露厌烦、不愿搭理的态度，有时甚至到了虐待的程度。这种教养方式下成长的儿童会有较强攻击性，很少替别人考虑，对人缺乏热情与关心，在青少年时期更有可能出现不良行为的问题。

虽然父母在孩子人生最初六年的育儿方式并不能完全决定我们成人后的性格，但他们的确在我们成长过程和行为塑造方面发挥着重要作用。孩子可以接受和忍耐父母所有的错误，但如果父母长时间忽视或过度保护孩子，会给孩子造成持久的负面影响。有时候父母过度地渴望成为完美父母，会花大量时间考虑“怎样在合适的时间做正确的事”，并且特别在意自己的方式给孩子造成的影响。但是这种长期的担心反而会引发问题，因为他们的孩子会感受到自己必须成为“完美的孩子”的压力。

小结：

自我意识是人对自己的身心状态以及自己与客观世界关系的觉察和体验。按意识的内容来划分，自我意识可分为生理自我、心理自我和社会自我；按意识的观念来划分，自我意识可以分为现实自我、理想自我和投射自我；按意识的形式来划分，自我意识可以分为自我认知、自我体验和自我调控。自我认识是个体为了更好地了解自己而努力的主观过程。自我认识的内容可以包括自我的独特性、自我的社会属性、自我的愿望与动机、自我的成长历程等。

思考题：

1. 为了弄清楚“我是谁”，你做了哪些努力？获取了什么信息？

2. 你的“真实的自我”“理想的自我”与“投射的自我”之间差异有多大？对此你的感受是什么？

第二节　大学生自我认识的发展与偏差

大学时期是人生中最美好的年华，不论是大学生的生理还是心理都在逐渐成熟，而这一时期也是大学生心理健康、人格发展的重要时期。大学生只有客观、准确地认识自我、了解自我并接纳自我，才有可能充分发挥自身潜能，促进自身积极健康成长。探讨自我意识的发展，学会客观地认识自我和接纳自我，不仅是大学生需要学会的，也是所有人终生的课题。

一、大学生自我认识的发展特点

1. 自我认识不断拓展和深化

进入大学校园后，大学生的自我认识更加具有自觉性和主动性，他们心理活动的深度、发展速度都远远超过中学阶段。除了对自己外貌、体重、言行举止等外在上的关注之外，还更看重自己的性格、人际、能力等内在表现。他们往往从更深的角度认识自己，更注重从内心深处评价自己，但是也更容易感受到理想自我和现实自我之间的冲突。

2. 自我认识的水平存在年级差异

受个体身心发展特点的影响，不同年级的大学生在自我意识的水平上存在着差异，总体上会随着年级的增高而趋于成熟。大一学生刚进入校门，处于从高中生到大学生的转变中，在学习方式、环境和人际交往等方面都脱离了原有熟悉的环境，需要重新审视自我，寻找自己的位置，因此自我意识最为强烈。大二、大三学生则逐渐适应大学生活，整合了各方面的新信息，自我认识进一步稳定和深化。大四学生临近毕业，需要对自己的未来做出合理规划，可能又会出现新的反思和重整。然而历经的每次变化带来的自我审视，都不是彻底打破原来的自我意识，而是在既有的自我意识的基础上，不断丰富和完善。

3. 自我体验深刻且丰富

大学生的自我体验深刻且丰富，总体情绪情感基调是积极健康的。但是大学生容易对别人的言行和态度过于敏感，把自己的情感体验闭锁于内心，导致内心体验的起伏较大，两极化明显。总体体现为：大学生取得成绩时容易产生积极、肯定的自我体验，甚至骄傲自满、忘乎所以；遇到挫折时又易产生消极、否定的情感体验，甚至自暴自弃、悲观失望。

4. 自我评价的能力提高

自我评价是自我认识的核心。进入大学后，随着知识面的拓展和新的生活经验积累，大学生对自己的评价能力显著提高，更加客观全面。大学生主要通过他人评价和自省评价来获得和完善自我评价。

首先是他人评价。来自父母、朋友等人的评价，会改变大学生对自我的认知，对大学生自我评价的成熟和发展起着重要作用。其次是自省评价。受个人世界观和人生价值观念的影响，大学生自我评价日益辨证而深刻。他们不仅能分析自己当下的心理状态，也开始认识到自己较稳定的个性心理品质。

5. 自我调控的能力提高

走进大学校园，在经历了人际、生活等各方面的角色转变之后，大学生自我控制能力有了很大提高，其自觉性、坚持性、独立性和稳定性得到显著发展。大学生开始充分发展自己独立自主的能力和水平，主动对自己的思想行为进行调节，并积极思考和规划未来的职业理想。但是，这一过程又会受到家庭、社会等现实因素影响，呈现出一定的社会性。此外，由于大学生自我调控水平的局限性，大学生也存在着不善于理智控制行为、不能及时调整目标等问题。

二、大学生自我意识发展的规律

大学生的自我意识在大学阶段得到迅速发展并趋于完善。在这一过程中，大学生的自我意识经历了分化、矛盾和统一过程，呈现出一定规律。

1. 自我意识的分化和统一

大学生的自我概念不再是原本笼统的整体“我”，开始意识到过去不曾注意的更多关于“我”的细节。出现了主观我（I）与客观我（me）的分化和“理想我”与“现实我”的分化。大学生的“主观我”不断审视和评价着“客观我”，而“理想我”也促进了“现实我”的改变和发展。

自我意识的分化是大学生自我意识开始走向成熟的标志。这一过程使得大学生自我沉思增多，开始关注自己的内心世界和行为，渴望被理解、被关怀，同时也带来了激动、不安、焦虑、喜悦等多种情绪。

自我分化和矛盾所带来的痛苦会促使大学生努力寻求解决方法，以求得自我意识的统一。大学生此时一般有三种做法：一是努力改善现实自我，使之逐渐接近理想自我；二是修正理想自我中某些不切实际的过高标准，使之与现实自我趋近；三是放弃理想自我而迁就现实自我。由于存在着个体差异，大学生自我意识的分化、矛盾、统一的过程并不是绝对的，每个人自我意识统一的时间和模式都不相同。按照心理健康的标准，只要个体在统一后的自我是完整的、协调的、充实的、有力的，此时的个体就是积极健康的统一。

2. 自我意识的矛盾

随着大学生自我意识的分化，大学生会不可避免地面对主观我与客观我、理想我与现实我之间存在的差距，当个体无法顺利接受这一差距时，就会表现出明显的内心冲突，产生痛苦和不安情绪。在这个过程中，主要存在以下矛盾：

（1）主观我与客观我的矛盾。由于生活范围狭窄，社会关系单一，大学生接收的信息多是来自身边人的鼓励与夸奖，这往往容易导致大学生无法客观认识自己，出现主观我与客观我不一致的现象。

（2）理想我与现实我的矛盾。这是大学生自我意识矛盾中最为突出的矛盾。大学生往往对自己存在着较为高远的成就期望和理想抱负，然而受现实环境和其他因素的限制，并不容易顺利实现这种期望。当理想中的自我与现实中的自我相差过大时，大学生就会失望和苦恼。

（3）独立意向与依附心理的矛盾。刚刚成年的大学生，独立意向明确，强烈要求能够自主做出决定。但由于缺少相应的社会经验，缺乏独立解决问题的能力，并且经济上也还未能完全独立，大学生容易对父母、老师存在有依附心理，这令他们为此感到苦恼。

（4）交往需要与自我闭锁的矛盾。一方面大学生存在强烈的人际交往需要，渴望建立亲密关系；另一方面大学生又存在自我闭锁趋向，戒备心使得他们不愿意轻易向人袒露自己的真心。这种冲突使得他们在人际交往中存在着阻碍，也使得他们感到孤独和痛苦。

三、大学生常见的自我意识偏差

调查研究表明，当代大学生的自我意识在总体上表现出自我肯定、协调发展的趋势，即大学生自我认识水平较高，认识内容也逐渐丰富和深刻。但是，大学生所处的阶段是心理快速发展、趋于成熟而又未完全成熟的阶段，加之社会竞争加剧、就业压力增大等多方面冲击，大学生的自我意识也容易产生偏差，出现矛盾和不协调的地方。

1. 过度自卑

自卑是一种因过多地自我否定而产生的自惭形秽的情绪体验。自卑感人人都有，但只有当自卑感达到一定程度，影响学习和工作的正常进行时，才归之为心理疾病。在人际交往中，过度自卑主要表现为：个体对自己的能力、品质等自身因素评价过低；谨小慎微、多愁善感，常产生疑忌心理；心理承受能力脆弱；行为畏缩，瞻前顾后，等等。有观点认为，自卑是个体自尊心不强所造成的。但其实有些具有严重自卑心理的人，反而往往表现出高度的自尊心，不允许他人对自己有任何的侵犯，也容易与他人产生冲突。

2. 自恋与自负

自恋是指个体自我扩张，高估自我，对自己的肯定评价超过自己实际状况的一种情绪体验。当个体过度自恋时，就容易形成自负的心理。自负的人会高估自己的能力和长处，难以看到自己的缺点和不足，把别人看得一无是处。自负的人在生活中往往会做出超出自己能力范围的选择和决策，从而产生心理困扰。自负的人的行为往往表现为：盲目乐观、自以为是，听不进别人的意见和建议，不易被周围环境和他人所接受与认可；遇到挫折的时候不善于自我反省，总是抱怨周围的人，认为自己怀才不遇；等等。

3. 以自我为中心

以自我为中心是指个体对自己过度专注，凡事都只从自己的角度、标准和要求出发，无视他人的存在，不考虑他人的需要和感受的心理。适度的自我关注有助于帮助个体正确认识自己的言行，并恰当地进行调整。但是过度的自我关注会导致个体自以为是，把个人喜好强加于别人。这样的做法很难赢得他人的好感与信任，容易造成同学关系紧张，若不加以积极正确的引导很可能会危害他人、危害社会。大学生要摆正自己的位置，尊重他人感受，多设身处地从他人的角度思考问题，避免狂妄自大。

4. 从众心理

从众心理指个体在群体的影响和压力下，放弃自己的意见而采取与大多数人一致的自我保护行动。从众心理会过度关注别人的想法，压抑和忽视自己的想法。在适度范围内，从众可以降低群体中的争执，培养个体学习等积极的行为；但是从众心理过强时会阻碍个体心理的发展。从众心理和行为反映出部分大学生自我意识薄弱、依赖性强、缺乏独立人格。大学生要努力培养和提高自己独立思考、明辨是非的能力，遇到事情时，既要慎重考虑多数人的意见和做法，也要有自己的思考和分析。

5. 过分追求完美

过分追求完美是指个体对自己的期待值过高，过分苛求自己的心理现象。过分追求完美的人往往在不必要的小事和细节上投入大量时间精力，容易产生神经紧张、焦虑等负面情绪。适当范围内追求完美是一种积极的人生态度，可以促进个体对自我进行调整，不断完善自己。但过度地追求完美会给个体带来沉重的心理负担，甚至引发强迫症、焦虑症等心理障碍。大学生在追求卓越、完善自我的同时，也要学会接纳自己的不完美，在充分了解自己的基础上制定适宜的目标和要求。

四、大学生自我意识偏差的原因

1. 心理发展阶段的影响

大学生正处于青春期向成年早期过渡的特殊时期，心理认知水平尚未完全成熟。在这个时期，个体的认知水平与人格特征都会影响自我意识的发展。此外，由于人格的独特性，不同个体的人格特征具有不同表现，对其内心体验和感受也产生不同影响，这些都会进一步影响个体的自我意识。比如，具备自卑、拖延、羞怯人格特征的个体，会出现忧虑、抑郁、依赖等心理，更倾向于否定自己和回避社交。

总的说来，大学生的思维具有批判性、敏捷性的特点，但相对缺乏理性、客观性、全面性和深刻性。这容易导致自我意识偏狭、自我评价过高或过低，也容易引发理智与情感的冲突。

2. 归因方式的影响

归因是指个体在认知过程中，从自己的主观感受与经验出发，将别人和自己行为或事件的发生归于某种原因的过程。心理学家海德认为，此处的原因可分为内部原因和外部原因。内部原因是指存在于行为者本身的因素，如情绪、态度、人格、能力等；外部原因是指行为者周围环境中的因素，如他人的期望、奖励、惩罚、命令，天气的好坏，工作的难易程度，等等。

当人们在对行为或事件结果做出解释时，若把内外因进行了错误的归纳，尤其是把本该属于外因的事件归于内因，就会产生负面的自我评价，产生挫败感。比如，小王在一场很难的竞赛中失败了，他把事件归于内因事件，认为是自己不够努力才导致失败，那么他可能会过分自责，对自己产生低评价，产生挫败感。

3. 家庭的影响

家庭中的互动和教育是完成个体心理和行为塑造的重要环节。父母的教育理念和教育方式对于个体信念、价值观的成长具有重大而深远的影响。良好的家庭教育会使个体自我意识得到丰富和完善，而缺乏温暖和情感支持的家庭教育容易使得个体产生自我意识偏差。并且，家庭的经济状况、父母的文化水平、生活方式、家庭的整体氛围等都潜移默化地影响着个体的自我意识和行为模式。

在现有的家庭结构和教育体制下，家长容易只关注孩子的学生成绩，忽略对孩子心理发展和个性品质方面。对孩子的过分宠爱会使个体很容易产生不恰当的自我认知，过高估计自己，导致理想我和现实我的差距出现较大的差异。在处理事情的时候，一旦未能达到预期的要求，个体就很容易形成低自我评价，出现自卑的情绪。

4. 学校与社会文化的影响

学校教育影响着个人社会化的水平和性质，学校是个体社会化的重要基地。研究表明，同伴关系和自尊水平对个体的心理健康起着中介作用，说明个体的心理健康发展受同伴关系和自尊水平的影响。与学校老师、同学的关系也在很大程度上影响个体对自我的接纳和认同。在学校的个体体验、在集体所处的位置和扮演的角色是大学生自我同一性形成的重要影响因素。

社会文化也对个体的自我意识影响深远。中国人奉行谦虚、内敛的品格，集体荣誉大于个人利益，这有助于集体自我和社会自我的发展；而欧美国家的文化则鼓励个体勇于展示自我，独立自主，这有助于个人自我的发展。不同的社会文化会使得不同个体对同一事件的评价和看法产生差异。中国文化中谦虚、谦让的优良品质在欧美国家则可能被误会为不自信、不懂得争取机会。因此，个体在对自我进行认识和听取他人对自己的评价时要考虑双方所处的社会文化。

链接：疤痕实验

美国心理学家曾经做过一项名为“疤痕实验”的心理学研究。研究人员对志愿者表示，来自好莱坞的专业化妆师会在他们的脸上绘制血肉模糊的伤痕，然后他们需要带着这个伤痕前往医院候诊室，并观察人们对于身体有缺陷尤其是面部有疤痕的陌生人的反应。

志愿者们被分别安排在没有镜子的小房间里，由化妆师精心绘制伤痕。绘制完成后志愿者用小镜子看到自己脸上的疤痕。在志愿者们看见自己可怕的样子后，工作人员收走了镜子。在出门前，化妆师表示为了让疤痕更加逼真和持久，需要在伤痕的表面涂一层粉末。而实际上，最后一步是化妆师用湿棉纱把化妆出来的假疤痕擦干净了。对此毫不知情的志愿者被派往各医院的候诊室，志愿者被要求观察人们对其面部伤痕的反应。

当返回实验室后，志愿者们分别向工作人员描述自己的心理感受：

志愿者 A 说：“候诊室里那个胖女人最讨厌，一进门就对我露出鄙夷的目光。她都没看看她自己，那么胖，那么丑！”

志愿者 B 说：“现在的人真是缺乏同情心。本来有一个中年男子和我坐在同一个沙发上的，没一会，他就赶紧拍屁股走开了。我脸上不就是有一块疤吗？至于像躲避瘟神一样躲着我吗？这样的人，可恶得很！”

志愿者 C 说：“我见到的陌生人中，有两个年轻女人给我的印象特别深刻。她们穿着非常讲究，像个有知识、有修养的文化人，可是我却发现，她们俩一直在私下嘲笑我！如果换成两个小伙子，我一定将他们痛揍一顿！”

每位志愿者们都滔滔不绝，义愤填膺地诉说诸多令自己愤慨的感受。他们普遍认为，众多的陌生人对面目可憎的自己非常厌恶、缺乏善意，而且眼睛总是很无礼地盯着自己的伤疤。

这一结果使得早有准备的心理学家们大吃一惊：错误的、片面的认识竟然如此深刻地影响和改变了他们对外界的感知。这些志愿者脸上并没有任何疤痕，但是他们心中的“疤痕”使得他们感受到了陌生人的厌恶和歧视。

我们每个人心中，或多或少都带着一些“疤痕”。我们会因此认为自己不够可爱、卑微无用、有缺陷……甚至会在与外界的交往中寻求别人对自己“疤痕”厌恶的佐证。这个时候，最需要改变的，其实是自己的内心。一旦挖去内心的“疤痕”，我们感受到的世界一定会大不一样。事实上，我们看待自己的方式决定了别人对我们的看法。

小结：

大学时期是大学生心理、人格发展的重要时期。在这一时期，大学生的自我认识不断拓展和深化，自我意识呈现出年级差异，自我体验深刻且丰富，自我评价和自我调控的能力得到提高。大学生的自我意识经历了分化、矛盾和统一的过程，呈现出一定的规律。

常见的大学生自我意识偏差包括过度自恋与自负、自我中心、从众心理及过分追求完美等。大学生自我意识偏差的原因是多方面的，包括大学生所处的心理阶段、个体不恰当的归因方式、家庭环境的影响、学校教育的影响、社会环境和文化背景的影响等。

思考题：

1. 结合自我认知偏差，谈谈你对自己的理解。
2. 为了成为你想成为的自己，你做了哪些努力？

第三节　大学生自我意识的成长与完善

生命像一条河流，个体跋涉其中，难免会遇到一些漩涡和暗流，导致前行的道路受阻。你可能会发现，有些地方出现着同样的漩涡，而这些漩涡像过不去的坎，会一遍又一遍地困住你。你可能还会发现，面对同样的困境，有些同学似乎可以很轻松克服，自己却举步维艰。这种挫败感，或许会让一些同学产生自我怀疑。但事实上，因为人的独特性和成长经历不同，每个人都有着自己的长处，也有着自己的局限性。

面对未来的挑战，大学生不仅需要在知识、能力和个人素质等多方面做好充足准备，还需要深入地了解自己，包括自己的优势、劣势和潜能，以更好地应对未来。俗话说：“活到老，学到老。”自我成长是一个人持续毕生的功课。

一、健康自我意识的标准

自我意识是个体精神生活的主体，影响个体的认知、情感、意志和信念等方面。

良好的自我意识在很大程度上决定了个体的精神健康，能够促进个体的全面发展。健康的自我意识主要包括以下指标：

第一，准确的自我定位。准确的自我定位是指个体能够准确地进行自我认知和自我评价；能客观看待自己的优势与不足，既不过分夸大，也不消极贬低；能准确认识自己所属的社会角色、社会地位以及所应承担的责任。

第二，积极的自我接纳。积极的自我接纳是指个体能够在客观认识自我的基础上，坦然接纳自己的不完美。

第三，正确的自我体验。自我体验是个体对自身的认识所引发的内心情感体验，是个体主观我对客观我所持有的一种态度，包括自尊感、自信感和自豪感等。正确的自我体验要求个体对某事件所体验到的情感符合客观规律，如做错事感到内疚，成功时感到自豪等。

第四，有效的自我控制。有效的自我控制是指个体能够采取有效方式对自己的行为进行调节，如抑制冲动行为、抵制诱惑、完成行为计划等。

二、自我成长的心理学理论

1. 马斯洛需求层次理论

人本主义心理学家马斯洛认为，需求是人类行为动机的源泉。他将人类的需求划为五类，分别是生理需求、安全需求、爱和归属感需求、尊重需求和自我实现需求，这五类需求像金字塔一样（见图2-1），从较低层次向较高层次排列。只有在前一层次的需求得到满足之后，个体才会发展出对下一层次的需求。

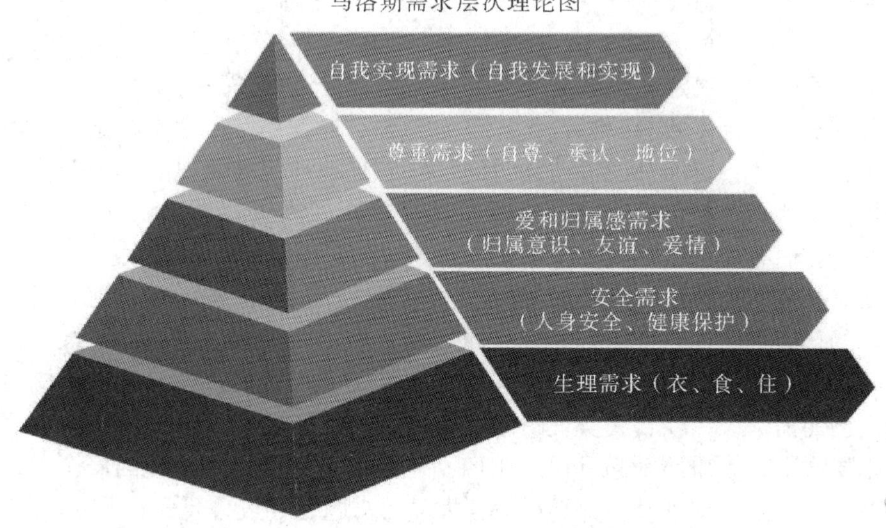

图 2-1　马斯洛需求层次理论

（1）生理需求。

生理需求属于需求层次中的第一层次，是一切需求的前提。生理需求是指人类对于维持生命的基本物质的需求，如水、食物、空气、睡眠等。如果这些需要得不到满足，个体的生命就会受到威胁。

（2）安全需求。

这一层次的需求主要指秩序和规范的保护，是人类要求保障自身安全、摆脱事业和丧失财产的威胁、避免疾病的侵袭、接受严酷的监督等方面的需求，如人身安全、家庭安全、个人资产安全、身处和平安全的环境等。

（3）爱和归属感需求。

这一层次的需求主要指个体成为团队的一员，被接纳，有归属感，感到被爱和被需要。对爱的需求包括了对恋人、亲友、伙伴、同事之间关系融洽或保持友谊和忠诚的需求；对归属感的需求则体现在个体渴望成为群体中的一员，并相互关心和照顾。当个体被所在集体排挤时，这种需求就没有得到满足。

（4）尊重需求。

尊重需求主要指个人的能力和成就得到社会的承认。这种对尊重的需求可分为内部尊重和外部尊重。内部尊重是指一个人希望在各种不同情境中有实力、能胜任、充满信心、能独立自主；外部尊重是指一个人希望有地位、有威信，得到别人的尊重、信赖和高度评价。马斯洛认为，尊重需要得到满足，能使人对自己充满信心，对社会充满热情，体验到自己活着的用处和价值。

（5）自我实现需求。

自我实现需求是最高层次的需求，指一个人充分挖掘自身的潜能，最大程度发挥个人的能力，努力实现自己的理想与追求的需求。但是满足自我实现需求所采取的途径是因人而异的。

五种需求的关系像金字塔一样从低向高递进的，但是这种层次并非完全固定的。个体不会同时被这五种需求驱使，在不同的时期都会有一个主要的需求。前一层次需求得以满足的程度决定着个体在当下的主要需求。比如，只有当基本的生存需求得以充分满足时，个体才会关注自我实现的需求。只有在一个和平稳定、经济较发达的社会，人们才会更加关注精神文明的发展。有一种例外情况是，当个体有着坚定的理想信念时，理想信念可能会超越较低需求，直接驱动人们践行自己的理想。例如，革命者们哪怕忍饥挨饿，生命安全受到威胁，也坚守着理想。

马斯洛自我实现理论肯定个体的独特性、自主性，自由和内在价值，强调个人应对自己的行为和幸福负责，其终极目标是使个人得到全方位的充分发展。该理论对当今我国大学生的自我成长具有很好的指导意义。根据该理论，大学生应清楚地意识到自己的需求，并朝自我实现的需求努力。当个体发现自己的注意力被固定在某个需求层次上，就需要引起重视。比如，一些学生过度担心环境的安全，或者在人际关系中过度追求被称赞，都会产生各方面的难题，导致自我成长的受阻。

2. 个人成长的选择理论

现实主义疗法的心理学家威廉·格拉塞提出了个人成长的选择理论。该理论和马斯洛提出的自我实现理论有相通之处，都认为人们做事是试图满足如生存、爱和归属感、能力和成就感、自由和独立以及快乐等基本需要。但是格拉塞的理论里，上述各种需求之间彼此存在着影响和冲突，且每个人的需要程度不同。比如，有些人对爱的需要明显多于其他人，而另一些人更需要成就和能力。

该理论认为，人们之所以不快乐，是因为他们的需要没有得到满足，并对自己的生活无能为力。要想改变状况，个体需要通过承担责任和对生活采取积极主动的态度来获得掌控感。比如，一名热爱文学的大学生被迫选择了理工专业后，不能胜任理工专业的学习，因此感到低落。该学生在能力和成就、自由和独立等方面的需求都没有得到满足。面对困境和情绪，这位学生应该采取积极的措施，通过努力来满足自身需要，从而在未来有更好的选择。

作为大学生，在遇到困境时，可以从以下四个方面进行自我调整：愿望、自我评估，计划和行动。愿望基于对自我的认识和了解，包括了解自己想成为什么样的人，过什么样的生活。自我评估指个体对现状和自己的行为的一系列认识。比如问自己“你现在的行为能使你有机会成为想成为的人吗?”“你现在的行为对你有帮助吗?”通过这样的自我设问，大学生可以更清楚客观地评估目前的状况。计划指个体针对当前的状况，拟定一些更有助于实现目标的方法。行动是最为重要的一步，需要个体在客观地评估之后，积极地将计划落实到行动上，积极面对问题，解决问题，成为更好的自我。

3. 埃里克森的心理社会发展阶段理论

精神分析流派心理学家埃里克森提出了心理社会发展理论，将个体发展分为八个阶段（见表2-1），包括四个童年阶段、一个青春期阶段和三个成年阶段。每个阶段有相应的核心任务，当任务得到恰当的解决，就会获得较为完整的同一性。如果个体不能解决核心任务，个体会出现同一性受损、不连贯的状态。

埃里克森的理论表明了“三岁看老”的古话并非完全正确，人也不是由童年经历决定终身。人一生的发展不仅遵从生物学规律，还与历史文化及其发展各阶段的社会关系密切相关，是生理欲望和作用在个体身上的文化力量的一种结合。可以说，人终其一生都与各种机会和限制发生交互作用，并逐渐发展成长。任何时候，只要我们愿意，都可以对自己的发展做出新的决定，并拥有不一样的人生。

大学生处在青春期向成年早期过渡的时期，主要的任务是自我的建立和统合，即获得自我同一性。自我同一性是指个体对自我具有连续性和一致性的情感与态度，自我贯通的需要和能力，并按这个能力适当地行动。在大学阶段，积极的自我同一性，指能够认识自己，了解自己，并对未来的方向和工作有现实而清楚的认识。当一名大学生拥有理想、职业规划，对自己的需求和优缺点有深刻的认识，能够整合自己的各个角色并使其和谐相处，我们就认为这名大学生具有积极的自我同一性。积极同一性并非被动获得，需要大学生进行积极的自我探索，不断实践，是在个体与社会环境的相互作用中逐渐形成的。在这个过程中，大学生需要树立理想，努力探索，而不是被动等待，随波逐流。

表 2-1　　埃里克森的心理社会发展理论的 8 个阶段及人格发展结果

心理社会阶段	年龄	积极结果	消极结果
信任 VS 不信任	婴儿期 0~18 个月	能够感受到内在的美好，信任自己和他人，积极乐观	只有消极感受，不能信任自己和别人，悲观
自主性 VS 羞耻与怀疑	幼儿期 18 个月~3 岁	能够用意志与自我控制做出适当行为和决定	僵化，过度自我审查，多疑，羞耻感强
主动性 VS 罪疚感	学龄期 3~6 岁	能够主动设立目标，积极主动完成任务	对设立目标和成就有罪恶感和迟疑
勤奋 VS 自卑	小学期 6~12 岁	学习专注，并为完成学习任务感到自豪	认为自己没有完成学习任务的能力，消极怠工
同一性 VS 角色混乱	青少年期 12~18 岁	自我的各角色间存在一致性和持续性，对未来有信心	自我各角色间不存在一致性，感到迷茫
亲密 VS 孤独	成年早期 18~24 岁	理智成熟和情感丰沛，两者之间平衡适当、相互辅助	逃避亲密的人际关系，只维持表面关系
繁殖 VS 停滞	成年期 25~65 岁	对于工作和生活都充满创造性，张弛有度	丧失工作兴趣，人际关系差
自我整合 VS 失望	老年期 65 岁至死亡	内部充满秩序、意义，对人生感到满足	对死亡充满恐惧，感觉悲苦，没有实现自己的人生目标

三、自我意识的完善

（一）全面客观地认识自我

自我如同冰山。除了显现在海平面上的一角外，更大的部分隐藏在海平面之下。自我探索，就是通过各种方法了解未知的自我，发掘隐藏的潜能。自我探索最常采用的方法是自我好奇、自我觉察以及寻找专业心理咨询师的帮助。

自我好奇与自我觉察，意味着一个人对自己言行背后的心理活动、动机有更深入的观察和探索。当我们出现情绪时，问自己“此刻发生了什么”，可以引领我们理解情绪背后的想法和动机。只有当我们不断对自己好奇，才能发现未知的自我，并看清楚事情的来龙去脉。同时，自我觉察有助于帮助我们远离自我评判，总结经验，以一种开放的态度面对当下发生的事件，不至于陷入负面情绪中。如果我们缺乏觉察，就会不断在今后的人生历程中重复一些过去的应对模式。当我们带着好奇和觉察去看待事件，就可以让这些习惯模式越发清晰，我们就有能力去发展出新的方法，克服生活中的难题。

寻求专业的心理咨询师也是帮助个体进行自我探索的有效方法。“不见庐山真面目，只缘身在此山中”，个体对自我的认知与探索可能受主观的影响而产生片面认知，通过心理咨询师的引导和启发，我们可以更好地找到自己的资源，整合并运用它们。在这种情况下，心理咨询师的作用相当于路灯。

（二）积极地接纳自我

自我接纳指的是个体能客观评价自己，正视自己的长处与短处并坦然接受自己的不完美。研究表明，很多心理问题都是由于对自己的不接纳。正确面对自我、接纳自我是获取成功必不可少的心理条件。

自我接纳是一个需要不断学习，不断深化的过程。大学生需要在两个方面不断学习和深化自我接纳：

（1）接纳自己的人生处境。

每个人都会面临一些自己不满却又无法轻易改变的人生处境。这些不满可能来自于自己的身高、自己的家庭条件、自己的学校环境……对于这些既定的现实，抱怨不仅不能改变现状，还会耗费我们的精力。面对这样的处境时，个体往往一叶障目，牢牢盯着眼前的困难，却忽略了身边美好的、值得感恩的事情。此时，个体需要转换思维视角，不要认为全世界只有自己才有困难。并且，我们不要仅仅局限于该事件当下的意义。我们应积极思考，尝试着从更长远的角度去找寻事件的积极面，就更能以一种接纳、平和、积极的心态来面对生活际遇的变化。

（2）接纳自己的优缺点。

自我接纳超越了价值判断和好坏评价的角度。接纳自己，是要个体能坦然面对自己，不仅要接纳自己好的方面，也要接纳自己不够好的方面。

当个体不能坦然接纳自己的缺点或过失时，就容易产生自卑、自我否定等不良情绪，在内心不断苛责和贬低自我，产生如“我不够好”“别人会讨厌我”“我没有资格”等负性思维。当我们客观地接纳自己的方方面面，才能够平和客观地看待自己的优缺点，进而耐心有效地进行改进。

要注意的是，自我接纳不是喜好。好恶是个人情感偏好的判断，而接纳是一种超越了偏好、价值判断的态度。接纳自己，并不代表个体认为自己的一切都是正确的，也包括个体认识到自己的局限。自我接纳不是停滞不前。当成绩不理想时，个体的自我接纳不是被动地接受现状、束手无策，而是不陷入自我批评和不产生挫败情绪，在认清现实的基础上，制定提升方案。真正有效的行为，是在接纳的基础上的行动。大学生在追求卓越的过程中接纳并且容忍自身的不完美，把能量用到成长上而不是过度压抑自身上。

（三）自我控制和自我超越

1. 自我控制

自我控制是个体主动采取适当方式去改变自己的心理品质、特征及行为的心理过程。例如，以自我为中心的人试着去换位思考，自卑的人寻找积极的自我肯定，等等。有效的自我控制是自我意识完善的根本途径。在个体控制自我的过程中，延迟满足是一个重要的能力。

延迟满足指个体为了更有价值的长远结果而甘愿放弃眼前即时满足的抉择取向，并且包括在等待期的自控力。比如，个体给自己定下写完作业再玩游戏的规则，就是一种延迟满足。斯坦福大学的棉花糖实验表明，能够做到延迟满足的个体的自我控制能力更强，他们能够在没有外界监督的情况下适当地控制、调节自己的行为，抑制冲动，抵制诱惑，坚持不懈地保证目标的实现。后续追踪结果也显示，那些做到了延迟满足的小孩，也大多获得了更高成就。

大学的学习更多依靠个人的自觉和主动。在安逸享乐面前，大学生要有意识地锻炼自己延迟满足的能力，目光长远，尽量理性地对事件的重要程度排序，优先完成有价值的事情，而不因一时安逸耽误重要事情。

2. 自我超越

自我超越是个体需要终身努力和奋斗的目标。个体认识自我、接纳自我、调控自我都是为了更好地完善和超越自我。在超越自我的过程中，个体需要不断扩大舒适圈，努力发展，让自己接受未知的挑战。

（1）最近发展区。

苏联心理学家维果斯基提出了最近发展区理论。该理论认为“最近发展区”是个体发展最为关键的时期，指的是个体在有指导的情况下，借助老师帮助所能达到的解决问题的水平（即个体可能发展到的水平）与独自解决问题所达到的水平（个体现有的水平）之间的差异，实际上是两个邻近发展阶段间的过渡阶段。

大学生的最近发展区，就是每个大学生需要不断努力，通过接受大学教育和自主学习来不断超越的区域。只有不断超越其最近发展区，大学生才能够在大学阶段最大限度地获得自我成长。

（2）勇于走出舒适圈。

舒适圈，又称心理舒适区，指的是个体所熟悉的心理状态和习惯性的行为模式，个体在这种状态或模式中会感到安全和舒适。舒适圈内，个体有自己熟悉的环境、熟悉的人群，可以做能力范围内的事，很少有变化，个体感到轻松、自在。

个体踏出舒适圈时，往往会因为不熟悉的变化与挑战而感到陌生、恐惧和不安全感，这种不舒适会使得个体想要退回到舒适圈内。舒适圈能够帮助人们维护自我形象，建立心理防御屏障，稳定情绪，能够起到一种避风港的作用。但是，如果个体一直停留在舒适圈内，个体就会安于现状、固步自封，丧失拓展自身能力的机会，能力在不知不觉间倒退，甚至出现温水煮青蛙效应。

链接：自我效能感

自我效能感指个体对自己是否有能力完成某一行为所进行的推测与判断。这一概念最早由心理学家班杜拉提出，他认为如果个体预测到某一特定行为将会导致特定的结果，那么这一行为就可能被激活和被选择。

自我效能感影响着人们对行为的选择，对该行为的坚持性和努力程度，影响人们的思维模式和情感反应模式，进而影响新行为的习得和习得行为的表现。自我效能感高的人，期望值高，能理智处理事情，乐于迎接应急情况的挑战，能够控制自暴自弃的想法，并能发挥智慧和技能。自我效能低的人，畏缩不前，情绪化地处理问题，在压力面前束手无策，其知识和技能无以发挥。

班杜拉等人的研究指出，影响自我效能感形成的因素主要有：

①个人自身行为的成败经验。这个效能信息源对自我效能感的影响最大。一般

来说，成功经验会提高效能期望，反复的失败会降低效能期望。但成功经验对效能期望的影响会受个体归因方式的左右，如果归因于外部机遇等不可控的因素就不会增强效能感，把失败归因于自我能力等内部可控的因素就不一定会降低效能感。因此，归因方式直接影响自我效能感的形成。

②替代经验或模仿。人的许多效能期望来源于观察他人的替代经验，关键是观察者与榜样要一致，即榜样的情况与观察者非常相似。

③言语劝说。言语劝说的价值取决于它是否切合实际，缺乏事实基础的言语劝说对自我效能感的影响不大，在直接经验或替代性经验基础上进行的劝说的效果会更好。

④情绪唤醒。当人们不为厌恶刺激所困扰时更能期望成功，但个体在面临某项活动任务时的心身反应、强烈的激动情绪通常会妨碍行为的表现而降低自我效能感。

⑤情境条件。不同的环境提供给人们的信息是不一样的。某些情境比其他情境更难以适应和控制。当一个人进入陌生而又易引起焦虑的情境中时，其自我效能感水平与强度就会降低。

上述几种信息对效能期望的作用依赖于个体对信息是如何认知和评价的。人们必须对与能力有关的因素和非能力因素对成败的作用加以权衡，人们觉察到效能的程度取决于任务的难度、付出努力的程度、接受外界援助的多少、取得成绩的情境条件以及成败的暂时模式。班杜拉的社会学习理论认为，这些因素作为效能信息的载体对成绩的影响，主要是通过自我效能感的中介影响发生的。

小结：

健康的自我意识在很大程度上决定了个体的精神健康状态。健康的自我意识主要包括准确的自我定位、积极的自我接纳、正确的自我体验和有效的自我控制。

自我成长的心理学理论包括：（1）马斯洛需要层次理论。该理论认为需求层次是人类行为动机的源泉。个体的需求从低到高分为五个层次，即生理需求、安全需求、爱与归属的需求、尊重的需求、自我实现的需要。（2）个人成长的选择理论。该理论认为人们做事是为了试图满足基本需要，如生存、爱和归属感、能力和成就感、自由和独立以及快乐。每个人都有基本的需要，但需要的程度却不同。（3）埃里克森的心理社会发展阶段论。该理论认为，人一生的发展，要经历八个阶段的心理社会演变，包括四个童年阶段、一个青春期阶段和三个成年阶段。每个阶段有相应的核心任务，大学生时期的核心任务是实现自我同一性。

个体的自我意识的成长与完善需要个体做到以下方面：（1）全面客观地认识自我；（2）积极地接纳自我，包括接纳自己的人生处境以及接纳自己的方方面面；（3）自我控制与自我超越，包括尊重客观事实和延迟满足。

思考题：

1. 请找出一件你认为很重要和有意义却缺乏勇气去做的事情。把这件事写下来，在未来一周内对此进行尝试和练习。练习后，你对自己是否有新的认识？

2. 在现阶段，你认为自己还需要培养哪些品质？又有哪些习惯在阻碍你成长？请罗列出来，并制作一份改变计划。

引用：

［1］LAURA E. BERK. 婴儿、儿童和青少年［M］. 桑标，等，译. 上海：上海人民出版社，2008.

［2］蔺桂瑞，杨芷英. 大学生心理健康与人生发展：成长，从关爱心灵开始［M］. 北京：高等教育出版社，2010.

［3］杨眉. 健康人格心理学：有效促进心理健康的 9 种模式［M］. 北京：首都经济贸易大学出版社，2016.

［4］俞暄一，李荣斌. 心理学与个人成长［M］. 北京：科学出版社，2009.

推荐阅读：

［1］乔纳森 · 布朗. 自我［M］. 陈浩莺，等，译. 北京：人民邮电出版社，2004.

［2］卡伦 · 霍尼. 自我的挣扎［M］. 贾宁，译. 南京：译林出版社，2017.

第三章
大学生人格发展

第一节　人格概述

在日常生活中，我们可能看到过这样一些关于人格的描述："某某人格高尚，具有人格魅力""电影主人公具有多重人格""我们要做一个人格独立的人"……但是，人格到底是什么呢？

正如世界上没有两片完全相同的树叶一样，也不可能有完全相同的两个人。每个人都是独特的个体，有着自己与众不同的人格和性格特质。如何理解人与人之间的不同，又如何理解个体发展过程中的主要特点、受到哪些因素的影响、有没有规律可循等，这都是我们关于人格的思考。

一、人格的内涵

人格这个词最早是源于拉丁文的"persona"，本意是指面具，即演戏时应剧情的需要、为表现剧中人物的角色和身份所画的脸谱。面具代表了一个人所特有的行为模式。例如，天使是仁慈、善良、助人的，其行为也与之匹配。面具还会反映不同人物的性格。例如，京剧中的红脸代表忠义，白脸表示奸佞，黑脸表示刚强。这里我们所要探讨的人格，并不是一个人戴上面具后的角色，而是卸下面具后，人的独特心理特征的总和。

《心理学大辞典》对人格的定义是：人格，又译"个性"，是个体在社会化过程中形成的给人以特色的心身组织，表现为个体适应环境时在能力、情绪、需要、动机、兴趣、态度、价值观、气质、性格和体质等方面的整合，具有动态的一致性和连续性。需要注意的是，人格不是一个类似于控制人们行为、存在于人们内部的实体，而是一个推论性的概念。

人格有两个重要的特征，即气质和性格。气质依赖于个体的生理素质和身体特点，是个体与生俱来的、表现在心理活动上典型的、稳定的动力性特征，是不可改变的。依据个体不同的气质特点，气质类型分为胆汁质、抑郁质、多血质和黏液质四种。性格是个体后天形成的行为特征，与经验和社会适应密切相关，具有社会道德含义。它是个体对现实的稳定的态度和习惯化的行为方式，在某些情况下是可以改变的。气质与性格一起构成了稳定且具有可塑性的独特人格。个体了解自己的气质与性格，有助于帮助自己取长补短，在面对事情时做出更好的选择。

二、人格的基本特性

人格具有独特性、整体性、稳定性、社会性和功能性五个基本特征。

（一）人格的独特性

人格的独特性是指人与人之间的心理与行为各不相同的。不同的遗传、生存及教育环境，形成了各自独特的心理特点。正所谓“人心不同，各如其面”，由于人格结构组合的多样性，每个人的人格都有不同的特点。

人格虽然独特，但人与人之间在心理与行为上也有共同性。同一民族、同一群体的人们具有相似的人格特征。

（二）人格的整体性

个体的心理和行为并不由某个特定成分单独运作，而是在自我调节和监控下，与其他部分紧密联系、协调一致进行活动的结果。人格具有能力、气质、性格、认知、情感、意志等多种心理成分和特质，这些特质互相联系并整合为一个有机组织，使人格作为一个整体与个体的生活环境保持一致。

人格的整体性是心理健康的重要指标。当一个人的各种心理成分不协调时，就会引发心理冲突，产生各种困难，甚至出现心理疾病或心理障碍。例如，精神分裂症患者与外部环境的关系也是分裂的，其心理和行为就像失去指挥的管弦乐团，虽然没有丧失感觉、记忆、思维和习惯等心理机能，但组合在一起却让人感到非常奇怪。许多大学生经常空虚迷茫，也都与人格的心理成分失调有关。

（三）人格的稳定性

人格的稳定性是指个体的人格特征具有跨时间的持续性和跨情景的一致性。“江山易改，本性难移”，描述的就是人格的稳定性。随着年龄的增长，儿童时代的人格特征往往变得日益巩固，也因为人格具有稳定性，我们可以通过其人格特征来推论个体一生的人格状况。要注意的是，个人行为中偶然表现出来的心理特征和倾向不能表征一个人的人格。例如，小明在学校内外都活泼开朗、善于交往，喜欢参加聚会和结识朋友。在某些环境下，他也会表现出安静、与他人保持距离的一面。但我们不能因此说小明具有安静内向的人格特点，安静是他在某些情境下的行为表现。

人格的稳定性并不意味着人格是一成不变的，不能排除人格发展和变化的可能性。人格变化可能有两种情况：第一，随着年龄的增长，人格特征的表现方式会有所不同。比如，同是特质焦虑，个体在少年时代表现为对即将参加的考试心神不定，忧心忡忡；在成年时则表现为对即将从事的新工作忧虑烦恼，缺乏信心；在老年时则表现为对死亡的极度恐惧。可以发现，人格特征以不同行为方式表现出来的内在秉性的持续性是有其年龄特点的。第二，对个人有重大影响的环境因素和机体因素，如移民、严重疾病等，都有可能影响人格的某些特征的形成，如自我观念、价值观、信仰等的改变。

（四）人格的社会性

人格是社会中的人所独有的，人格的社会性是指个体会在与他人的交往中社会化、不断习得社会经验和行为规范，形成自我观念和不同的价值观。社会化的内容与个人所处的文化传统、社会制度、种族、民族、阶级地位、家庭有密切的关系。人格既是社会化的对象，也是社会化的结果。

人格是在个体的遗传和生物基础上形成的，受个体生物特性的制约。从这个意义上说，人格是个体自然性和社会性的综合。但是人的本质并不是几种属性或所有属性简单相加的混合物。构成人的本质的东西是那种为人所特有的因素，失去了它，人就不能称其为人，而这种因素就是人的社会性。实际上，即使是人的生物性需要和本能，也受到人的社会性制约。例如，人的食物需要的内容和方式会受具体的社会历史条件制约。

（五）人格的功能性

"性格决定命运"指的就是人格的功能性。人格在一定程度上会影响个体的生活方式。当面对挫折与失败时，坚强者能发奋拼搏，懦弱者会一蹶不振。当人格具有功能性时，表现为健康有力，支配着一个人的生活与成败；而当人格功能失调时，就会出现软弱、无力、失控、心理失衡甚至变态。

研究表明，聪明程度相同但人格不同的儿童，在遭遇挫折后的解决办法明显不同。一类儿童倾向于将问题看作一种挑战，在遇到困难时更能采取坚持的态度；另一类儿童倾向于自我中伤，产生消极情绪，在困难中屈服。当两组儿童面临困难问题时，前者能更加专注地思考问题，能对问题提出新的解决策略；而后者则可能怀疑自己的能力，对任务感到厌烦。这说明不同的人格特征会影响人的思维方向，进而影响人的行为结果。

三、人格的影响因素

遗传与生理因素、家庭与早期经验、学校与社会文化都会影响个体人格特征的形成。这使得有些人高兴，有些人悲伤；有些人冲动，有些人谨慎；有些人乐观，有些人悲观。

（一）遗传与生理因素

心理学家在同卵双生子的研究中发现，即便是被分开抚养，他们之间的相似性也大于异卵兄弟姐妹，这意味着遗传的作用显著；在脑科学研究中，科学家们也发现人类的一些稳定性行为表现存在生物学基础。遗传是人格不可缺少的影响因素，对人格的影响程度因人格特征的不同而异，通常在智力、气质这些与生物因素相关较大的特征上，遗传因素较为重要，而在价值观、信念、性格等与社会因素关系紧密的特征上，后天环境因素比较重要。同时，人格的发展过程是遗传与环境交互作用的结果，不存在"全或无"的情况，遗传因素影响人格的发展方向及形成的难易程度。

（二）家庭与早期经验

俗话说，"有其父必有其子"，家庭对人格发展有着深远的影响。精神分析流派的心理学家荣格认为，在孩子最初的岁月，孩子还没有独立的人格，孩子的心灵完全反映着父母的心理状态，也就是说，如果父母发生心理障碍，孩子必然受到影响。父母的人格特点在与孩子持续互动过程中会潜移默化地影响着孩子人格的形成。如果父母常常关注子女的生理、心理需要，提供支持、帮助等，子女内化了这些过程，也会表现得比较富有爱心、具有牺牲精神。

心理学家麦肯依就个体童年早期经验对人格的影响力做了一个总结，即“早期的亲子关系定出了行为模式，塑成一切日后的行为”。许多精神分析流派的心理学家也认为，一个人从出生到五六岁，是其人格形成的主要阶段。早期经验对人格的影响非常重大，但需要注意的是，它与人格形成不存在一一对应的关系。并且，早期经验并不单独对人格产生影响，而是与其他因素共同来影响人格形成的。早期经验对人格是否造成永久性影响因人而异，一般来说，随着年龄的增长、心理的成熟，童年的影响会逐渐缩小、减弱。

（三）学校与社会文化

学校与社会文化因素对人格的塑造和形成具有重要影响。教师的言传身教对学生人格发展具有指导定向作用，有着巨大的影响。美国心理学家罗森塔尔曾经做过一个实验：在考查某校时，从 6 个班中随机各抽 3 名学生写在一张表格上，交给校长，极为认真地说：“这 18 名学生经过科学测定全都是智商型人才。”事过半年，罗森塔尔又来到该校，发现这 18 名学生的表现确实超过班级其他人，再后来这 18 人全都在不同的岗位上干出了非凡的成绩。这就是著名的“罗森塔尔效应”。它表明，学生需要老师的关爱，他们会朝向老师期望的方向发展。在学校，同伴群体对学生人格发展也有着很大的影响，在这个群体里，他们的焦虑不安来自同辈团体的拒绝，在与同伴的相处中，他们学习待人接物的礼节与团体规范，了解什么样的性格容易被群体所接纳。

社会文化也具有塑造人格的功能。不同的地域会产生不同的文化传统，发展出不同的文化认同和民族性格。在不同文化背景下，人们的人格特点是有差异的。比如，我们常说的“以人为本”，在中西方文化下就具有不同的意义。西方人本主义理论中，“以人为本”是以“个人”为本，而中华文化中的“以人为本”则是以“社群中的人”为本；西方文化强调表达积极的自我，强调个人的独特性，个人跟社会的界限非常清楚；中华文化强调自谦，责任先于自由，义务先于权力，集体荣誉大于个人荣誉。

四、人格与健康

人格与健康已经成为当今时代的一个主要问题。快节奏的社会给大众造成种种压力，面对各种可能危及每一个人健康的压力，大家形成了独特的应对模式。如果说以前对人类健康的威胁是饥饿、灾荒和传染病，那么现在对人类健康的威胁更多的是个体自己的行为和生活方式。

（一）人格与负面情绪

在人格的“大五”模型中，神经质反映个体情感调节过程，以及个体体验消极情绪的倾向和情绪不稳定性（关于人格的“大五”模型和神经质这一概念见本章第二节“大五”人格特质理论）。高神经质个体倾向于有心理压力，不现实的想法、过多的要求和冲动，体验到诸如愤怒、焦虑、抑郁等消极的情绪。他们对外界刺激的反应比一般人强烈，对情绪的调节、应对能力比较差，经常处于一种不良的情绪状态下。高神经质的个体在思维、决策以及有效应对外部压力等方面的能力比较差。相反，神经质维度得分低的人的烦恼较少，比较平静。

压力是人们用来评价和应对环境威胁和挑战的过程。人格特征在调节压力源影响中扮演着重要的角色。有研究表明，坚强、挑战性、自觉控制力是抵抗较强压力的重要人格特征。这样的人把生活的改变视为挑战，觉得能对压力事件加以控制，因而感觉不到压力和无助感。还有研究表明，乐观主义也是抵抗压力、维护健康的一个重要人格变量，这样的人对生活有积极的期望，能使自己更好地应对压力，从而可以健康地享受生活。因此，我们常常可以看到，一些人对压力有较强的抵抗力，虽然经历接二连三的压力事件，仍未崩溃；而另一些人即使经历低水平的压力事件，也会崩溃。

（二）人格与身体疾病

一些人格类型与疾病有着密切的联系，譬如美国两位临床医生弗里德曼和罗森曼提出的概念——A 型人格。通过临床观察，他们发现 A 型人格与冠心病有较强的关系。A 型人格是什么呢？具备 A 型人格的个体，具有竞争性强、语言和动作急迫，有时间紧迫感等特征。与之相反的是 B 型人格，其主要特征是悠闲自得，无时间紧迫感，不喜争强，有耐心，能容忍，等等。此外，还有研究者提出了 C 型人格，其主要特点是不表现出愤怒情绪，把愤怒藏在心里并加以控制，在行为上表现出与别人过分合作，原谅一些不该原谅的行为，在生活和工作中没有主意和目标，不确定性多，对别人过分有耐心，回避各种冲突，屈从于权威，等等。

链接：老年时的性格可能与童年时完全不同

假设在你 77 岁时，有人组织召开中学同学聚会，你将有机会再次见到那些毕业之后就再也没见过的同学们。他们的外貌当然看起来会有很大的不同，但他们的人格是否会有变化呢？他们的人格会和他们当时的人格相同吗？

在过去的研究中，研究者比较个体从青春期到中年、中年到老年的特质变化，发现人格具有趋于稳定的趋势。因此，你可能会认为同学们的人格趋于一致性，并不会发生太多的改变。然而，马修·哈里斯（Matthew Harris）和他在爱丁堡大学的同事们通过一项长达 63 年的心理学研究，提出了不同的看法。他们表示：“老年人的性格可能与童年的性格完全不同。”

故事开始于 1950 年。一组研究人员要求教师对苏格兰的 1 208 名 14 岁的儿童进行人格评估。儿童们参加了智商测试，并且教师对青少年的自信、坚韧性、情绪稳定性、尽责性、独特性和学习的欲望六个维度进行了评定。

2012 年，哈里斯和他的团队再次找到了当年在青春期时曾接受过评估的 195 人（其中 174 人现已 77 岁）参加新一轮的评估。和当年教师评估的内容一样，他们需要对自己在六个维度的表现做出评定，并且需要挑选一个他们身边亲密的亲友一起参与评定。研究者们惊奇地发现，参加者14岁时获得评分和在他们在77岁时给自己的评分之间不存在显著的相关性，并且，14岁时获得的评分也和他们在77岁时从亲友处所获得的评分之间不存在相关性。

由于这个研究长达63年，在实验方法上（教师当年对青少年的评估可能是基于青少年的成绩）和第二批研究对象的选取上（在2012年时能找到的样本已经是原始样本中各方面表现更高于平均水平的群体）都存在偏差，再加上人格理论在过去的几十年里发生了很大的变化，人们对于各个维度的解释已经与几十年前不同，因此实验结果在信效度上存在一定的欠缺。如果参与者在14岁和再次在77岁时进行一个全面的、现代的人格测量，那么至少在量表的分数上可能存在一定的相关性。

但研究结果也存在这样的可能，即我们在老年时期的人格与青少年时期的人格不存在任何关系。青春期后期和成年早期是人格发展和改变的重要时期，老年也是我们人格发展的时期。经过长达63年的成长，参与者会经历人生中两个时期的重大变化，更不用说在他们整个生活中累积的微妙人格调整了。

小结：

人格是人的独特心理特征的总和。人格有两个重要的特征，即气质和性格。气质依赖于个体的生理素质和身体特点，是个体生来就具有的；性格是个体后天形成的，与经验和社会适应密切相关，具有社会道德含义。人格具独特性、整体性、稳定性、社会性和功能性五个基本特征。人格说明了一个人的心理状况与发展水平，受到遗传与生理因素、家庭与早期经验、学校与社会文化等因素的影响。不同的心理学派也从不同的角度对人格进行了研究。

思考题：

1. 你认为你的人格是如何形成的，受到哪些重要因素的影响？
2. 你认为你的人格是否发生过巨大的变化，若有，为什么会发生这样的变化？若没有，为什么没发生变化？

第二节　人格理论与测量

"你祈求受到他人喜爱却对自己吹毛求疵。虽然人格有些缺陷，大体而言你都有办法弥补。你拥有可观的未开发潜能，你尚未发挥你的长处。有些时候你外向、亲和、充满社会性，有些时候你却内向、谨慎而沉默。你的一些抱负是不切实际的……"如果让你用0~5分对上述情形进行评分，0分最低，5分最高，你会给几分呢？

这是心理学家弗拉（Bertram Forer）于1948年对学生进行的一项人格测验。结果平均评分为4.26，弗拉是从星座与人格关系的描述中搜集出的这些内容。从分析报告的描述可见，很多语句适用于任何人。这种心理现象在心理学上叫巴纳姆效应：人们常常认为一种笼统的、一般性的人格描述十分准确地揭示了自己的特点，当人们用一些普通、含糊不清、广泛的形容词来描述一个人的时候，人们往往很容易接受这些描述，认为描述中所说的就是自己。

这些一般性的描述，当我们对自己不了解或者自己情绪低落、失意的时候更容易受到影响。算命、星座、生肖等预测除了有心理方面的原因，还可以用概率学来解释，事物的两面性使得这些预测具有50%的胜算，其实并不能反映个人的真实心理情况。那么，如何通过科学途径认识自己的人格呢？

一、人格理论

人格理论是心理学家用来解释人格的一套假设系统或参考框架。它回答了“人的本性如何”“人与人之间的不同”等问题，能够帮助我们更科学地从认知、情感、发展等多个角度对一个人进行描述和解释。

（一）精神分析理论

精神分析非常强调早期经历对个体人格形成的影响，同时这个流派也是最早提出人格发展的阶段理论。其创始人弗洛伊德认为，人格的结构包括本我、自我、超我三个部分，本我由原始的生物本能和欲望组成，按照“快乐原则”行事，不能忍受生理上或社会性的限制，要求立即得到满足。超我是父母灌输的传统价值观和社会理想的人格结构，具有良心和自我理想两个部分，分别掌管奖与罚，良心是儿童受惩罚而内化了的经验，当再次产生这些行为时，个体会感到内疚或羞愧；自我理想是儿童受到奖赏时内化了的经验，与骄傲和自豪相连，超我按照“道德原则”行事。本我要求满足本能需要，超我追求至善至美，都是非现实的，自我为了协调二者，既满足本我的需要，又使这种满足符合社会规范，遵循“现实原则”行动。人格就是这三个部分相互作用的结果，通过冲突达到微妙的平衡。

（二）人本主义理论

人本主义关注人格的积极方面，把许多人格研究者的注意力吸引到健康人格方面，扩大了对于人的切身问题有关的领域，如死亡、成长、幽默、亲密感、孤独等，第一次把人的本性、潜能、自我实现当作心理学的研究对象。人本主义与其他人格理论的区别在于，它假设个人应该对其行为负主要责任，有能力决定自己的命运和行动方向。

马斯洛基于需求层次理论开创人格理论，他认为，人生来就具有趋向健康成长从而发挥其潜力的内在动力。人的基本需求分为五个层次，依次是生理需求、安全需求、爱和归属的需求、尊重的需求、自我实现的需求。前四种属于缺失性动机，用以补充个体内部某种缺陷，自我实现的需求属于成长性动机，对于扩大和丰富生活经验，增进快乐和欣喜具有重要意义。因此，自我实现是成长的动力和目的。

罗杰斯的人格理论中的核心概念是“自我概念”，在他进行的大量临床实践中，患者的陈述如“我觉得我不像真实的我”“我不希望任何人知道真实的我”“我从来也没有获得表现自我的机会”，经过治疗之后，患者的自我知觉有明显的改变，如

"我对自己越来越感兴趣了""我的确有我独特的地方，我有自己的兴趣，我更能正视自己"。罗杰斯认为，自我是个人经验中的一个很重要的成分，个人的目的就是成为他的真实自我，因此，他假设，个人唯一的动机就是朝向自我实现的基本趋向。

（三）人格特质论

（1）奥尔波特的特质理论。

奥尔波特的特质理论认为，特质是人格的基本结构元素，指人在行为上的规律性或广泛一致性，代表了机能上的个体差异的基本类别。例如，当我们描述某人为慷慨大方的人时，就是在描述他的一个常见特征，并以此把此人与那些有着吝啬特征的人区别开来。

奥尔波特将特质划分为首要特质、中心特质和次要特质。首要特质是指个人生活中具有渗透性的占优势的特质，几乎影响个人全部活动的所有方面。例如，如果一个人具有压倒一切的权力欲望，这种权力欲望就会渗透到他生活的各个方面。他不仅奋力去获得社会中的权力地位，并以类似的方式与他的朋友、孩子、妻子争强斗胜，他会努力统治他的妻子，甚至尽力赢得与他的五岁女儿开展的一场乒乓球赛。

中心特质是指渗透性稍差一些，但仍具有相当概括性的重要特征。譬如，让你介绍自己熟悉的朋友，你可能描述他坚强、自信、有责任感等，这些特征就是中心特质。每个人的中心特质是很少的，奥尔波特对学生开展的研究发现，平均数量为7.2个。

次要特质是指不太明显的、一致性和概括性都较差的那些人格特质，接近于习惯或态度，但又比这两者更具有概括性，主要包括个人的独特偏好（如偏好某种食品或服装）、一些偏向看法以及其他受情境制约的特性。

（2）卡特尔的人格特质论。

卡特尔运用因素分析技术，开创性地发现了16种人格因素，他将这16种因素称为根源特质，以区别于表面特质。根源特质指的是内在的、决定表面特质的最基本的人格特质，是那些稳定的、作为人格结构的基本因素的特质。例如，一个学生在语文、数学、化学等学科的表现上有某种关联，但这种表面特质可以归于两种独立的根源特质——智力和受教育的年数。表面特质是指一群看上去是关联的特征或行为。例如，你与人打招呼、微笑、向对方致意，你看上去有一种友善的特质。

（3）"大五"人格特质理论。

"五因素模型"是当代人格特质理论学家关注的研究主题，也叫"大五"人格特质理论，涵盖了人类领域的主要心理方面，具有广泛性与代表性。近二十多年的研究表明，不论使用西方词汇还是东方词汇，不论是让被测试者对自己进行描述还是对他人进行描述，不论采用什么方法抽取，结果大多是得到以下五个主要因素：

神经质（neuroticism）代表人格特质方面情绪稳定的程度，涉及的是情绪领域。那些经常感到忧伤、情绪容易波动的人在此维度上得分较高，他们更易体验到不同的消极情绪，更易产生心理压力，有一些不切实际的想法，有过分的渴望，或者是无法容忍失败以及无法做出克服困难的反应。在此维度得分低的人多表现为平静、自我调适良好、不易出现极端和不良的情绪反应。

外向性（extraversion）代表个人在性格上外向的程度，涉及的是生理领域。外向者非常爱好交际，通常表现为精力充沛、乐观、友好和自信；内向者含蓄、自主、稳健。外向性水平高的人表现为社会化、活跃、健谈、乐观、喜欢娱乐、充满爱；外向型水平低的人表现为隐藏、严肃、冷淡、独立、安静。

开放性（openness）代表个人态度观念开放的程度，涉及的是智能领域。这一维度的特征包括活跃的想象力、对新观念的自发接受、发散性思维和好奇。在此维度得分高的人是不依习俗、独立的思想者，是好奇的、具有想象力的，喜欢娱乐性的新颖的想法，不跟从习俗的价值观；得分低的人多数比较传统，喜欢熟悉的事物胜过喜欢新事物，思维的开放度低。

宜人性（agreeableness）代表个人与他人相处的性格特质，涉及人际领域。宜人性水平高的人表现为有责任感、友好合作、乐于助人、可信赖、易被他人接纳和富有同情心；宜人性水平低的人多抱有敌意，怀疑人生价值，粗鲁甚至故意伤害他人，为人多疑，缺乏合作精神，性子急躁，喜欢控制他人，报复心强并且残忍。

尽责性（conscientiousness）代表个人行事的审慎程度，涉及的是工作领域。该维度上的分数用来评估组织能力、持久性、控制能力。尽责性分数高的人表现为组织能力高，做事严谨、有条理、有计划，并能持之以恒；分数低的人表现为无目标、不可信、懒惰、粗心、见异思迁以及爱享受。

这五个因素的字母缩写为 OCEAN，人格的海洋似乎意味着“大五”系统的广泛代表性。有关五因素模型的问卷称作 NEO-PI 五因素调查表。

（四）行为主义理论

行为主义从学习的角度强调，像其他习得行为一样，人格也是通过经典条件反射和操作条件反射的过程形成的。社会学习理论家罗特强调心理情境、期望强化价值和自我强化在习惯习得中的作用。比如，面对一次考试的失败，这个人接下来会做出的行为反应取决于这个人对这一结果的解释和定义。如果他觉得自己不行，那么他可能会放弃；如果他认为这是一种挑战，那么他就会继续努力。在这个过程中，个人对于自己考试成绩的看重情况、过往经验等都会在这个过程中起到重要作用。罗特就是用心理情境—期望和强化价值—自我强化的综合效应来解释行为习惯的形成。

总之，上述的各种人格理论，都尝试使用不同的视角去解释人格，各自具有一定的优势，也具有各自的局限性。每一种人格理论都为我们去了解人格提供了思路。

二、人格测量

理解和描述人格有两个基本假设：一是个人的特点决定他们的行为，二是这些特点可以被评估和测量。因此，人格可以通过观察法、访谈法、自陈测验、投射测验等方法进行评估。

（一）观察法

观察法是指我们在日常生活中或特定的场合中，通过观察、记录个人行为从而了解其人格的一种方法。从而了解其人格。常见的方法有两类：一类是项目核查法，另一类是等级评定法。前者对事先想要观察的重要行为进行分类，对之后观察到的行为进行核查；后者是对观察到的行为，在符合某一人格特征上的轻重程度进行评定，将其量化。个体使用观察法时，一定要明确行为特征，要加以考量情境特殊性。

（二）访谈法

访谈法是通过面对面直接交谈的方式获取受访者人格资料的方法。访员必须受过专门的训练，掌握访谈专门的知识和技能，否则容易使访谈内容失真。在招聘面试时，或者在我们与人交往的过程中，我们也常常通过谈话去迅速判断一个人的人格，这样虽然能够收集言语和非言语信息，但是主观性较大，会受对方穿着打扮、身份的影响。

（三）自陈测验

自陈测验就是我们常常体验的填量表的形式，要求个体根据题目选择符合自己行为或感受的题项，以进行人格测量的方法。自陈量表的编制以人格特质理论为基础，建立有常模，编制时比较注重规范和标准化，是特质流派心理学家采用的基本形式，可以测量一种人格特质，但更多的用来测量多种人格特质。一些特质流派心理学家从词典里选出各种描述人格的词语，设计成量表，让你根据自己的真实情况填写，通过分析你的答题情况，判断你的人格特征。这种测试要经过大量调查，确保量表的信度和效度，量表中的每一道题目都是经过筛选的，确保该题和要测量的人格维度高度相关。只要你真实作答，问卷就能够相对准确地评估你的人格情况。常见的人格量表有：明尼苏达多相人格测验、大五人格测验、卡特尔 16 种人格因素测验。

（四）投射测验

心理学研究发现，人们在日常生活中常常把自己的心理特征（如个性、好恶、欲望、观念、情绪等）不自觉地反应于外界事物或者他人身上，这就是投射。例如，经常说谎的人，常常会认为别人在欺骗自己。当将一些材料呈现给大家的时候，即使呈现同样的材料，不同的人会说出不一样的观点。投射更多体现为无意识层面，很难用意识控制。投射测验是精神分析学派心理学家采用的技术，通过一种暧昧的刺激（如墨渍、无结构的图片），让个体在不受限制的条件下对其做出自由反应，然后心理学家以自己的理论假设对参与测验的人的自由反应做出解释。

早期比较著名的投射测验是罗夏墨迹测验（见图 3-1）和主题统觉测验（见图 3-2）。罗夏墨迹测验是通过让个体对这些模棱两可的图片做出的解释，探索个体的人格特征；主题统觉测验则是由一系列模糊的图片组成，让个体根据情景讲故事，故事的差异是其内在人格的线索，通常用来测查个体在支配需要上的差异，以及在人际关系中的情感问题。还有流行的房树人绘画测试、沙盘等，都属于投射测验。

以上四种或者其他测量方法都有其优劣之处，不论在人才测评还是心理诊断方面，人们越来越倾向于使用多种技术进行人格评估，可能既包括访谈，又会有投射测验、自陈测验、行为评鉴等。人格评估是复杂的，单从某个测试就能看清楚一个人是不太现实的。

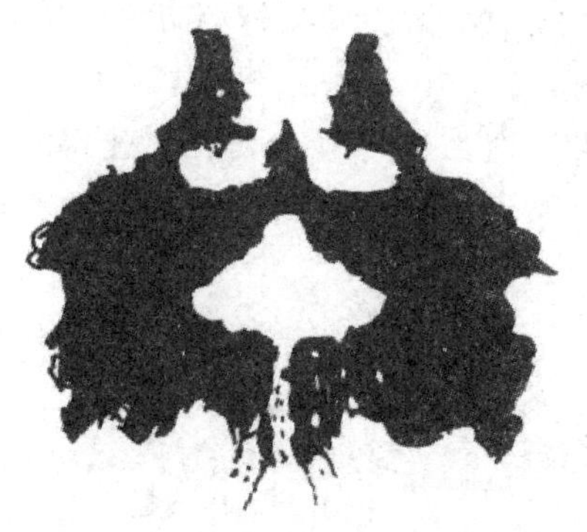

图 3-1　罗夏墨迹测验

图 3-2　主题统觉测验

链接：为什么一些人会害羞？

最近的调查发现：超过 50%的大学生认为他们自己是“经常害羞”的人。他们中的许多人认为害羞是一种令人不快的状态，与它所带来的积极效果相比，它对人格和社会后果具有更多的负面影响。另外一群学生说他们有“情境性害羞”，而不是大部分学生所具有的“气质性的害羞”。他们认为：如果他们在一定情境，如新奇、窘迫、社会压力下（看不到前途、单独被拒绝或在没有准备的情况下被推上舞台给大家表演），“好像”会感到害羞。研究者对成年人的害羞进行调查，却惊奇地发现，那些“不害羞”的人在美国和其他受调查的国家中非常少。

害羞可以界定为一种在人际环境中使人感到不舒服和压抑的状态，它影响了一个人的人际交往和是否能顺利达到人生目标。害羞可能是缓慢的和气质性的，作为一种人格特质起作用，是自我概念的核心。它可能是我们中的许多人到新环境后常感觉到的沉默寡言和窘迫，但是它也可能会发展成为对人害怕而引起的极端恐惧。许多害羞的人同时也是内向的人，他们采用独居的方式生活，没有社会活动。其他一些是“外向性害羞”的人，在公共场合表现活跃但内心是害羞的，他们喜欢参加社会活动，也有社交技巧来有效地完成这些活动。但是他们仍然担心别人是否会真正地喜欢和尊重他们。

为什么有些人害羞，有些人不害羞？其中一个解释是天性。研究证据表明，大概有 10%的幼儿“生来害羞”。从一生下来，这些儿童在与不熟悉的人或环境接触时，显得不同寻常的谨慎和缄默。关于天性的问题，有一个更为复杂的解释。在儿童期，一些人被嘲讽，并且由于一时失误，成为大家取笑的对象。另外一些人生长在这样的家庭中，这些家庭认为“被爱戴”是在竞争中由于外表美丽或在活动中取得了成功带来的结果。

害羞在亚洲国家和地区中比例最高，这是对 9 个国家和地区研究的结果。这些不同，一部分原因是文化所强调的内容不同。在一些亚洲国家里，个体因社会活动中的失败而屈从于权威，会被认为是一种耻辱；而在以色列，由于冒险而被表面上责备一番，会被认为是一种鼓励。另外的原因或许来自美国最近出现的关于害羞普遍性的报告：年轻人都被电子产品包围着，他们长时间独自一人看电视、打电子游戏、网上冲浪和发电子邮件，由此产生了社会隔离，减少了与人面对面接触的机会。过量使用网络会使人们感到孤独和更加害羞。

当害羞变得更极端化时，就会迫使人们的生活发生进一步的变化，使得一个人将其社会快乐最小化，使其社会不适和隔离感最大化。这里提出一些简单原则和策略，希望你们深入地思考，并尝试去做：

①你要意识到，并不只有你一个人感到害羞。每一个你见到的人可能都会比你更害羞。

②即使存在着遗传因素，害羞也是可以改变的。但是这需要勇气和毅力，就像你要改变一个存在了很久的习惯一样。

③尝试对你所接触到的人微笑，并与他们进行目光的接触。

④与别人交谈时，大声说话，用最清晰的声音，特别是当你说出你的名字或是询问信息时。

⑤在一个新的社会环境中努力第一个提出问题或是发表观点。你要准备一些有趣的东西去说，第一个去说。每一个人都会欣赏“破冰者”，以后也就不会再有人认为你害羞了。

⑥永远不要小瞧你自己。相反，想一下为了达到你想要的成就，下一步你要采取怎样的行动。

⑦注意要使别人感到舒服，特别是当你寻找其他害羞者时。这样做会降低你的自我意识。

⑧在你去通常会使你感到害羞的地方之前，练习沉思和放松，使思想集中到理想的状态。

如果你是个害羞的人，我们建议你采用上述办法，一些学生采用了这些方法，已经从害羞的桎梏中摆脱出来，生活中充满了新的自由。这是把一些简单的心理学知识应用到生活中，并确实有所收益的例子。如果你不害羞，可以鼓励那些害羞的朋友和家庭，鼓励他们改变自己的生活方式。

小结：

人格理论是心理学家用来解释人格的一套假设系统或参考框架。它回答了“人的本性如何”“人与人之间的不同”等问题。人格理论主要包括精神分析理论、人本主义理论、人格特质理论和行为主义理论。其中人格的特质理论中，“五因素模型”是当代人格特质理论学家关注的研究主题，也叫大五人格因素模型，涵盖了人类领域的主要心理方面，具有广泛性与代表性。我们要理解和描述人格有两个基本假设：一是个人的特点决定他们的行为，二是这些特点可以被评估和测量。因此，人格可以通过观察法、访谈法、自陈测验、投射测验等方法进行评估。

思考题：

1. 结合人格理论，谈谈你对自己的理解。
2. 简述几种人格测验方法的优缺点。

第三节　大学生人格特点和健康人格塑造

不管是通过人格测验的方式来测试自己，还是通过内省的方式来剖析自己，其实出发点都是我们想要更加清楚地了解自己。在了解自己的过程中，我们可能会发现有些人格特质是自己不想要的，有些人格特质是自己非常想要拥有的。

在当下外向价值体系中，似乎内向就是最笨，腼腆就会吃亏，开朗才是好孩子。在那些课堂展示失败、面试被拒等情形中，也许很多人在想，自己是否不够好，想要改变自己的一些人格特征。有研究显示，87%的人希望在大五人格的至少一个类别上有所改变。

那么，处于大学阶段的个体，人格有什么阶段性特征？人格还可以改变吗？如果可以改变，我们应该怎样去做呢？

一、大学生人格特点及发展变化

（一）大学生所处的发展阶段

埃里克森的心理社会发展阶段理论作为发展心理学经典理论之一（详细内容参考第二章第三节），较为详尽地阐述了个体在成长的每一个阶段的发展任务和可能面临的心理危机。

大学生正处于青年期向成年早期过渡的阶段，非常重要的发展任务是完成自我同一性，这影响着下一个阶段的发展情况。什么是自我同一性呢？“我是什么样的人?”“我为什么是这样的人?”“我将成为怎样的人?”也许这些问题都是青少年的学习、生活、人际交往中的重要问题。埃里克森曾对同一性有不同的解说，如“一种熟悉自身的感觉”“一种知道自己将会怎样生活的感觉”“在说明被预期的事物时出现的一种内在的自信”。自我同一性这个词含义非常广泛，包括社会与个人的统合、个人的主体方面与客体方面的统合、自己的历史任务的认识与个人愿望的统合等。因此，我们可以看到，其实同一性的形成是一个终身过程。

（二）大学生的人格特点

有学者对当代大学生核心人格结构进行了研究，得出构成大学生核心人格结构的七个因素：敢为性，体现了大学生在思想与行为层面的开拓进展和积极向上的心态；宜人性，人机交往领域中反映的大学生的人格特征；道德感，体现了大学生自我完善的品质，正性特质表现为正直、爱国、奉献、大公无私，负性特征表现为自私自利、见利忘义；开放性，体现了大学生的有聪明才智以及朝气活力的人格特征；责任感，对大学生的学习与未来职业有重要作用的人格特征；务实性，体现了大学生社会适应的人格特点；情绪性，体现了涉及大学生心理健康的人格特征。这七个人格因素在大学生不同的生活领域发挥着各自的功能。

（三）大学生人格特点的变化及其原因

宏观社会环境变迁是大学生人格特征变化的主要原因。宏观社会环境对人格的影响仅次于遗传的作用，甚至比家庭环境的影响更大，是影响人格变化的重要因素之一。有学者对2004—2013年采用五因素人格量表的研究进行了横断分析，发现大学生人格五个因子的得分10年期间明显提高，人格特质发生了整体变化。研究结果显示，近年来我国大学生在外向性、开放性、尽责性和宜人性四个方面明显上升，越来越向良性方向发展。经过近几十年的改革与发展，我国社会文化正处于明显的转型时期。社会安定，经济快速发展，综合国力提升，文化繁荣，尤其是高等教育的快速发展，为当代大学生的成长塑造了一个良好的政治、经济和文化氛围。这种宏观的社会背景可能使得我国大学生变得更加外向、开放、尽责和宜人。

全球化与信息化时代的宏观社会变化可能是大学生焦虑和抑郁等负性情绪增加的社会原因。对上述研究进一步分析发现，我国大学生在人格上变得更加外向、开放、严谨和宜人的同时，神经质等也明显上升，且男女生的变化趋势是一致的，表明大学生的情绪也变得更为不稳定、波动较大。这与另一些学者的研究结论一致，即有焦虑状态的大学生的数量明显增多。还有研究比较“80后”与“90后”大学生人格特质发现，后者的神经质得分达到高分标准。这可能与我国宏观社会急剧转型，大学生在适应过程中面对各种压力的一种反应，尤其是就业压力、生活节奏加快、信息量剧增等情境有关。这种情绪稳定性变差的现象在美国经济飞速发展的过程中在大学生群体中同样存在。

二、健全人格的标准

曾经有人问弗洛伊德，怎样才算是成熟人格？他思索一阵子后回答道：“一个成熟的人，应该能够创造性地工作和爱。”这一回答是弗洛伊德在晚年不断反思自我、对人性进行重新思考并结合个人亲身体验后得到的。创造性地工作需要个体忍受挫折和困难，抗拒分心，坚忍不拔，充分发挥自己的才能，工作本身会涉及专心、努力、计划、训练等人格特性；建立亲密且真爱的关系，具备良好的人格特性。例如，个体要尊敬别人，能够设身处地地为别人着想，能为所爱的人牺牲个人的渴望，并毫无保留地奉献自己。

特质理论流派的代表人物奥尔波特是第一个研究成熟的、正常的成人，而不是研究神经病患者的人格理论家，他提出健康、成熟的成年人应具有以下几个标准，并作为衡量健康成熟人格的指标。

第一，具有自我扩展的能力，能够将自我感觉扩展到自我周围的人和活动上。成熟意味着脱离原来以自我为中心的，以满足基本需要为重心的生活。成熟的人不再像婴儿一样只要满足生理的需要、安抚的需要等，而是能考虑到现实的情况。

第二，能与他人建立温暖的相互关系。健康成熟的个体能尊重他人的需要和要求，不抱怨、指责、讽刺他人，对人富有同情心，能忍耐或接纳与自己价值与信仰不同的人，行事遵循这样的原则：不污染别人也要呼吸到空气。

第三，情绪安定和自我接纳，有较高的挫折耐受力。生活本身就是不完美的，会带给人喜怒哀乐各种感受，这是生活的原貌。健康成熟的人知道挫折和烦恼是生活中的一部分，情绪均衡是健康人格的一个重要特征。

第四，具有实际的现实知觉。健康成熟的人能够对外界进行准确的感知，不歪曲或曲解事物以迎合他们的知觉，能够以问题为中心，而不是以自我为中心。

第五，对自身具有客观的了解。健康成熟的人能够客观地认识自我，洞察自己的优势和不足，正确看待自己的过错，而不以伪装欺骗自己。他们还有幽默感，能自嘲，很少靠一些攻击方面的话题惹人发笑。

第六，具有统一整合的人生观。健康成熟的人会“深刻领悟生活目的”，具有清晰的自我意向和行为准则，具有统一的生活哲学，指导人格朝向既定目标发展。

三、健全人格的培养

（一）人格的成熟定律

在没有做出有意识努力的情况下，我们的人格也会发生改变。这既包括随着年龄增长而表现出的自然成熟，也包括受外界因素的影响而发生改变。人格会在成年的过程中自然地发生变化（见表3-1）。

表3-1 随年龄变化的人格特质

人格特质	变化情况
尽责性	有条理，始终如一，值得信赖。这些特征往往会随年龄增加而强化，因为人们对事业和感情会更加投入
宜人性	彬彬有礼，信赖他人，重合作而非竞争，富有同情心。这些特征往往随年龄增长而强化，以满足同事和家庭成员的期望
开放性	求知欲强，有创造力，能敏锐地感知艺术和美，想象力活跃。这些特征往往随年龄增加会保持稳定，或者随年龄增加而减弱，但有些人能够有意识地培养这些特质
外向性	健谈，爱交际，果断自信，交往中表现强势。这些特征往往随年龄增长而减弱，因为人们会维持现有关系，而不是寻找新的感情
神经质	担忧，有压力感，容易感到沮丧和焦虑，喜怒无常，情绪多变。这些特征往往随年龄增长而减弱，因为人们能学会控制负面情绪，并规避不愉快的场合

从表3-1中我们可以看到，随着个体年龄增加尽责性等正面人格特质会增强，而神经质等负面人格特质会减弱。似乎随着年龄的增长，人们的性格会变好，心理学家将这种现象称为“成熟定律”。既然有这样的定律，我们还需要做出努力吗？但得到此研究表述的前提是，生活中的事件的变化或者进展。而大多数学者认为，人格具有跨情景的稳定性这一特点，似乎人格在很大程度是固定不变的，就像成年人的身高和鞋码；但很多专家也说，人格可以改变，只是比较困难；有学者说，人的性格哪怕只出现稍许变化，也会对感情、职业、健康和幸福产生重大影响。专家们表示，就像努力减肥一样，我们可以通过持续地努力来改变我们的人格，需要有意识地坚持一些行为，让它们最终形成习惯。这一过程可能痛苦而尴尬，但却是心理成熟的必由之路。

（二）主动提升人格的方式

除了被外界因素影响，人们也时常做出改变人格的努力，有研究表明，个体确实可以通过自己的努力来改变人格。然而，如果个体拥有非常强烈的改变自己的愿望，但仅仅停留在目标的层面上，而不去执行和实现，那它反而会降低生活幸福感。个体主动提升人格，可以尝试从以下几个方面进行。

第一，增强自我觉察，改变思维模式。首先个体要弄清楚改变哪些性格特征对自己的发展最有利，如你发现自己喜欢发牢骚，好争辩，还有点多疑，总是因为跟朋友吵架、老是责怪别人而失去一段关系，那这些也许就是你需要改变的地方。如果你渴望在人际关系上有所变化，期待自己变得更加健谈，易于与人建立关系，但当你将自己标签化为“害羞”“不善交际”，并觉得这是不可改变的时候，你就会给自己不去参加聚会找一个理所当然的借口。因此如果你决心改变，就需要先去掉自己身上的标签，去掉这些非黑即白的想法，把自己看作可发展、可塑造的个体。

第二，设置具体计划，并持之以恒。计划越细越好，如“这个月参加四次聚会，在每次聚会上认识至少 10 个人”就比“这个月交 3 个新朋友”要好。改变始于一个行为，因此，个体可以先驾驭一项行为，再尝试改变另一项行为，同时注意不要把期望值定得太高，别指望能在一天、一周、一个月甚至一年之内彻底改变你的人格。因为要把一种有意为之的行为变成习惯，需要花费很长的时间。定期回顾你取得的进展，为自己提供积极的心理强化暗示。在新的行为形成习惯之后，个体可以再找出一个新的、更重要的领域进行改进。

第三，增加社会性投入，即承诺和责任的投入。社会性投入是指在成人社会角色上的投入和承诺，比如在工作语境中，进入一个对自己来说很重要的岗位；在家庭语境中，进入婚姻或成为父母，这些都是社会性投入的增加，其核心是承诺。有学者用大五人格模型进行研究表明，个体进入一段对自身很重要、稳定的工作，在工作中的卷入程度和投入程度都在增加时，个体的尽责性会提高；成为新父母的人，宜人性和尽责性都会提升；投入一段长期的亲密关系，个体的神经质水平会下降，情绪稳定性更强。对于大学生而言，投入地学习、在学生社团或学生组织中坚持承担工作、建立亲密的关系都是有助于增加社会性投入，进而改变人格的有效举措。

第四，获取社会支持，必要时寻求心理咨询。每一个人都是生活在与别人的联系中，个人的改变离不开社会支持系统的帮助。增强内省、觉察固然重要，来自周围重要他人的反馈对于个体的改变也是有所裨益的。此外，当你尝试很多办法都难以改变自己，并且苦于自己人格的某些部分时，可以寻求专业的心理咨询的帮助，探索个人人格形成的原因，突破固有的思维、行为模式，获得个人成长。

链接：内向的人如何建立人脉

性格内向的人的优势

你不需要哗众取宠，不需要不停地握手取悦对方，不需要滔滔不绝地谈论自己，因为事实上，交际的目的只在于认识新的朋友，建立新的关系，所以其目的是了解你对面的这个人最关心的是什么，而你又能提供何种的帮助。在这种情况下，一个聆听者（内向的人更容易胜任这种角色）更能恰如其分地体现出他的优势。

在此，提供帮助并不是叫你去兜售你的服务，你应该全方位地去寻找能够帮助对方的途径，从而扮演好你的支援角色。你能提供给他们有价值的建议么？你能帮他们联系到可助他们一臂之力的人么？因此在这个过程中，询问应该多于叙述，3W1H（What，Why，Where，How）可以把问题更具体化，让问题更容易实施。以下的几个问题你可以在适当的场合试试：

你为什么会参加此次活动？到目前为止，你最喜欢此次会议中的哪项议题？你的工作最近有什么新的进展？你在工作能取得的最大乐趣是什么？你工作中的最大的挑战是什么？

只问不说是一个很好的社交方法，而且在日常交流中也能起到很重要的作用，比如在巩固现有的友情上，因此，假如你是一个内向的人，又不善言辞，那就多多地去想想如何做个好听众吧。

ROAD 法则

Relationship（关系）

他生活中最重要的关系是什么？

Occupation（职业）

他们的职业是什么？他们的喜好是什么？他们所面临的挑战是什么？

Activities（活动）

在私人生活跟公众生活中，他的活动分别是什么？他有加入什么社团或组织？

Drive（动机）

他的动机是什么？他的个人目标和专业目标分别是什么？

我们应该以积极的态度去聆听。问完问题后应该认真倾听，我们不要错误地觉得倾听是件很被动的事情，只要你提出了问题并做到了仔细倾听，那你就是这次谈话的主导者，是主动的那一方。

5 个小提示

它们有助于让你的谈话对象觉得你在全神贯注地聆听他们的话：

（1）注视对方。当别人在说话时，眼神飘忽不定是最糟糕的事情。

（2）常常地点点头给予肯定。

（3）适当时刻可以补充几句话，表明你对对方谈话内容的理解。最简单的方法是重述并强调。

（4）问些更进一步的问题。

（5）结束一次谈话。结束谈话时我们可以询问对方的姓名，交流一些对此次谈话的感想，并交换名片。比如：××，我很享受今天与你的此次谈话，很感谢你跟我分享一些你在工作上的心得体会，你能给我一张你的名片以便于之后我再跟你联系吗？

在交际过程中，大多数人都在场所内不停走动，因此有时候我们没必要刻意结束与某个人的一次谈话，如果碰到老朋友想去打个招呼，或者想去拿杯酒，就直接说出来，诚信很重要，在谈话 10 分钟后就被人发现你在撒谎，这是件很尴尬的事情，更不用说要给别人留下良好的印象了。

后续的交流对关系的发展是至关重要的。只问不答的办法能帮助我们发现那些有助于继续保持联络的理由。

十大秘诀提供给内向的人

(1) 准备。我们应花费点时间提前准备一下。比如，参加活动的目的在于什么，最佳的三个开场白问题是什么，练习一下继续对话以及结束对话的方法。

(2) 记得一定要带自己的名片。

(3) 可以在活动开始后再去。

(4) 到场后扫视一下全局，拿杯饮料，放松一下。

(5) 如果在活动中根本一个都不认识，那就找那些跟你一样独处的人，自我介绍后把自己已经准备的问题问出来。

(6) 把大多数时间花费在倾听上。

(7) 关注你与之交谈的人，如果实在想观览一下全局，请在谈话的间隙做。

(8) 至少把握住一个值得后续交际的机会。

(9) 不要最后一个离场，可以稍稍提早些离场。

(10) 要有条理，把重要的信息记录下来，并构建一个自己的联系人档案。

获得成功的第一机会来自于他人交际，如果你迈不出这一步，就意味着你不能有下一次推荐、下一次加薪或下一次晋升。善于和他人交际可以对个人内向心理进行有效暗示。

小结：

大学生正处于青年期向成年早期过渡的阶段，非常重要的发展任务是完成自我同一性。这意味着社会与个人的统合、个人的主体方面与客体方面的统合、自己的历史任务的认识与个人愿望的统合。从人格的特点上看，大学生有七个核心人格构成因素，分别是敢为性、宜人性、道德感、开放性、责任感、务实性、情绪性。

对于成熟的人格，弗洛伊德认为，“一个成熟的人，应该能够创造性地工作和爱。”奥尔波特认为健康、成熟的成年人应具有以下几个标准：具有自我扩展的能力；能与他人建立温暖的相互关系；情绪安定和自我接纳，有较高的挫折耐受力；具有实际的现实知觉；对自身具有客观的了解；具有统一整合的人生观。大学生可以通过自己的努力改变人格，包括：增强自我觉察，改变思维模式；设置具体的计划，并持之以恒；获取社会支持，必要时寻求心理咨询。

思考题：

1. 你最想在哪个人格特征上进行改变？你认为可以做一些什么来改变？
2. 人格有好坏之分吗？为什么？
3. 结合实例，谈一谈你对人格与健康关系的理解。

引用：

[1] 林崇德，杨治良，黄希庭. 心理学大辞典 [M]. 上海：上海教育出版社，2003.

[2] 夏翠翠. 大学生心理健康教育 [M]. 北京：人民邮电出版社，2013.

［3］许燕. 人格心理学［M］. 北京：北京师范大学出版社，2009.

［4］沈德立. 大学生心理健康［M］. 北京：高等教育出版社，2013.

［5］黄希庭. 人格心理学［M］. 杭州：浙江教育出版社，2002.

［6］PERVIN L，JOHN O. 人格手册：理论与研究［M］. 上海：华东师范大学出社，2003.

［7］夏翠翠. 大学生心理健康教育［M］. 北京：人民邮电出版社，2017.

［8］LAWRENCE A PERVIN. 人格科学［M］. 周榕，陈红，杨炳钧，等，译. 上海：华东师范大学出版社，2001.

［9］许燕. 人格心理学［M］. 北京：北京师范大学出版社，2009.

［10］王登峰，崔红. 解读中国人的人格［M］. 北京：社会科学文献出版社，2005.

［11］黄希庭. 探究人格奥秘［M］. 北京：商务印书馆，2014.

［12］RICHARD J GERRIG，PHILIP G ZIMBARDO. 心理学与生活［M］. 王垒，王甦，等，译. 北京：人民邮电出版社，2003.

［13］DAVID G MYERS. 心理学［M］. 9 版. 黄希庭，等，译. 北京：人民邮电出版社，2013.

［14］黄希庭. 人格研究中国化之我见［J］. 心理科学，2017，40（6）：1518-1523.

［15］BRANDES M，BIENVENU O J. Personality and anxiety disorders［J］. Current Psychiatry Reports，2006，8（4）：263-269.

［16］CHEUNG F M，LEUNG K，FAN R M，et al. Development of the Chinese personality assessmentinventory［J］. Journal of Cross—cultural Psychology，2006，27（2），181-199.

［17］MICHAEL B FIRST. DSM-5 鉴别诊断手册［M］. 张小梅，张道龙，等，译. 北京：北京大学出版社，2016.

［18］夏凌翔，黄希庭. 青少年学生的自立人格［J］. 心理学，2006，38（3）：382-391.

［19］田园，明桦，黄四林，等. 2004 至 2013 年中国大学生人格变迁的横断历史研究［J］. 心理发展与教育，2017，33（1）：30-36.

［20］辛自强，辛素飞，张梅. 1993 至 2009 年大学生焦虑的变迁：一项横断历史研究［J］. 心理发展与教育，2011，27（6）：648-653.

［21］杨薛雯. “90 后”与“80 后”大学生人格特质比较研究［D］. 上海：华东师范大学，2010.

推荐阅读：

［1］杜安·舒尔茨，西德尼·艾伦·舒尔茨. 人格心理学 全面科学的人性思考［M］. 张登浩，李森，译. 北京：机械工业出版社，2016.

［2］凯文·达顿著. 异类的天赋 天才、疯子和内向人格的成功密码［M］. 金九菊，程亚克，译. 长沙：湖南文艺出版社，2018.

第四章
大学生生涯规划

第一节　大学生生涯规划概述

很多大学生都会上“职业生涯规划”这门课程，但部分学生只是将它当作了一门课，并不会对自己的职业或者人生进行细致的规划。有人会认为计划不如变化，如果时运不济，再周密的计划也无济于事。但规划不是指条条框框的限制，而是知道什么是该去做的，什么不值得去浪费时间。那么，好的职业生涯规划对大学生有哪些用处呢？

对自己的职业有着规划的人，因为有着奋斗的方向，他会很清楚自己学习的目标，知道要学习哪些知识、拥有哪些技能才能离想要的工作更进一步。清晰的职业生涯规划能让大多数人看清现在、掌握未来。只有通过各种数据和自己性格的分析，找到自己感兴趣又适合的目标，我们才好为之奋斗。对自己未来有规划的人，会清楚知道自己未来几年的职场方向，选择权一直在自己手里。

“一个人若是看不到未来，就掌握不了现在；一个人若是掌握不了现在，就看不到未来。”这两句话道出了生涯规划的本质与精髓：立足现在，胸怀未来。我们出门时若没有设定好目的地，是走不远的。人生亦是如此，没有做好生涯规划的人，是很难通向自我实现的人生的。你需要知道你要成为什么样的人，你的一生该如何度过，怎样才能使自己的人生过得有意义、有价值。这一章，我们将熟悉“生涯规划”这个会对我们一生产生重要影响的词。

一、生涯规划的定义

1. 什么是生涯

汉语所说的“生涯”和“职业生涯”在英语中都是“career”，生是指生命或人生，涯是指边际。生涯比较贴合中国文化中“志业”的概念，指致力于某种事业的意思。生涯在希腊语中有竞赛的意思，隐含着未知与冒险。美国生涯理论专家舒伯（Super）考虑了职业与其他生活如休闲、退休等发展的统一，将生涯定义为：它是生活里各种事态的连续演进方向；它统合了人一生中依序发展的各种职业和生活的角色，由个人对工作的投入而流露出独特的自我发展形式；它也是人生自青春期迄退休之后，一连串有酬或无职位的综合，除了职业之外，尚包括任何和工作有关的角色，如学生、受雇者、领退休金者，甚至也包含了副业、家庭、公民的角色。

2. 生涯的特点

生涯虽大却大不到与生命、生活画上等号，但也没有小到和工作、职业相同，它的特点可以概括为方向性、实践性、空间性、独特性、现象性和主动性六点。

（1）方向性，即生活里各种事态的连续演进方向。著名作家黑塞说："个人一生当中的生涯发展，宛如茫茫大海中破浪前进的航道，虽然视而不见，但是仿佛有其方向可循。"研究蚂蚁世界的知名生物学巨匠魏尔森在其自述中提及，决定他生涯方向的是他性格中较为内在的那个男孩，"我只想成为第一个发现某些事物的人"，内在的声音即魏尔森生涯方向的引导者。

（2）时间性，即一生当中连续不断的过程。"生涯"的时间性的具体定义是"一生当中依序发展的各种时间位置的综合体"。生涯是纵贯一生的发展，从过去到现在再到未来，如同图 5-1 中约翰·洛克菲勒的生涯历程：从他出生成长到对商业的初步探索，再到建立自己的公司，而后到他维持公司并将其进一步发展壮大，最后进入生涯的衰退阶段，逐步退出职业生涯，开发他的社会角色——慈善家。从生物学的属性来看，生涯演进是单向的，出生→成长→衰老→死亡，具有不可逆性。例如，我们从幼稚园、小学、中学至大学的一种依次发展。同时每一个"现在"的时间位置都受"过去"的时间位置的影响，也是为"未来"的位置预先准备。

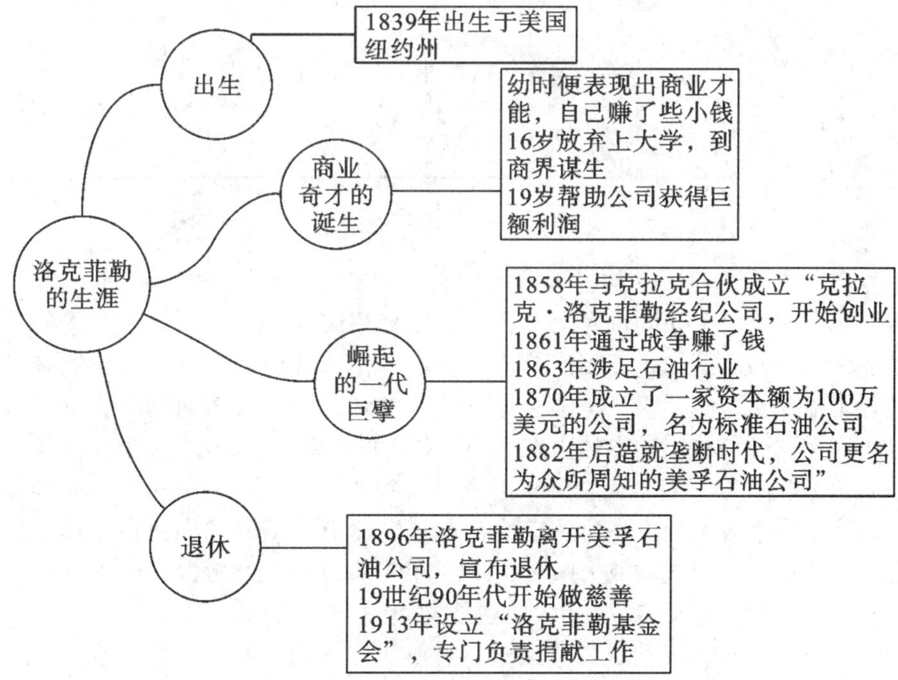

图 5-1　约翰·洛克菲勒的生涯历程

（3）空间性，即以事业的角色为主轴，并包括其他与工作有关的角色。美国著名学者唐纳德·萨珀认为，生涯是我们生活中各种事件的演进历程，包括个人一生中各种职业与生活的角色，以及由此表现出的独特的自我发展形态。萨珀创造出“生涯彩虹图”（见图 5-2），形象地展现生涯发展的时空关系，以便更好诠释生涯的定义。

生涯彩虹图最外的层面代表横跨一生的生活广度，又称大周期，包括成长期、探索期、建立期、维持期和衰退期。生涯彩虹图里面的各层面代表生活空间，由一组角色和职位组成，包括子女、学生、休闲者、公民、工作者、持家者等主要角色。萨珀认为角色与年龄、社会期望以及个人涉及的时间和情绪程度有关联，因此每一阶段都有显著角色。个体为了某一角色的成功付出太大的代价，可能导致其他角色的失败。阴影部分表示角色的相互替换、盛衰消长。角色除了受年龄增加和社会对个人发展、任务期待的影响外，也跟个人在各个角色上所花的时间和感情投入的程度有关。

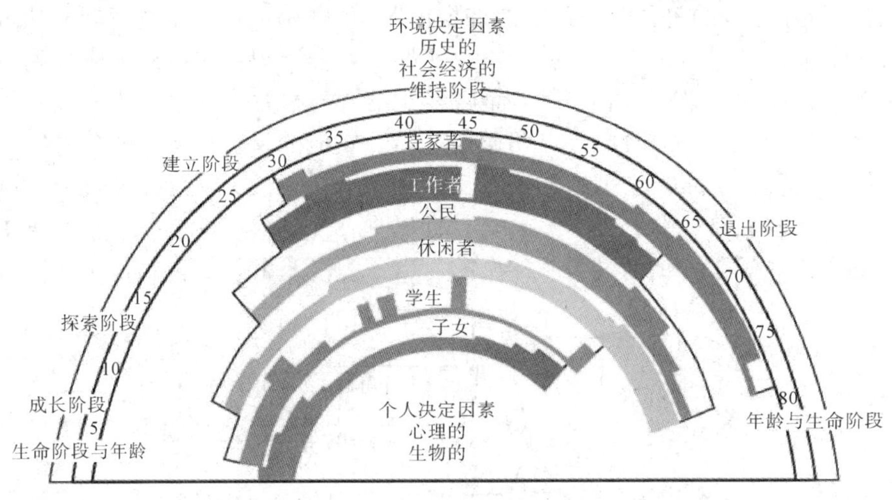

图 5-2　生涯彩虹图

（4）独特性，即每个人的生涯发展是独一无二的。即使我们以类似的顺序经历着类似的职位或角色，如同世界上没有两片完全相同的叶子一样，每个人的生涯发展都是独一无二的。例如，美国前总统约翰逊和福特，他们都是工人阶级出身，都独任过海军指挥官、国会议员、国会秘书长，直到总统，虽然他们经历着类似的角色，但两人在国会与总统任内的表现不同，各人的生涯经验也有差别。

（5）现象性，即只有个人在寻求生涯时才存在。生涯不是生命，生命是客观的存在，生涯却是个人主观意识所认定的存在。生涯定义了我们如何在工作环境框架内看自己——从过去的成功或失败看，从现在的能力或才干看，从未来进一步的计划看。因此，人生的意义得以在生涯发展过程中彰显、完成。

（6）主动性，即人是生涯的主动塑造者。我们在现象性中就可以看出人是生涯的主动塑造者。我们知道，生涯的原意是冒险、奋进。在过去 20 年心理学的发展中，学者们将人的行为机制从被动提升至主动。换句话说，随着心理学逐步发展，研究者发现人不是被动地受环境的制约，而是能主动地去思考、计划，进而改变、创造环境。因此说我们通过决定来主动塑造自己的生涯。

3. 什么是生涯规划

生涯规划亦称职业生涯规划，是指个人与组织相结合，个体对自己的职业选择与发展进行设计、执行、评估、反馈和修正的过程。对大学生来说，生涯规划是个人对自己的职业选择与发展进行设计、执行、评估、反馈和修正的过程。生涯规划是一个人自青春期到退休期，对个体一生的理念、工作、生活、家庭及社会等目标所做的妥善计划与安排，从而达到追求理想人生的目的。

大学生生涯规划可以从这几个问题入手："我在未来做什么？我的人生方向与目标是什么？我的理想与抱负是什么？"一般而言，职业生涯规划包括"安身""立命"两个部分。其中"安身"的重点在于职业，而"立命"的重点在于前程。生涯规划是一个动态的过程，而规划的功能在于为生涯设定目标，做出计划和形成行动步骤。

二、生涯规划的意义

1. 规划可以确定方向

每个人的生涯旅行都是独特的，一些旅行者有明确的目的地，一些人在未知领域中冒险，一些人一直遵循常规路线，一些人经常改变路线。你是哪种旅行者？这取决于你内心对自己的看法、期望和追求，以及你对生活的理解。进行生涯规划的使命就是确定旅行的方向。

生涯规划是对自己生活的排列组合，你想去哪里，决定你会如何安排生活中的事件，而这些行动会带我们去不同的地方。有目标的生活更有方向感，有目标的人有更少的焦虑、更多的快乐和更多的成就感。

2. 规划可以挖掘潜能

当今社会处在变革的时代，到处充满着激烈竞争。物竞天择，适者生存。职业世界的竞争非常激烈。要想在这场激烈的竞争中脱颖而出并立于不败之地，我们必须设计好自己的生涯规划，充分挖掘自己的潜能，提升自己的核心竞争力。

一份行之有效的职业规划可以引导你正确认识自身的个性特质、现有与潜在的资源优势，帮助你重新对自己的价值进行定位并使其持续增值；引导你对自己的综合优势与劣势进行对比分析；引导你评估个人目标与现实之间的差距；引导你设定与实际相结合的职业定位，搜索发现新的或有潜力的职业机会；使你采取可行的步骤与措施，不断增强你的职业竞争力，实现自己的职业目标与理想。

三、生涯规划相关理论

1. 认知信息加工理论

盖瑞·彼得森（Gary Peterson）、詹姆斯·桑普森（James Sampson）、罗伯特·里尔登（Robert Reardon）受认知科学和人类思维过程研究的影响，将认知信息加工的观点用于职业决策过程的研究，提出了认知信息加工理论。该理论认为，职业决策是一个始于初步确定可能的职业选项，搜索职业信息，比较各种可能选择的职业，最终选择一条适合自己的职业道路的决策过程。

认知信息加工理论提出了八个关于职业决策的假设作为其理论基础，这些假设的核心内容包括：①职业选择源于认知过程和情感过程的交互作用。②进行职业选择是一种问题解决活动。③职业问题解决者的能力取决于知识（自我知识和职业知识）和认知操作的有效性。④职业问题解决是一项记忆负担很重的任务。⑤职业决策要求有动机，这种动机源于个体渴望通过更好的理解自我和工作领域做出令人满意的职业选择。⑥持续进行的职业发展是我们毕生学习和成长的一部分。⑦我们的职业在很大程度上取决于我们思维的内容和思维的方式。⑧我们职业的质量取决于我们对职业决策和职业问题了解的程度。

认知信息加工理论包括两个重要内容：一是信息加工金字塔模型（见图 5-3），二是在这个模型中部的 CASVE 循环。

（1）信息加工金字塔模型。

职业生涯规划的基础是了解自我和环境的相关知识。自我知识指兴趣、能力和价值观等；环境知识指职业选择的相关方面，如了解职业的发展趋势、收入水平和生活方式等。根据信息加工的特性，我们可以构建一个信息加工金字塔。位于塔底的领域是知识领域，包括自我知识和职业知识。中间领域是决策技能领域，包括沟通—分析—综合—评估—执行五个阶段。最上层的领域是执行加工领域，也称为元认知，元认知是一个人所具有的关于自己思维活动和学习活动的知识及其实施的控制，是任何调节认知过程的认知活动，即是任何以认知过程与结果为对象的知识，包括自我言语、自我觉察、控制与监督。

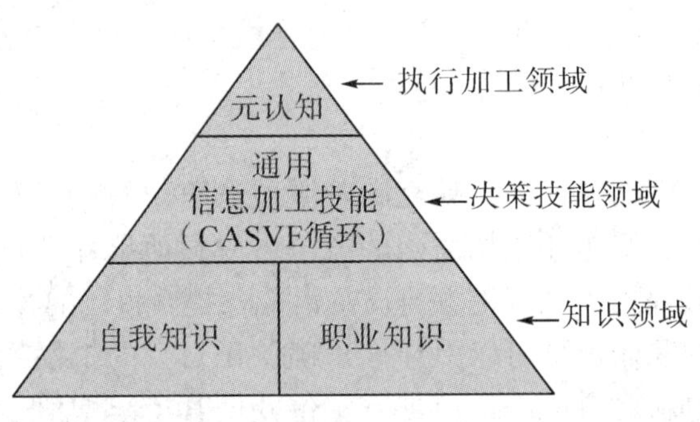

图 5-3　信息加工金字塔模型

（2）CASVE 循环。

CASVE 循环位于信息加工金字塔中部，是职业规划的核心。CASVE 循环是做决策的过程，良好的决策包括五步，分别是：沟通（communication），分析（analysis），综合（synthesis），评估（valuing），执行（execution）。这五个步骤是不断循环的，因此也叫 CASVE 循环。①沟通，包括内部和外部信息的交流，通过交流，个体逐渐意识到问题和差距。②分析，是对自我知识和各方面的知识进行分析，进而更好地理解差距和问题。③综合，是把信息放在一起，扩展开来，再逐步缩小选择范围，形成可能的解决方法并寻求实际的解决方法。④评估，是对筛选出的方法和选项进行对比，排出优劣次序。⑤执行，是依照选择的方案做出行动。如果我们在执行之后依然没有解决问题，那就要重新启动 CASVE 循环。

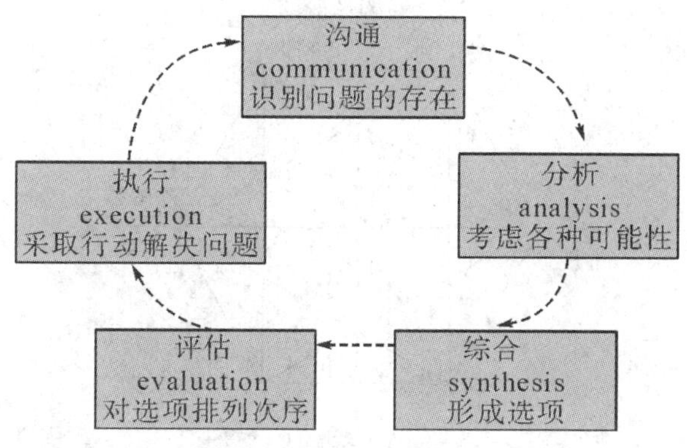

图 5-4 CASVE 循环

2. “人格与职业类型学说”理论

美国著名职业指导专家霍兰德提出“人格与职业类型学说”理论，该理论认为职业选择与个人人格息息相关，研究人员通过社会观察发现，同一职业群体的人在人格特征上较为相近。霍兰德理论把职业人格分为六种类型，分别是现实型、研究型、艺术型、社会型、企业型和常规型。特定人格类型的人会对相应职业类型中的工作或学习感兴趣，具体性格特点和匹配职业如表 5-1 所示。

表 5-1 霍兰德职业兴趣人格类型

性格类型	性格特点	匹配职业类型
现实型	喜欢具体任务，按规则做事，动手能力强	工程师、司机
研究型	喜欢抽象思维，善于分析，有智慧	科研人员、科技工作者
艺术型	喜欢自我表现和想象，追求自由和美感	艺术工作者、演员、编剧
社会型	喜欢社交活动，善于了解并帮助他人成长	导游、社会工作者、教师
企业型	喜欢领导，精力旺盛，喜欢冒险、竞争	推销员、管理者、创业者
常规型	喜欢条理性强的工作，不喜欢冒险或领导	记账员、出纳、操作员

同时，六种职业性格类型构成六角模型（见图 5-5），从事务处理、心智思考、与物接触、与人接触四个维度，对职业人的人格特征进行分析和区分。研究人员通过社会观察发现，同一职业群体的人在人格特征上较为相近。霍兰德理论把职业人格分为六种类型，分别是现实型、研究型、艺术型、社会型、企业型和常规型。特定人格类型的人会对相应的职业类型中的工作或学习感兴趣。

霍兰德认为大部分职业人都可以归结为六种人格型态中的某一类或某几类。现实社会中存在与六种人格型态相对应的环境，不同环境中的职业人的人格型态在六角模型上的距离较远；相反，同种环境中的职业人的人格型态在六角模型上的距离较近。职业人在选择社会环境时，倾向于选择与自身人格型态匹配，有利于发挥所长，实现自我价值的环境，职业人的个体行为也是由自身人格特征和环境共同决定的。

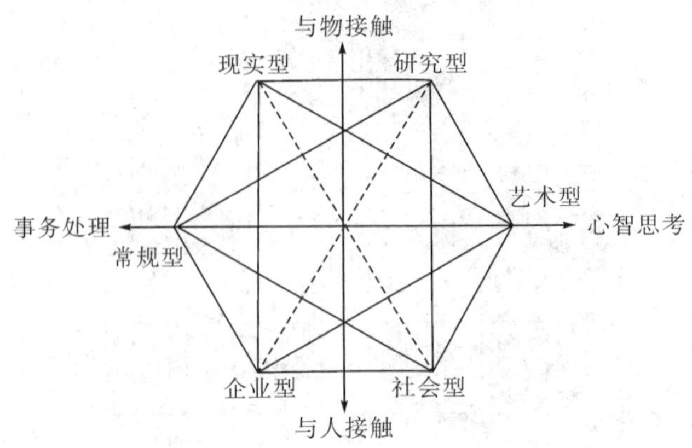

图 5-5　霍兰德职业兴趣六角模型

四、职业生涯规划的过程

职业生涯规划的过程如下：

（1）明确自己的愿景和理想；

（2）分析个人自身情况；

（3）考虑眼前机遇和制约因素；

（4）为自己确立发展方向或目标；

（5）设定发展路径；

（6）实施行动方案；

（7）进行评估反馈和调整。

需要特别注意的是，这是一个循环的过程（见图 5-6），当情况发生变化，或者方案经过评估并不适合自己的需求时，我们就要重新考虑自己的愿景，再次启动整个规划过程。这提醒我们，生涯规划不是一劳永逸的事情，需要我们不断调整、更新。

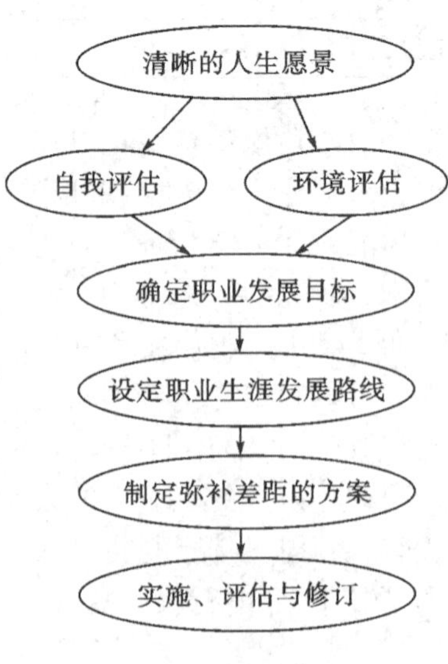

图 5-6　生涯规划流程

链接：李开复：大学只能学到人生的5%，为了梦想离开谷歌①

1. 大学生最好先就业再创业

记者：对于忙着找饭碗的大学生，你有什么忠告呢？

李开复：大学生找工作一定要明白一点：第一份工作主要是学习，不要功利地只看能赚多少钱，在什么公司等。大学只能学到人生的5%，95%要在工作中学习。大学生找工作要多方面地衡量，固然要看待遇和品牌，也要考虑自己的天赋和兴趣，更重要的是在岗位上能学到什么。

记者：呼吁大学生自主创业的呼声一直很高。在就业压力这么大的情况下，大学生自主创业真是一条通往罗马的大道吗？

李开复：大道是通罗马的，但大道上可能充满着风险，因此大学生要走得小心点。一个真正的创业者，必须要有一定经验。创业成功的因素应该是经验、团队和点子。团队是最重要的，其次是经验和执行力，点子是最不重要的。

先就业再创业是更好的选择，大学生积累经验之后再创业，这样成功的概率会更大。就好像创新工场，我们会招聘大学生参加创业的活动，但绝对不会把一家公司交给一个大学生管理，因为他没有经验。还有很重要的一点，大学生不能因为无法就业就选择创业。创业者心里都有一个渴望，非常想拥有自己的企业，并不是因为找不到工作才去创业。

2. 选人要符合四个要件

记者：很多年轻人都希望得到你的帮助。请问你筛选对象的标准是什么？

李开复：第一，一定要是公司需要的人才。我不可能去招聘一万个人、十万个人，因此还是要挑那些特别热情的。第二，一定要非常努力，拼命投入，热爱自己的工作。第三，希望有创意。第四，人品要好，团队合作能力强。

3. 思维方式“中西合璧”

记者：在中美融合的教育背景下，你更倾向于用哪种思维方式思考？

李开复：西方的积极主动和东方的以诚待人并不冲突。和教育背景一样，我的思维方式已经“中西合璧”了，没必要去刻意分开，它们并不是两极化的。

4. 希望墓志铭上被称为“开复老师”

记者：你在招聘的时候，经常会做“墓志铭测试”。那么，你认为你的墓志铭应该是什么？

李开复：在科技界打拼了多年，从加入苹果的那一天起，我认为我的墓志铭应该是：科学家、企业家。但近年来，当我看到在教育界里我可以做的贡献，还有那么多愿意接受我帮助的学生。我想，如果只能有一个墓志铭，我希望是：开复老师。我通过写作、演讲，在中国崛起的时代，帮助了众多青年学生，他们亲切地呼唤我“开复老师”。

（本文转载自2009年10月20日华商网，该稿记者：吴成贵）

---

① 吴成贵. 李开复：大学只能学到人生的5%，为了梦想离开谷歌［EB/OL］.（2009-10-20）［2019-07-30］.finance.ifeng.com/a/20091020/1356759_1.shtml.

小结：

生涯是生活里各种事态的连续演进方向。生涯统合了人一生中依序发展的各种职业和生活的角色，是个人投入工作时流露出的独特自我发展形式；它也是人生自青春期迄退休之后，一连串有酬或无职位的综合，除了职业之外，尚包括任何和工作有关的角色，如学生、受雇者、领退休金者，甚至也包含了家庭成员、公民的角色。生涯具有方向性、空间性、时间性、现象性、独特性特点。生涯规划亦称职业生涯规划，指个人与组织相结合，个体对自己的职业选择与发展进行设计、执行、评估、反馈和修正的过程。

生涯规划的理论主要有认知信息加工理论和“人格与职业类型学说”理论。生涯规划的过程包括：①明确自己的愿景和理想；②分析个人自身情况；③考虑眼前机遇和制约因素；④为自己确立发展方向或目标；⑤设定发展路径；⑥实施行动方案；⑦进行评估反馈和调整。

思考题：

1. 请想一想你为什么上大学？在纸上写出你之所以上大学的十大理由，明确你上大学的初衷。

2. 职业生涯规划和“混碗饭吃”有什么区别？谈一谈你对职业生涯规划的理解。

3. 安静下来，找到自己呼吸的节奏，想想自己一直想拥有的一次旅游是什么样的，并为自己制定一个详细可行的旅游计划。这个旅游计划包括：①旅游计划的具体内容。②你制定这个计划的步骤。③你将如何落实这个旅游计划？④这个过程与职业生涯规划有哪些相似之处？然后找个同学或朋友，与他/她交流一下你的旅游计划。

第二节　大学生生涯规划任务

对大学生而言，职业不仅提供生存的基础条件，也为他们提供施展才华的舞台，人的追求其实可以概括为三个问题：“我是谁?”“我能干什么?”“我要怎么做?”。对于这些问题，我们思考得越早、越清楚，那么在大学阶段的学习目标便会更明确，也有助于将来职业理想和人生价值的实现。如果你现在仍旧迷茫，不妨花几分钟想象一下，假如你已经年老，有一个给年轻的自己写信的机会，你会写些什么？可以考虑从下面几个问题着手：

（1）为了拥有满足、愉快的状况，你想在未来如何经营你的生活？

（2）在未来的日子中，有什么会阻碍你达到满足、愉快的状态？

（3）当这些阻碍出现时，你会如何用自己宝贵的特质来协助自己、带领自己？

（4）你希望我如何记得你，希望我如何感谢年轻的你？

给未来的自己写完信后，希望你能从现在开始对自己的生涯进行一个完整的规划，在规划的时候和未来实施的时候请记住：人生是自己创造的。

约翰·霍兰德（John Holland）曾说过："预测个人职业选择的最有效的方法，是询问这个人想要做什么。"那属于你自己的人生是你想要成为的人生，是为自己创造的人生。这需要你能正确地认识自己，了解自己的兴趣，并将其和自己的专业、职业结合。

一、有效的生涯探索

1. 探索"理想我"与"现实我"

青年学生的自我意识发展，大部分会经历分化、统一和转化的过程。分化是自我意识发展的起源，也是自我意识走向成熟的标志。此时的"我"被分成了"理想我"和"现实我"两部分。比如有的同学会说"我希望自己是无所畏惧的"，但事实上，他们在与异性讲话时会脸红；"我希望自己有毅力"，但他们做事时却虎头蛇尾；"我希望自己乐观看待每一件事"，他们却时时为小事生闷气。于是便带来了自我意识的矛盾。一般来说，自我意识统一会出现下面两种情况：

一种是积极的统一。其特性是对"现实我"的认识比较清晰、客观 、全面、深刻。这样的"理想我"比较正确、积极，既符合社会要求，也符合自己的能力，而且经过努力可以达到，统一后的自我完整而有力，有助于自身健康成长。另一种是消极的统一。其特征是对自我评估不正确、"理想我"不健全、缺乏实现"理想我"的手段。而其形成的自我是虚弱且不完整的，不能很好地适应社会，也不利于自身发展。因此我们需要全面认识自己、探索自我。

2. 探索职业兴趣

兴趣是人们积极探究某种事物的认识倾向。伴随着对事物的认识和获得，人在情绪体验上得到满足，进而产生兴趣。兴趣以需要为基础。兴趣可分为直接兴趣和间接兴趣。例如，个体喜欢跳舞、打球，可能是因为这些活动会让人产生愉悦和满足感，这就是直接兴趣；个体觉得学数学是一件很枯燥的事情，但仍旧会努力学习，这可以帮助自身继续攻读学位。这不是活动本身而是这些结果在吸引你学习，这就是间接兴趣。直接兴趣与间接兴趣之间可以相互转化，也可以相互结合，进而达到调动你积极性的目的。

3. 探索职业价值观

舒伯认为，价值观是个人追求的、与职业有关的目标，也是个人的内在需求及在从事活动时所追求的工作特质或属性，它是人生价值观在职业问题上的反映。换句话说，价值观就是一个人对周围的人、事、物的态度、评价和看法。价值观一方面表现为价值取向、价值追求，而后凝为价值目标；另一方面表现为价值尺度、价值准则，这成为判断事物有无价值或价值大小的标准。

我们可以借鉴舒伯的工作价值观量表来帮助我们理清学业和职业上的价值追求，为选择职业提供理论依据。该量表可分为三个价值维度：①内在价值维度，指工作本身的一些特征；②外在价值维度，指与工作内容无关的外部因素，如工作环境、氛围、人事关系等；③外在报酬维度，指在职业活动中能获得的因素，如报酬、地位、福利等。

4. 探索性格类型

性格是一个人在生活中对人、事、自己、外在环境表现出的一致性因应方式，受生理、遗传、家庭教育、文化、学习经验等因素交互影响形成的。性格好比自己内心深处那个黑暗房间里的一个物体，而许多学者探索出的人格理论如同一束束光，从每一个角度照亮你性格的某一点。

目前国际上权威的、使用广泛的 MBTI 性格类型理论认为一个人的个性可以从四个角度进行分析，用字母代表如下：

驱动力的来源：外向 E—内向 I；

接受信息的方式：感觉 S—直觉 N；

决策的方式：思维 T—情感 F；

对待不确定性的态度：判断 J—知觉 P。其中两两组合，可以组合成 16 种人格类型（见图 5-7）。该理论深入系统地把握了人的性格，揭示了不同类型的人的不同本能且自然的思维和行为模式。在该理论中我们可知道，同类型的人会有着相似的思维和行为模式，这也解释了为何不同的人对不同的事物感兴趣，不同的人擅长不同的工作。

ISTJ 检查员型	ISFJ 照顾者型	INFJ 博爱型	INTJ 独立自主型
ESTJ 管家型	ESFJ 主人型	ENFJ 教导型	ENTJ 统帅型/CEO
ISTP 冒险家型	ISFP 艺术家型	INFP 哲学家型	INTP 学者型
ESTP 挑战型	ESFP 表演者型	ENFP 公关型	ENTP 智多星型

图 5-7　MBTI 16 种人格类型

二、科学的生涯决策

决策就是做选择，我们在生活中基本上一直在做这样或那样的选择，小到选择读这本书，大到选择人生伴侣或职业。请回想一下，你是根据什么来做判断的？平时的表现是理性的还是感性的？事情是自己做主，还是交由别人安排？

1. 了解自己的决策风格

理性和情感的结合使人们形成了各种不同的决策风格，使我们做出不同的选择。这种后天在学习经验中逐渐形成的，并且在决策情景中采用的一致的、习惯性的行为方式就是决策风格。美国职业生涯专家斯科特（Scot）和布鲁斯（Bruce）把决策风格分为五种类型：理智型、直觉型、依赖型、回避型和自发型。

（1）理智型。

理智型以周全探求和系统分析、评估为特征。理智型决策风格是比较受推崇的决策方式，强调综合全面地收集信息、理智地思考和冷静地分析判断。但是执拗于理性和计划有可能产生僵化。

（2）直觉型。

直觉型以依赖直觉和感觉为特征，比较关注内心的感受。直觉型的决策风格以自我判断为导向，在信息有限时能够快速做出决策，当发现错误时能迅速改变决策。直觉在环境信息不确定的情况下往往能帮助你做出最佳选择。但是如果这是你进行判断的唯一方式，那就比较危险了，因为直觉可能出错。

（3）依赖型。

依赖型以寻求他人的指导和建议为特征。依赖型的决策者更愿意采纳他人的建议与支持，他们往往不能承担自己做决策的责任，而允许他人参与决策并共同分享决策成果，因此决策者通常会得到他人的正面评价。但是如果个体过度从众或相信命运就等于放弃了自己的权利，也牺牲了对自己的认可，在看似轻松的生活中很容易感到空虚和无力。

（4）回避型。

回避型以试图回避做出决策为特征。回避型的决策风格是一种拖延的方式，面对决策问题会产生焦虑的决策者，往往因为害怕做出错误决策而采取这样的反应。

（5）自发型。

自发型以渴望即刻、尽快完成决策为特征。自发型的人往往不能够容忍决策的不确定性以及由此带来的焦虑情绪。自发型决策者常会基于一时的冲动，在缺乏深思熟虑的情况下做出决策，此类决策者通常会给人果断或过于冲动的感觉。

就做简单的决定而言，个体经过思考做出的决策通常比较合理，而当遇到比较复杂的情况时，采用直觉的方式可能更好。

2. 掌握生涯决策方法

生涯决策需要科学的决策方法。因此，想要做出科学的生涯决策，我们有必要掌握一定的生涯决策方法。具体的生涯决策工具和方法有很多，以下我们仅对“生涯平衡单”和“职业组合卡”进行简单介绍：

（1）生涯平衡单。

生涯平衡单（Janis & Mann，1977）能帮助我们具体分析每一个可能的方案，把杂乱的想法整理排序，从而做出选择。平衡单主要是将重大事件的思考方向集中到四个主题上：自我物质方面的得失、他人物质方面的得失、自我精神方面的得失、他人精神方面的得失。

（2）职业组合卡。

职业组合卡是由泰勒（Tyler，1961）与杜立佛（Doliver，1967）设计的，他们最初的意图是测量个别差异，他们认为观察一个人的个别差异就要看他们的决定以及做决定的过程。它的基本形式是卡片组合。每张卡片正面有一个职业名称，反面是有关这个职业的叙述资料。通常在使用过程中，来访者针对每个职业的喜好做出反应，施测者根据来访者的反应归类，经由交互讨论，可以帮助来访者了解自己的职业兴趣，以及选择这些职业的理由。

3. 调整决策过程中的心态

一个人的成长成熟和决定息息相关，当你开始自己做出决定，并为之负责时，正是你成熟的表现。仔细探讨决策的过程正是正视自己的过程。

（1）看似“取”实为“舍”。

选择也叫取舍，看似我们讨论的决策过程都是教大家“选取”你所喜爱的，但其实真正的结果就是舍弃了众多其他的可能。决策势必要取舍，我们想什么都得到，往往什么都得不到，为自己负责也意味着能够承受选择带来的丧失。

（2）目标的坚定与浮动。

新的决策理论提醒我们，其实你坚定了一个目标就意味着失去了其他目标，你越是坚定目标就越难以发现新目标。你可以对目标保持一种不确定性，让目标保持浮动，围绕着你想做的事情，根据形势调整你的目标，这种调整的历程，反而激发了你的反思力与创造力。

（3）勇敢与耐心。

总之，决策势必要冒些风险，没有绝对安全的选择。做决定是种技能，当你越敢于自己决定，承担选择的结果，就越可以自由地选择。而在这个过程中，最重要的是我们要理解每个人的成长环境和情绪感受力并不一样，要对自己保持耐心。

三、生涯目标设定与执行

1. 生涯目标设定

（1）目标的重要性。

目标是人们想要达到的结果、境况、目的或状态，是引发我们行为的动力之一。尼克尔斯（Nicholls，1984）和德韦克（Dweck，1988）等人提出成就目标理论，按照目标倾向对行为的影响，把目标导向分为掌握目标导向和成绩目标导向。在掌握目标导向下，人们专注于当前的学习任务，表现出一种积极的、适应的动机模式，他们能有效地运用深层加工策略，如努力发掘新旧知识之间的联系等，面对失败仍然能够保持积极情绪，努力不懈。而在成绩目标导向下，人们把成败归因于自身的能力，成功固然能提高个体的自信，且失败就容易导致低能评价，个体会产生焦虑、羞愧、沮丧等消极情绪，从而干扰综合策略的运用。因此，掌握目标更能激发一个人的内在学习动机，产生持久的推动力并促使学生取得更大的成就。

（2）目标的分类。

个人目标包括社会和家庭生活、兴趣爱好、身心健康、职业及个人收入等方面，按照实现的时间顺序划分，可以分成以下五种类型（见表5-2）。我们要了解不同目标的特点，这样才能更好地利用目标管理，从而给我们的生活增添动力。

表 5-2　不同的目标类型

目标类型	解释
长期目标	涉及你想要的生活类型，和事业、婚姻、生活方式有关。在大学期间最好保持这些目标的宽泛性和灵活性，你需要更多的探索
中期目标	5 年左右的时间，包括你所寻求的教育类型，或者你对事业的规划。你对这些目标有一些控制能力
短期目标	可以从下个月开始到 1 年以后。你可以设立非常实际的目标，并努力实现他们
小型目标	涵盖 1 天到 1 个月的所有事情。你对这些目标具有很大的控制能力，应该使它们尽量详细
微目标	涵盖 15 分钟到几个小时的时段。实际上，这些目标才是你可以直接控制的

从表 5-2 中不难发现，目标间是联系的。目标形成了一个金字塔形的目标群，相互促进，相互制约。微型、小型和短期目标是金字塔的底座，更接近行动层面，个体完成它们才能逐渐实现中长期目标。中期目标在金字塔的中部，更像是计划方案，是长期目标的任务分解。而长期目标在金字塔的顶层，是我们对生活的愿景，它的实现是金字塔的底层和中间层实现后的结果，同样也对整个生涯目标群起着决定作用，如果长期的目标不符合自己的内在要求，或者模糊，很可能会产生行动拖延，导致理想目标无法实现。

2. 制订计划与执行

（1）制订行动计划。

行动计划就是把目标分解为具体的行动，把长期目标和短期目标联系起来。计划越具体，越能够落实，目标越容易实现，越能够避免陷入上文提到的目标设定的陷阱。行动计划不能只体现在头脑中或者口头上，而是要写下来，把对自己的承诺落实在纸面上更有约束力。计划实现的关键因素之一就是合理性。我们在制订行动计划时要特别反思是否围绕目标进行，综合考虑自己的期望、能力和时间安排。具体来说计划的制订要考虑以下因素：行动计划要有时间期限，计划要考虑自己的现实，计划中的留白。

（2）执行监控与评估。

①开始与聚焦。我们制订了目标计划后，事情不会自然进行。为了让自己动起来，起步越小越好。小的步骤更容易获得成功，而且就算失败了也不会给自己太大的压力，反而更容易实现。

②自控与自我激励。自控力，即自我控制的能力，是指当个体遇到一些新鲜事物、钱权诱惑、突发事件、感情问题时，对个人的冲动、感情、欲望等进行自我控制的能力。在执行计划的过程中，我们会遇到分散注意力的诱惑，自控力可以让我们朝向目标，不至于偏离。

自我激励是指个体具有不需要外界奖励和惩罚作为激励手段，能主动努力去实现既定目标的一种心理特征。自我激励是一个人迈向成功的引擎。自我激励的关键是找到真正推动你实现目标的内在动机，即你真正愿意从实现这个目标的过程中获得什么，从而扩展个人能力，不断探索和学习，之后不断获得实施过程的反馈，知道自己努力的结果，自我促进。

③监控与评估。我们要对目标实行情况进行监督，既要利用自律不断调整行为来促进目标的实现，又要根据环境改变计划。对大学生来说，在实现自己目标的过程中，可以获得两个方面的反馈。

一是自我的反思，自己通过任务的进度、亲身感受来获得自己做得怎么样的认识；二是把自己的计划和进度与他人进行分享，获得来自他人视角的反馈。但是不管是来自自己还是他人的反馈，都有客观的反馈和主观的反馈之分，客观的反馈是基于事实的反馈，这是需要被重视的。

（3）开放与稳定的平衡。

在职业生涯越来越向着无边界方向发展的今天，就算我们把设定目标和制订计划描述得再具体、可操作，实际情况还是避免不了发生变化。如何在多变的职业生涯中保持自己内心的稳定和安全感，是所有人都需要修炼的个人素质。

①对中断保持开放。

大学还处于人生的探索阶段，进行职业规划的核心目的并不是找到或者实现人生的目标，而是不断提高能力，进而让自己有能力在进入职场后实现自己的目标。从这个角度来说，计划的中断和重新设计并非坏事。不管你是中断了自己的实习，还是中断了转专业的目标，意味着你对自己又多了一份了解：理解哪些是自己不喜欢的，哪些是需要调整的，从而更接近真实的自己。

②学会欣赏自己。

欣赏自己并不是对自己的局限和弱点视而不见，不思进取，而是愿意相信自己，愿意看到自己在努力实践的过程中的努力和不容易。个体只有带着欣赏自己而不是挑剔自己的眼光，才更容易看到自己在追求目标过程中展现的能力和偏好，这些都将成为未来职业生涯的财富。

③对尝试保持热情。

为达成目标，我们需要提高自控力，保持专注，要对目标进行管理。但是从大学期间心理发展任务的角度说，个体勇于尝试新的挑战、新的领域也是非常重要的探索。在大学期间，勇于探索和尝试显得尤为重要。编者在此鼓励大家不断地学习，再学习，不断在实践中积累和使用自己的经验，让自己的选择可持续发展。

链接：MBTI 性格理论

MBTI 性格理论起源于心理学家荣格提出的心理类型理论。美国心理学家布里格斯和迈尔斯母女在荣格心理类型理论的基础上，发展出了 16 种性格类型。MBTI 理论认为一个人的性格可以从四个角度进行分析，用字母代表如下：

驱动力的来源：外向 E—内向 I；

接受信息的方式：感觉 S—直觉 N；

决策的方式：思维 T—情感 F；

对待不确定性的态度：判断 J—知觉 P；

以上两两组合，可以组合成16种性格类型。实际上这16种类型又归于四个大类之中：

1. SJ型——忠诚的监护人

具有SJ偏向的人的共性是有很强的责任心与事业心，他们忠诚、按时完成任务，推崇安全、礼仪、规则和服从，他们被一种服务于社会需要的强烈动机驱使。他们尊重权威、等级制度，持保守的价值观。他们充当着保护者、管理员、稳压器、监护人的角色。

在我国传统文化人物中，孔子就具有这样的特质。孔子开创儒学，编纂《春秋》，修订六经，提倡以道德和礼教治理国家。在现代社会里，很多在企业、政府等机构里兢兢业业工作的人都具有这样的特质。

2. SP型——天才的艺术家

有SP偏向的人有冒险精神，反应灵敏，在技巧性强的领域中游刃有余，他们常常被认为是喜欢活在危险边缘寻找刺激的人，他们为享受现在而活着。

我们熟悉的歌星麦当娜、篮球魔术师约翰逊、音乐大师莫扎特等都是具有SP性格特点的例子。一些极限运动员、很有创意的艺术家都可能具备这样的特质。

3. NT型——科学家、思想家的摇篮

有NT偏向的人有着天生的好奇心，喜欢梦想，有独创性、创造力、洞察力，有兴趣获得新知识，有极强的分析问题、解决问题的能力。他们是独立的、理性的、有能力的人。

除了科学家、思想家，一些具有开拓创新精神的企业家也具备这样的特质，如马云。马云在创业初期，在互联网技术才开始萌芽阶段，就具备超强的洞察力，坚持自己的梦想。

4. NF型——理想主义者

有NF偏向的人在精神上有极强的哲理性，他们善于言辩、充满活力、有感染力、能影响他人的价值观。他们帮助别人成长和进步，具有煽动性，被称为传播者和催化剂。

我国现阶段有不少领域内优秀的人，逐渐会成为这样的“精神领袖”。比如，我国著名的小说家王小波，他的创作就对中国广大热爱文学的青年产生深刻的影响。他的文字具有极强的哲理性，散发着活力和感染力。

大部分人在20岁以后会形成稳定的MBTI类型，此后基本固定。当然，MBTI的类型会随着年龄的增加、经验的丰富而发展完善。根据MBTI理论，每种个性类型均有相应的优点和缺点，有其对工作环境、岗位有不同要求。个人使用MBTI进行职业生涯开发的关键在于如何将个人的人格特点与职业特点进行结合。

小结：

本节主要介绍了大学生在生涯规划中面临的任务。我们在进行生涯规划时首先要进行自我探索和职业世界探索。自我探索主要包括认识“理想我”和“现实我”、职业兴趣、性格类型和职业价值观，对职业世界的探索主要是了解不同行业的前沿以及其发展趋势。种种探索之后，个体还要了解自己的决策风格，掌握科学的决策方法，做出最优的生涯决策。在做出规划后，个体还要有切实的执行措施，以保证规划的落实。

思考题：

1. 回想你大学期间的选择，在每一个选择中，你是根据什么原则或基本价值观做出决定的？在什么样的情况下，你可能改变决定？

2. 职业兴趣对个人职业发展有何意义？谈谈你的职业兴趣。

3. 想想是否每次都是你自己决定了自己的人生选择？如果不是，那么影响你决策的因素有哪些？

第三节　大学生生涯规划问题与应对策略

教育部原副部长吴启迪女士曾在采访中谈及“大学生就业难”这个话题。吴女士说：“在这个时候就说大学生已经太多了，他们找不到工作了，我觉得不符合逻辑。大学生找不到工作，其实是一个结构上的问题。有些地方岗位没多少，但是大家都想去，有的地方很需要人才，但大家又不愿意去。这个问题能怪年轻人吗？我觉得不能怪他们。他们想的很多问题都很现实，不光是工资高低的问题，还考虑到将来，如将来家庭怎么样啦，孩子上学怎么样啦。我觉得大家考虑这类问题很自然，不能总说他们没有理想、抱负不够高什么的。”

大学生就业难的原因有很多，其中一个重要原因就是大学生在生涯规划这一环节出现了问题且没有得到解决。大学是我们进行自我探索、改变和成长的一段时期，我们的角色也逐渐转变为规划者和决策者。这一时期，如果个体生涯探索的经验不足，对自我和外部世界缺少正确的认识，就很可能出现各式各样的问题。那大学生在生涯规划方面到底存在哪些问题？我们又该如何积极应对呢？

一、大学生生涯规划存在的问题

1. 自我认知不足

希腊的德尔菲神庙刻着这样一句话：“认识你自己。”在进行职业规划时，每个人都要进行自我分析，要正确、全面、客观地评价自己、认识自己，探索自己的能力、兴趣、性格以及价值观。个体也需要对自己所学的专业、爱好特长、优劣势以及实际能力有一个完整准确的把握，知道自己喜欢做什么、可以做什么。这样一来，个体在进行职业规划时就可以扬长避短，进行合理定位。

不少大学生自我认识的内容片面且方式单一，可能妄自菲薄，过低评价自身素质和竞争力；可能自命不凡，认为自己在各方面都非常优秀。自卑心理和自负心理是大学生不能正确进行自我认知的两种典型表现。无法完整准确地认识自我会极大阻碍生涯规划的进行，致使生涯规划出现偏差，影响个人未来的职业发展道路。

2. 对职业世界认识不足

如果认识自我是“知己”的过程，那么对职业世界的探索就是“知彼”的过程。生涯规划离不开职业世界，离不开整个大的社会环境。部分大学生对职业世界缺乏动态认识，不能及时把握现实职业环境的变化发展。例如，随着科技不断进步，互联网行业迎来发展热潮，许多大学生期望毕业后可以进入互联网行业工作。但当他们战胜了众多竞争对手，接触这个行业的具体工作时，却发现自己不喜欢，最后只好选择更换工作。还有部分大学生存在职业歧视或者根本不了解新兴劳动力市场，典型表现就是一些热门职业过热，而一些职业却无人问津，这就造成了结构性失业。上述情况的出现正是由于当代大学生对职业世界缺乏准确的、动态的认识。

在这个经济飞速发展、科技不断变革的时代，职业世界是不断变化着的。如果大学生用静止的观点看待外部环境，对科技发展、社会需求及政策法规等保持传统的刻板印象，那么就会导致大学生就职后突然发现现实职业与自己想象中的职业相差甚远，影响个人的职业生涯发展。

3. 规划意识弱且行动力差

“凡事预则立，不预则废。”职业生涯规划的生命周期理论将个体生命周期分为五个职业生涯阶段：成长与探索期、建立期、职业中期、职业后期和衰退期。这些阶段是连续的、相互影响的，前一个阶段的成功与否势必影响下一个阶段。大学生正处于生涯探索期，这一阶段对职业的定位以及对职业能力的培养关乎未来职业生涯的发展方向，是至关重要的一个时期。当前，部分大学生对职业生涯规划有一定的了解，但缺乏自我规划的主动性。在职业规划的过程中，常常存在简单复制他人职业生涯的问题。这就使职业规划缺少独特性与创新性，影响生涯规划的实际效果。

还有一部分大学生有了切实的计划与准备，但未能落实到具体行动当中。这其实是一种怕苦心理。一些大学生没有经历过艰苦生活的磨炼，缺乏艰苦奋斗的精神。他们不能做到坚持不懈，结果往往也是不尽如人意的。长此以往，这些同学就变成了所谓的“常立志而一事无成者”。任何职业规划的实现都要有具体的行动措施来保证，没有行动，职业规划永远只能是一个无法实现的美梦。

二、如何应对生涯规划存在的问题

1. 积极进行自我探索

自我探索是个人生涯的关键。大学生在生涯规划中，可以借助一些科学测试、专业人士的指导，结合周围人的评价，全面了解个人的内在因素（如需要、兴趣、价值观等）以及生涯信念。个体通过综合考虑职业性格、职业技能、职业兴趣和职业价值观，形成全面科学的自我分析，选定最适合自己的职业生涯道路。

（1）自我评估内容。

个人价值观评估：价值观是一种持久的信念和原则，一个人的价值取向是决定其职业生涯方向的重要指标。但当个体所处的生涯发展阶段或社会环境不同时，价值观可能发生变化。因此，价值观需要不断被审视和澄清。

兴趣与特长评估：兴趣和特长被认为是预见事业是否成功的两大心理特征。研究表明，如果一个人对某种工作感兴趣，他能够发挥出全部才能的80%~90%，而且可以长时间保持高效率；反之则只能发挥全部才能的20%~30%且效率低下。特长即特别的长处，是完成某特定活动所具备的潜在能力。如果个人从事与自己兴趣特长相吻合的职业，往往可以较快取得成功。

专业知识与能力评估：专业知识即内容性知识，常常与我们的专业学习、工作分工直接相关。能力是完成一项目标或者任务所体现出来的综合素质。专业知识与能力可以让我们明确自己能做什么，以及当我们尽力工作时能够做到什么程度。

（2）自我评估方式。

自我的经验评估：自我的经验评估包括两方面内容。一方面来自自己过去的经验、体验，另一方面则是来自别人对自己的评价。我们可以通过这两部分的内容评估自己的兴趣爱好、特长、价值观、个性、能力等。我们可以问自己以下几个问题：你曾经做过什么？你最成功的经历是什么？你周围的人如何评价你？

关于第一个问题，我们可以梳理自己在学校担任的一些职务，参加过的学生组织等，从侧面反映个人的综合素质状况。关于第二个问题，我们可以对自己最成功的经历进行分析，挖掘自己的闪光点与动力之源。关于第三个问题，我们可以将别人对自己的评价与自我评价进行对照，形成一个更客观的自我认识。我们可以利用这些过去的经验选择，推断未来的工作方向与机会。

科学测试评估：个体对自己的认识往往带有主观色彩。因此，为了更客观准确地认识自己，我们可以借助一些科学的测量手段，对自己的能力、兴趣、性格、价值观等进行评估。常用的测试包括明尼苏达多项人格测试（MMPI）、艾森克人格问卷（EPQ）、韦克斯勒成人智力量表（WAIS）、库德职业兴趣调查表（KOIS）、霍兰德职业倾向量表等。

2. 主动探索职业世界

当前职业环境是复杂多变的。大学生要打破刻板印象，主动了解目标行业的前沿，经过周密分析，预测未来发展趋势，制定合理的生涯规划，有针对性地提升个人能力。在执行生涯规划过程中，大学生还要根据动态信息实时调整自己生涯规划中过时的部分，不断填充新的内容。下面主要介绍职业环境评估的内容以及探索职业世界的方法。

（1）职业环境评估。

行业环境评估：个体对目标行业的环境分析应当包括行业自身发展状况、行业发展优势、行业现存问题、国内外形势对行业的影响以及行业未来发展趋势等。

职业评估：个体在进行职业规划时要考虑职业所在区域以及岗位特征。在考虑职业所在区域时，个体要综合分析当地的自然环境、社会环境、政策环境和个人偏好等。不同的职业岗位对从业者有着不同的能力和素质要求，我们可以比较一下自己与目标职业要求之间的差距，然后有针对性地进行提高。

企业环境评估：企业是从业者直接生存和发展的土壤。企业环境评估包括企业在行业中的地位、发展前景、企业的文化与制度、企业的运作模式等。通过对企业环境进行分析，个体可以初步预测自己以后在企业的发展空间以及自己的职业目标在该企业中实现的可能性。

（2）探索职业世界的方法。

情报整合：我们可以从众多渠道收集职业世界的相关信息，然后去粗存精、去伪存真，对这些繁杂的信息进行整合。大学生需要在生活中处处留心关于职业世界的信息，并且有意识地进行收集、整合，这些看似不起眼的信息都可以帮助你逐渐了解职业世界。

实际体验：在进行职业世界探索时，个体可以到目标职业的工作地点实地参观，观察工作人员实际的工作状态。还有一种名为“工作跟随”的探索形式，即在感兴趣的职业岗位上选择一名员工，通过一天或一段时间的跟随，观察他是如何开展工作的，我们在这一过程中也可以获取相关职业的各种信息。通过实际体验这种方式，可以亲身体验职场的真实状态，从感性的角度对目标职业有一个直观认识。

人物访谈：人物访谈是个体通过向已经参加工作的目标人物进行访谈，直接了解工作环境、工作内容、工作待遇等信息。获得访谈机会以及访谈的过程也是非常重要的学习经验。

3. 提升生涯规划能力

想要提升生涯规划能力，个体需要掌握一定的生涯规划方法。具体的生涯规划方法有很多，下面我们仅对“5W 法”进行简单介绍。

5W 法采用归零思考的模式，设计了五个问题，个体通过自问自答对“自我、目标、能力、条件、计划”这五个方面进行探索，进而理清自己设计生涯规划的思路，最终做出自己的生涯规划。

这五个问题分别是：

Who am I?（我是谁?）

What will I do?（我想做什么?）

What can I do?（我会做什么?）

What does the situation allow me to do?（环境允许我做什么?）

What is the plan of my career and life?（我的职业与生活规划是什么?）

第一个问题涉及自我评估，我们需要深入了解自己的生理条件、心理条件、价值观、性格、能力等。同时我们也要明确自己扮演的社会角色、理清社会关系，进而找到我们在社会关系网中所处的位置。

第二个问题涉及自我目标。我们可以回忆一下从小到大真心希望从事的职业，并对这些职业按照意愿强弱进行排序。同时我们还要深入了解整个大的社会环境与职业世界，避免过度主观、盲目决策。

第三个问题涉及自我能力。个体将自己证实过的能力和自己认为尚未开发的潜力一一列出来，并根据能力强弱进行排序。个体根据自身能力扬长避短，选择真正适合自己的职业。

第四个问题涉及资源条件。资源条件包括两部分：一部分是客观条件，如国情、政策等；另一部分是主观条件，即自己可以利用到的所有资源和条件，如亲戚关系、领导态度等。

回答完前面四个问题，第五个问题涉及的具体生涯规划也就浮现出来了。我们剩下要做的就是将长远目标细化为阶段性目标，注重计划的具体性和可操作性。

4. 将规划转化为行动

歌德曾说过："仅有知识是不够的，我们必须应用；仅有愿望也是不够的，我们必须行动。"为实现职业规划，大学生应当充分利用好自己的四年大学时光。一般我们将大学分为四个阶段：大一为试探期，大二为定向期，大三为冲刺期，大四为分化期。

在试探期，学生可以通过一些测评、与老师沟通等途径进行自我评估以及寻找职业方向，也可以通过浏览各种职业网站初步了解目标职业或者与专业对口的职业。在定向期，学生应当以提升个人素质为主，可以参加社团、学生组织以锻炼自己的各种能力。也可以尝试着在老师指导下，加强对专业课的学习或者辅修一些其他专业知识来充实自己。在冲刺期，学生主要任务是提高自身的求职技能，寻找实习，并确定自己是否要考研，是否要出国留学。在分化期，生涯规划方向已经确定。这一阶段可以对前三个阶段进行总结，检验一下自己确立的职业目标是否明确，准备是否充分。

以上仅仅是大学四年的计划，更为重要的是进入工作岗位后的计划。面对经济社会的飞速发展，仅制定一个长远规划显然是不实际的，我们需要实时根据自身情况以及社会发展趋势对规划进行调整、补充。我们应将整体规划分解，制定出阶段性规划并将其细化，再通过不懈努力一步一步去实现。个体只有在行动中不断分析自己与目标职业要求的差距，提高个人能力，才可能按照制定的规划步入职业生涯的正轨。

链接：大学生常见的关于生涯规划的错误认知

(1) 一个人一辈子只能有一个适合他的职业。
(2) 工作能够满足一个人所有的需求。
(3) 工作职位越高，我就越有价值。
(4) 有一份心理测试能够准确地预测我适合做什么工作。
(5) 父母的经验更丰富，因此他们更清楚我适合什么样的工作。
(6) 一个人必须做他喜欢的工作。
(7) 如果想要成功，就不能把精力放在家庭方面。
(8) 这个世界上，有些职业根本不适合女性，也有一些职业根本不适合男性。
(9) 这个世界变化太快，制作生涯规划是不现实的。
(10) 我的生涯规划做得很好，我必须按照这个规划来行事。
(11) 我现在做不了决定，还是等到未来再说吧，船到桥头自然直。
(12) 在职业发展中，一个人只能有一次最重要的机会。

错误的认知会导致错误的行为，如过于焦虑，逃避，不做决定，无法为自己的生涯规划负责。大学生需要不断反思和审视自己的思维，看看是否有不合理的想法，是否存在极端、僵化、过度概括等问题，然后在批判性思维的指导下，集思广益，进行认知调整，更灵活、全面地处理问题。

小结：

大学生就业难的原因有很多，其中一个重要原因就是大学生在生涯规划这一环节出现了问题且没有得到解决。当代大学生在生涯规划方面存在一定的困难，包括不能正确进行自我认知、对职业世界缺乏动态认识、缺少自主规划意识且行动力差。要更好地应对生涯规划的问题，大学生需要积极进行自我探索，主动探索职业世界，提升生涯规划能力，将规划转化为行动。个体只有在行动中不断分析自己与目标职业要求的差距，提高个人能力，才可能按照制定的规划步入职业生涯的正轨。

思考题：

1. 请想一想你在生涯规划的过程中遇到了哪些问题？你是如何解决的？
2. 你探索职业世界的方式是什么？你对自己的目标职业了解多少？
3. 你有没有主动地进行生涯规划？如果有，你是否按照规划切实行动了呢？

引用：

[1] 黄天中. 生涯体验——生涯发展与规划［M］. 3版. 北京：高等教育出版社，2015.

[2] GERALD COREY，MARIANNE SCHNEIDER COREY. 心理学与个人成长［M］. 胡佩诚，等，译. 北京：中国轻工业出版社，2007.

[3] 胡凯. 大学生心理健康教育［M］. 北京：人民出版社，2007.

[4] 金树人. 生涯咨询与辅导［M］. 台北：台湾东华书局，2011.

[5] 钟谷兰，杨开. 大学生职业生涯发展与规划［M］. 上海：华东师范大学出版社，2008.

[6] 沈之菲. 生涯心理辅导［M］. 上海：上海人民出版社，2000.

[7] 钟思嘉. 大学生的生涯咨商手册［M］. 台北：心理出版社，2008.

[8] 夏翠翠. 大学生心理健康教育［M］. 北京：人民邮电出版社，2013.

[9] 罗伯特·C. 里尔登. 职业生涯发展与规划［M］. 侯志瑾，等，译. 北京：人民大学出版社，2010.

推荐阅读：

钟谷兰，杨开. 大学生职业生涯发展与规划［M］. 2版. 上海：华东师范大学出版社，2016.

第五章
大学生人际交往

第一节　大学生人际交往概述

马克思曾说过：人是各种社会关系的总和，每个人都必须存在于各种社会关系中。良好的人际关系是大学生保持身心健康的重要条件。

美国心理学家沙赫特曾做过“人际剥夺实验”：让参与者在一个与外界完全隔绝、没有任何社会信息流入、有空调但是没有窗户的房间里待尽量长的时间。参与者每小时可获得 15 美元（在当时不是小数目）。一开始大部分参与者都认为任务非常容易，简单得像“天上掉钱”，但是其中一个人两小时后就退出了实验，另外三个人待了两天，时间最长的一位待了八天。这位待了八天的人出来说：“如果让我在里面再多待一分钟，我就会疯掉”。实验结果表明：人作为社会动物，离不开与别人的交往。

一、人际交往的含义

人际交往是指人们在社会生活中交流信息、沟通感情、相互作用和相互知觉的过程，它表现为人与人之间的心理距离，反映着人们寻求满足需要的心理状态。

人际交往从古至今都是人们生活中必不可少的活动之一，社会是一个大家庭，每个人都不可能孤立地存在。与家人、亲戚的亲情交流，与同学、朋友的友情交流，与伴侣的爱情交流，等等，这一切的交流活动都是在处理人际关系，都需要我们与他人进行人际交往。

二、人际交往的阶段

人们从互不相识到建立亲密关系，需要一个由浅入深的发展过程。从交往的深度来看，个体往往会经过定向、情感探索、情感交流和稳定交往四个阶段。

1. 定向阶段

定向阶段是人际交往最初的阶段，这一阶段的人们对交往对象具有很高的选择性。个体不会与遇到的人都建立人际关系，通常只有那些具备某种会引起我们兴趣的人，才会引起我们的特别注意，从而开始进一步的了解与沟通。

定向阶段决定了个体选择谁作为交往对象，包含着对交往对象的注意、抉择和初步沟通等多方面的心理活动。若在这期间未能形成有效沟通和交往，个体仅处在观察阶段，不会存在相互的情感卷入。

2. 情感探索阶段

在经历了定向阶段后，双方开始了最初的表面接触。一方或双方会主动与对方接近，出现相约上课、参与活动、聊天等一般性的人际接触。但此时几乎没有情感卷入，双方的话题会尽量避免涉及对方私密性的领域，自我表露也会避开自己内心深处的方面。

情感探索阶段决定了是否与对方深入发展关系。若在这期间共同情感领域得到发展，沟通的深度与广度也会逐渐增加，交往的双方会开始探索在哪些方面可以建立真实的情感联系。

3. 情感交流阶段

当发展到情感交流阶段时，双方的关系已经开始出现实质性的变化。双方开始有了更多的情感卷入，彼此间建立起了信任和安全感，愿意进行思想和情感的交流、接纳和理解，关系较为密切。当个体遇到困扰时，会期待对方陪同并给予情感支持；若关系破裂，个体会出现焦虑、痛苦等负性情绪。

情感交流阶段决定了个体与对方的关系是否长远发展。虽然在这一阶段双方已经建立较为亲密的情感关系，但是各人性格和处事方式不同，时空位置和地理环境的变化会使双方产生误会与嫌隙。

4. 稳定交往阶段

当情感交流阶段持续且稳定之后，双方关系进入下一阶段，可能会成为莫逆之交或亲密伴侣。在这个阶段，彼此之间能给予对方足够的安全感和心理上的相容性，允许对方进入自己高度私密性的个人领域，分享自己的生活空间和财产。

在实际生活中，只有一部分关系能够达到这一阶段。许多关系并没能在第三阶段的基础上进一步发展，仅仅在第三阶段的水平上简单地重复。

三、人际交往的意义

人际交往是个体获得友谊，分享思想，交流情感、观念和信息的重要方式。一旦人际交往方面的需求无法满足，个体就会失去安全感，幸福指数就会下降，并且影响身心健康。开篇提到的人际剥夺实验便证明了社交对于人类的重要性。

1. 人际交往有利于完善自我意识

人际交往能帮助我们更加全面和客观地认识自己，从而更好地实现自我成长和自我完善。个体在成长过程中离不开同伴，只有在人际交往中共同学习、集思广益、取长补短，才能拓宽眼界、弥补自身的不足。双方会从对方的言谈举止中认识对方，并从对方对自己的反应和评价中重新认识自己。在这一个过程中，个体会逐渐和志同道合、兴趣相投的人成为亲密的朋友，也就是古话常说的“物以类聚，人以群分”。

只有对他人认识全面，对自己认识深刻，我们才能得到别人的理解、同情、关怀和帮助，自我完善才可能实现。大学生可以在与他人的相处过程中，参考他人的反应，更清楚地认识自己的价值和优缺点，不断发展和完善自我意识。

2. 人际交往有利于个体的身心健康

现实疗法的心理学家威廉·格拉瑟认为，个体所有的心理问题都是缺乏满意的人际关系造成的。一项超过30万人参与的综合调查显示，与他人交谈可以减少孤独感和随之而来的疾病；一天仅需短短十分钟的社会交往，就能改善个体的记忆力，并增强智力功能；与家人、朋友有着密切联系的社会个体，其寿命比社会孤立者平均长3.7年。

人们最重要的支持是来自周围亲人、朋友等重要他人的关心与理解。融洽的人际关系能使人心境保持轻松平稳、态度乐观，不良的人际关系则会使人产生焦虑、不安和抑郁，甚至惊恐、痛苦和愤怒。在日常生活中，人际关系紧张的大学生，其学业不但容易受阻，而且情绪起伏大，极易陷入痛苦的情绪中。

3. 人际交往有利于促进个体的社会化

人们在社会中担任着不同的社会角色，承担相应的责任，并构建出错综复杂的关系网络。人际交往是社会发展的必然产物，也是社会发展的基本前提。身处社会中的个体，通过人际交往不断成长，获取将来在社会立足和为社会做贡献的基本技能。

良好的人际交往能力是个体社会化的起点。处于青年期的大学生，思想活跃、精力充沛，这一时期的人际交往能使得他们进行信息交换，感情联络，建立归属感和认同感等，对大学生目前的生活状况、甚至是往后的目标实现都有着不可代替的意义。

四、人际交往的理论

1. 社会交换论

社会交换理论由美国社会学家霍曼斯在1958年提出。该理论认为，人际交往实际上类似于商品交换，不仅是特质的交换，还包括爱、声望、知识、服务等精神的交换。在该理论的框架中，交往中的付出称为损失，交往中的得到称为收益。霍曼斯认为每个人都希望收益最大化、损失最小化。而人际关系便是个体或者集体彼此寻求满足的需要状态。人们得到的好处越多，相应的行为就会被不断强化，从而持续出现，成为一种习惯甚至是本能。

基于社会交换理论的角度分析，为了吸引别人和你交往，你就要证明自己也有吸引力、有与他人交换的价值。朋友之间的交换可以是不同层面的。有的人看中情感方面的交换，互相给予温暖、理解和支持；也有人看中精神方面的交换，志同道合就是指这样的关系，彼此对未来、对世界的看法保持高度的一致；还有人看中能力、资源的交换，那些在人群中拥有卓越能力的人，总是不缺乏朋友。因为别人都会因他高超的能力仰慕于他，希望与之靠近，学习、交换彼此有价值的部分。在大学期间，每一个同学都有机会开发自己，培养自己，让自己拥有维系人际关系的重要价值和能力。

2. 人际需要的三维理论

美国社会心理学家舒茨提出人际需要的三维理论。他认为，当人们聚集在一起的时候，有三种基本的需要，即包容需要、支配需要和情感需要。这三种基本的人际需要决定了个体在人际交往中所采用的行为，以及如何描述、解释和预测他人行为。

包容需要指个体想要与人接触、交往或隶属于某个群体，与他人建立并维持一种满意的相互关系的需要。支配需要指个体控制别人或被别人控制的需要，是个体在权力关系上与他人建立或维持满意人际关系的需要。情感需要指个体爱别人或被别人爱的需要，是个体在人际交往中建立并维持与他人亲密的情感联系的需要。

人际需要三维理论中的“包容”“支配”和“情感”三因素都是在人际交往中被慢慢培养和提高的，孤立的环境不需要“包容”，不可能出现“支配”行为，更不可能有“情感”交流。因此，在良好的人际关系中，个体需要满足以上三种需要的基本条件。

3. PAC 理论

PAC 理论由加拿大心理学家伯恩提出，又被称为交互作用分析理论。该理论认为，两人在相互交往时都会处在某种状态中，可以将这些不同的状态归纳为三种自我状态，分别是父母自我状态、成人自我状态、儿童自我状态。

父母自我状态就是个体在生命早期和父母的互动中，内化了父母的状态而发展出来的稳定的特征。因为父母对婴幼儿主要提供身心的照顾和行为规范的指导，个体在长大后，也会内化这两个部分，表现在人际互动中，既可能呈现出着眼于对方生理、心理等需要，提供温暖、支持、帮助、理解的养育型父母自我状态，又可能呈现出着眼于对方是否遵守规则、秩序，是否符合社会规范、良心的控制型父母自我状态。

成人自我状态是一个人在成长的过程中，通过与现实环境的不断互动，而发展出来的理性、根据现实做合理判断的状态。这种状态反映出个体对环境要求的客观评价，是有能力区别父母所灌输的观念及自己所体验的观念，并建立思考观念的过程与结果。

儿童自我状态是一个人从婴儿时就有的自我状态，我们在不断成长的过程中保留了这些状态。当个体处于婴幼儿期，既有儿童愉快、自由、创造性的天性，又有听话、乖巧和顺从的部分。这两个部分都被保留了下来，呈现在现在的人际互动里，就表现为自由自在、自我中心、投入的自由型儿童自我状态，以及遵守规则、顺应配合的适应型儿童自我状态。

成人自我状态、父母自我状态和儿童自我状态，是我们每个人在与人交往时都会展现出的状态。只不过在不同的情景、不同的对象和不同的身心状态下，这三种状态出现的比例程度有所差异。对大学生而言，会有一个心态的适应和转变的过程。在这个阶段，我们在学习、社会实践方面需要更多的使用成人自我状态，以更加理性的方式面对和解决问题。同时，每一种自我状态都是不可或缺的。比如，在与朋友玩耍时，个体能够彻底放松，像孩子一样自在快乐；在室友生病的情况下，个体能够提供关怀和照顾，像父母一样带给对方安全感。重要的是，个体要知道在什么情境下、什么角色中使用何种自我状态。

链接：人际交往中的黄金法则：像你希望别人如何对待你那样去对待别人

在心理学上，有这样一个人际交往的交互原则：决定一个人是否喜欢另一个人最强有力的一个因果关系是，另一个人是否喜欢他。人际交往中，喜欢与厌恶是相互的，你会发现，那些喜欢你的人，你往往也喜欢他们。而对你冷淡和疏远的人，甚至厌恶你的人，你的反应也是相应的。

心理学家曾做过实验，互不相识的被试者被分别安排参加一系列合作性活动。每次活动以后，一名研究者的助手（伪装为被试者）会对研究者评价其他被试者，或夸奖，或抱怨，或先褒后贬，或先贬后褒，并让各组被试者听到。

最后，被试者自己选择下一阶段实验的合作者时，受到表扬的被试者，都倾向于选择原来的伙伴（研究者的助手），而受到抱怨的被试者，则倾向于拒绝选择原来的搭档（研究者的助手）。

心理学上对此的解释是，任何人都有保持自己心理平衡的稳定倾向，会要求自身同他人的关系保持某种适当性、合理性，并根据这种适当性、合理性使自己的行为以及和别人的关系得到调整。因此，当别人对人们做出一个友好行为，如表示接纳和支持时，人们会感到“应该”对别人报以相应的友好应答。这种“应该”的意识，会使人们产生一种心理压力，迫使人们也表示相应的接纳行为。否则，人们的行为就是不合理的，会妨碍自己以某种观念为基础的心理平衡。

因此，在生活中，当我们对别人做出了一个友好的行为，对别人表示接纳以后，我们也会产生一种要求别人做出相应的回答的期望。如果别人的行为偏离了我们的期望，我们会认为别人不友好，不值得我们友好对待，从而产生一种不愉快的情绪体验，产生排斥的情绪。支持别人，是赢得别人的必经之路。

没有人会无缘无故地喜欢你，即使一个人能力再强，再有魅力，如果对周围人总是表现出一副冷若冰霜、目中无人的样子，这个人的人际关系也会出现危机。因此，要想建立良好的人际关系，个体要表现出对他人的尊敬和喜爱，主动与人交往，肯定他人的价值和优势，学会换位思考。

小结：

人际交往是指在共同活动中，个体之间彼此交流思想、感情、知识等信息的过程。人际交往的发展一般会历经由表及里、由浅及深的复杂过程，分为定向阶段、情感探索阶段、情感交流阶段、稳定交往阶段。人际交往有利于完善个体的自我意识、有利于个体的身心健康和促进个体的社会化。

美国社会学家霍曼斯提出社会交往理论：人际交往实际上类似于商品交换，这不仅是特质的交换，而且是爱、声望、知识、服务等精神的交换。这个理论对社会交往中的报酬和代价进行了分析。社会心理学家舒茨提出人际需要的三维理论：每一个个体在人际互动过程中，都有三种基本的需要，即包容需要、支配需要和情感需要。加拿大心理学家伯恩提出 PAC 理论：个体的个性由三种心理状态构成，即父母（Parent）、成人（Adult）和儿童（Child）这三种状态。

思考题：

1. 请用人际交往理论分析你自己体会最深的一次人际交往实践。
2. 影响人际交往的因素还有哪些？
3. 如何运用你所学的人际交往理论和方法处理宿舍人际关系？

第二节　大学生人际交往特点及问题

在上大学以前，很多学生的生活是被家长和老师安排好的，自己能够支配的时间不多，人际关系的范围也局限于同班同学。这既是一种保护，也是一种限制。当同学们把主要的精力放在学习上时，人际交往中的问题也被隐藏起来。进入大学后，每个大学生需要对自己的生活和学习进行更多的自主安排，和来自五湖四海的同学和室友相处，自己还要去面对和处理一些事情，和更广泛的人打交道。在这个过程中，人际交往的范围越来越广泛，人际交往的影响因素也越来越复杂。总之，大学阶段的人际交往，有其自身的特点和常见的问题。

一、大学生人际交往的特点

当代大学生的人际交往，无论是个体性的人际交往，还是群体性的人际交往，均受身心发展水平、群体规范与活动方式以及社会文化环境的影响，从而表现出一些典型特点：

1. 交往意识的迫切性

当代大学生在追求人际关系的个体性交往中，表现出强烈的迫切性，表现为大学生对人际交往的强烈需求，渴望与人交往。大学生在初入大学的新鲜感淡化之后，失落感和孤独感就会愈加明显，这个时候他们非常希望得到周围人们的关心、体贴、信任和理解，尤其是来自于室友和同班同学的友情。

2. 交往对象和交往内容的开放性

大学生思想活跃、情感丰富，为了更好地认识社会、适应社会，他们在人际交往中持有积极的心态，主动勇敢地与他人进行交往。首先，这表现在受到社会的发展和来自多方面相关因素的影响后，大学生对于与异性交往的看法会比高中阶段开放；其次是大学生的交往范围较宽，校际之间的交往也很频繁，与陌生人的交往也更加落落大方。

3. 交往方式的多样性

现代计算机、通信、网络技术为当代大学生的交往提供了先进的信息传递手段，为大学生在传统的交往方式基础上又增加了许多新的内容，打破了时空的局限，开辟了超时空的广阔天地，大部分的学生不再抱有狭隘的交友观念，转而追求建立更加广泛、多样的人际关系。

二、大学生的人际交往类型

个体总是处于一定的社会关系中，并扮演着不同的角色。个体在家庭关系里扮演子女的角色，在师生的关系中扮演学生或者老师的角色，在同学的关系中可能扮演着好友或者普通朋友的角色，在恋爱关系中扮演着情侣或未来人生伴侣的角色。依据不同的人际交往类型，大学生的交往也存在着不同的方式。

1. 亲子交往

亲子关系是一个人最重要的关系，也是人们生命过程中最早参与、一生中最为持久的人际关系。进入大学阶段，我们与父母的交往也会随之发生变化。大学生活是住宿生活，在物理距离上，我们远离了父母的照顾。很多大一的新生会在刚进入大学时有较强的思乡情绪，或者过于想念父母，导致很难融入大学的集体生活。这种时候，作为大学生要更积极主动地转变自身角色，意识到自己与父母的分离是一个人迈向独立的必然历程。

心理学家马勒提出的分离个体化阶段，指孩子在6个月到3岁这个阶段，不再老老实实地待在母亲怀里，而是想要挣脱母亲的怀抱，要看世界或周围其他的人，开始探索周围的环境。其实分离个体化阶段不仅在幼儿时期发生，也会持续终身。大学生需要更多地在心理上与父母分离，更多地进行自主自立、自我负责。在很多重要的事情上，大学生需要自己收集资料、寻找资源、征集多方面意见，在这个基础上去思考和抉择。而不再像过去那样更多地听从父母的安排。同时，大学生也要站在父母的立场上理解他们，不要贸然否定父母。总之，大学生与父母的交往，是一个从依赖到不断独立的过程。

2. 师生交往

师生关系在大学生关系中占据了一定比重。大学时期是人格发展的重要时期，大学教师不仅是知识的传授者，还可能是大学生的人生引导者。大学学习方式的特点，决定了大学生与老师之间的交往没有过去那样频繁和密切，大学老师与学生的互动中也更加有界限感，更多地尊重学生的自主选择，更少地主动干预。大学阶段，大学生与老师的交往可以积极主动、平等真诚，又不失礼仪，把握人际交往的分寸。在这样的人际交往中，师生之间可以平等地交流学术问题，真诚地交流人生的困惑。大学生可以在老师身上学习知识，以及为人处事的方法。

3. 朋友交往

大学生活最难忘的回忆，莫过于三五好友一起谈天说地，一起上课学习。大学生更容易与有相同兴趣和价值观的同学成为朋友，但对于那些与自己有较大差异的人，也可以尝试了解和交往，拓展自身的眼界，消除既定的思想偏见。另外，在择友过程中大学生要考虑对方的道德风貌，“近朱者赤，近墨者黑”，尽量同那些为人正直善良的同学交朋友。

与中学相比，大学生在交友的选择上可能更具有目的性。部分同学交友并不纯粹在情感层面上考虑，而是取决于其功利性，比如不爱搭理普通同学，只去跟有钱、有权的同学套近乎，或者纯粹从利益的角度出发，为了“建立人脉”而考虑交往。这样的方式，或许体会不到真正的友谊之乐。

4. 情侣交往

爱情美好且让人向往，大学阶段的恋情也非常的真挚和纯粹。心理学家斯腾伯格认为爱情包含亲密、激情及承诺三个部分。大学生的恋情中，往往既有浪漫的、怦然心动、带有性兴奋的激情成分，也有彼此信任、支持的亲密成分，不少大学生情侣也会山盟海誓，决定共同面对未来，承诺对彼此的感情。与步入社会的情侣交往相比，大学生情侣的交往，较少有结婚的目的性，更多是自主自发的真情流露，更加纯粹和美好，同时也较少受到现实的影响，有更多的理想化的成分。大学阶段的情侣交往，需要协调好学业、爱情、社会实践、经济等多方面的关系，做到在学业上相互促进，情感上相互支持，发展出彼此尊重、信任、健康的爱情关系。

三、常见的人际交往问题

1. 不敢交往

每个人在交往中都有自身的特点，不会有所谓正确的模板。部分大学生由于性格羞怯或自卑等，害怕与交往。还有部分大学生因为曾经遭遇过被孤立、被嘲笑等，或受到好朋友的言行伤害，对人际交往不信任，进而害怕交往。对于不敢与人交往的大学生，他们的内心是希望与人建立关系的，但由于恐惧等情绪，阻碍了自己踏出交往的第一步。

实际上，研究表明大部分因羞怯等而不敢与人交往的学生，都是因为自身假想了一些别人的内心活动，认为对方不喜欢自己，所以产生恐惧和担忧。过去经历导致不信任、胆怯的大学生，则需要意识到过去不等同于现在，过去的经历也不会决定现在的生活。如果他们能够跨越心理障碍，就会更加解放自己，投入到人际交往中，享受友谊的快乐。

2. 不愿交往

大学阶段，每个人都在自主地管理自己的生活。部分大学生却并不重视人际交往，他们或过度看重学习，或对大学期间的人际关系持有一些偏见，或担心人际交往会让自己受到伤害，总之不愿意敞开心扉，不愿为人际交往投入时间和精力。然而人际交往不仅是大学精彩生活中不可或缺的一页，也是身心健康的重要保障。一段良好的亲密关系能够为个体带来面对困境的勇气和力量。人际交往不仅能够为生活增添色彩和乐趣，还能够锻炼大学生的社交能力和沟通表达能力。

3. 不善交往

人际交往是一门高深的学问。部分大学生因缺乏必要的人际交往知识和技能，在交往中过于生硬、呆板，不易被他人理解，显得格格不入。究其原因，一方面，在成长的过程中，一些大学生长期习惯于“学习第一”的教育方式，不曾重视人际交往的技巧，在劝说他人、提出批评建议、拒绝他人等方面显得笨拙，在人际交往中容易碰壁；另一方面，大学阶段的同学来自五湖四海，每个同学有自己的生活文化习惯。部分不善交往的大学生，可能会不分场合地开玩笑，或不尊重对方的风俗习惯，或不懂装懂地夸夸其谈……这些表现都会影响他人对自己的印象，有损于进一步的交往。

四、产生人际交往问题的原因

产生人际交往问题的原因复杂多样，从发展心理学的角度看，与个体的家庭养育环境和教养方式有关；从学习心理学的角度看，与个体的过去经历中的模仿对象有关；从认知心理学的角度看，与个体的思维方式和认知风格有关。下文主要从大学生的认知、情绪和性格出发，探讨产生人际交往问题的常见原因。

1. 认知偏差

人际交往中的认知偏差指不能够正确地看待他人和自己，主要包括对自我的认知偏差和对他人的认知偏差。对自我的认知偏差，即没有摆正自我在人际关系中的正确位置，过低或者过高地评价自己。有些大学生可能自视过高，目中无人，习惯于自我中心。有一部分大学生则相反，他们在与他人的交往中看不到自己的价值，认为自己处处不如人，低估自己，从而产生自卑心理。

对他人的认知偏差主要表现为社会刻板印象，指人们对某一类人产生的固定、概括、笼统的看法。例如，在对人的品质的看法方面，一些大学生认为女生学习计算机很困难、漂亮的人难以接近等。这都是一些刻板印象。个体没有对他人进行全面深刻的了解，缺乏充分依据，且过于主观和片面，会导致交往受阻。

2. 过度情绪化

情绪化，指一个人的心理状态，容易因为一些因素发生情绪波动，在喜怒哀乐的情绪中经常不经意转换，表现出喜怒无常的特点。情绪的过度波动会导致甚至加深个体的认知偏差，使得个体出现行为失控，并造成人际交往恶化。大学生感情丰富，心境易变，有时对人对事过于敏感，容易凭一时的好恶改变对一个人的看法，使得人际交往缺乏稳定性和理智性。此外，情绪具有感染性，一方的不良情绪往往会使得另一方产生消极情绪。因此，交往过程中的情绪反应影响交往的发展方向。个体情绪反应过激的话，会给人以轻浮不实之感；情绪反应太冷淡，则容易被人视为麻木无情。

3. 自我封闭

大学生在人际交往中也经常表现出胆小、害怕的情绪，进行自我封闭。有些大学生性格比较胆小或者内向孤僻，因此在与人交往的过程中会诚惶诚恐、回避退缩。个体在社交场合过分拘谨，言词举止扭扭捏捏、生硬不自然，会影响正常交往的效果。这种羞怯必然会导致个体自我封闭，不主动与人交往，将自己独立和封闭起来，让本就不算好的人际关系更加糟糕。

4. 猜疑和戒备

个体在交往过程中不信任别人，就是在自身与他人之间设置一堵无形的墙。个体处处防范他人，在与人交往中仿佛戴着面具，会让个体和他人都产生不舒服的交往体验。有的大学生在交往的时候，喜欢主观猜测，怀疑对方，室友之间、同部门之间容易出现此类问题。例如，自己和室友一起竞选干部，室友被选上，而自己落选，怀疑是对方在背后搞小动作；寝室活动中，自己没参加上，怀疑是室友对自己的一种排斥……久而久之，这样的猜忌会让个体内心产生对别人的防御的心理，导致双方都非常不愉快，加大人与人之间的心理距离，造成心理隔膜和感情上的疏远，致使交往停留在表浅状态，因此猜忌是人际交往的一大障碍。

链接：小测试——你的交往能力怎么样？

人际关系自我评定量表

请你仔细阅读下列16个问题，每一个问题后面，各有三个答案，请你按照自己的真实情况任选其一。

1. 在人际交往中，我的信条是（　　）。

A. 大多数人是友善的，可与之为友

B. 人群中有一半是狡诈的，一半是友善的，我将与友善的人交友

C. 大多数人是狡诈虚伪的，不能与之为友

2. 最近我交了一批朋友，原因（　　）。

A. 我需要他们

B. 他们喜欢我

C. 我发现他们很有意思，令人感兴趣

3. 旅行时，我总是（　　）。

A. 很容易交上新朋友

B. 喜欢一个人独处

C. 想交朋友，但又感到很困难

4. 我已经与一位朋友约定去看望他，但我因太累而失约了。在这种情况下，我感到（　　）。

A. 这是无所谓的，对方肯定会谅解我

B. 有些不安，但又总是在自我安慰

C. 很想了解对方是否对自己有不满意的情绪

5. 我与朋友结交的时间，一般是（　　）。

A. 数年之久

B. 不一定，合得来的朋友能长久相处

C. 时间不长，经常更换

6. 一位朋友告诉我一件极有趣的个人私事，我应该（　　）。

A. 尽量为其保密，不对任何人讲

B. 根本没考虑要扩大宣传此事

C. 当朋友刚一离去，随即与他人议论此事

7. 当我遇到困难时，我（　　）。

A. 通常是靠朋友解决的

B. 要找自己可信赖的朋友商议

C. 不到万不得已，决不求人

8. 当朋友遇到困难时，我觉得（　　）。

A. 他们大都喜欢找我帮忙
B. 只有那些与我关系密切的朋友才来找我商量
C. 朋友都不愿意来麻烦我
9. 我交朋友的一般途径是（　　）。
A. 班级
B. 各种社团活动
C. 花费大量的时间，并且还相当困难
10. 我认为选择朋友时他们最重要的品质是（　　）。
A. 具有吸引我的才华
B. 可以信赖
C. 对方对我感兴趣
11. 我给人们的印象是（　　）。
A. 经常引人发笑
B. 经常在启发人们去思考问题
C. 和我相处时别人会感到舒服
12. 在晚会上，如果有人提议让我表演或唱歌时，我会（　　）。
A. 婉言拒绝
B. 欣然接受
C. 直截了当地拒绝
13. 对于朋友的优缺点，我喜欢（　　）。
A. 诚心诚意地当面赞扬他的优点
B. 会诚实地对他提出批评意见
C. 既不奉承，也不批评
14. 我所结交的朋友（　　）。
A. 只能是那些与我利益密切相关的人
B. 通常能和任何人相处
C. 有时愿与同自己兴趣相投的人和睦相处
15. 如果朋友和我开玩笑，我总是（　　）。
A. 和大家一起笑
B. 很生气并有所表示
C. 有时高兴，有时生气，依自己当时的情绪而定
16. 当别人依赖我的时候，我是这样想的（　　）。
A. 我不在乎，但我自己不喜欢依赖别人
B. 这很好，我喜欢别人依赖我
C. 要小心点！我愿意对一些事物的可靠度持冷静、清醒的态度

各题评分标准

选　项　A　B　C

第1题：3，2，1

第 2 题：1，2，3
第 3 题：3，2，1
第 4 题：1，3，2
第 5 题：3，2，1
第 6 题：2，3，1
第 7 题：1，2，3
第 8 题：3，2，1
第 9 题：2，3，1
第 10 题：3，2，1
第 11 题：2，1，3
第 12 题：2，3，1
第 13 题：3，1，2
第 14 题：1，3，2
第 15 题：3，1，2
第 16 题：2，3，1

参考结论：

（1）总分介于 38~48 分，说明你的人际关系很融洽，在广泛的交往中你很受众人喜欢。

（2）总分介于 28~37 分，说明你的人际关系并不稳定，有一定数量的人不喜欢你，如果你想受人喜爱，还要做很大努力。

（3）总分介于 16~27 分，说明你的人际关系不融洽，你的交往圈子太小了，很有必要扩大你的交往范围。

小结：

当代大学生的人际交往，均受身心发展水平、群体规范与活动方式以及社会文化环境的影响，表现出一些典型特点：交往意识的迫切性，交往对象、内容的开放性，交往方式的多样性。依据不同的人际交往类型，大学生有不同的交往方式，包括亲子交往、师生交往、朋友交往、情侣交往。大学生常见的交往问题包括不敢交往、不愿交往、不善交往。人际交往问题的原因复杂多样，从发展心理学的角度看，与个体家庭养育环境和教养方式有关；从学习心理学的角度看，与个体过去经历中的模仿对象有关；从认知心理学的角度看，与个体的思维方式和认知风格有关。

思考题：

1. 当你处于不同的角色时，你有不同的表现。请谈谈你在与父母、老师、同学、亲密朋友的互动中，分别有哪些表现。

2. 认知偏差是产生交往问题的重要原因之一。调整认知偏差是一个持续的、自我成长的过程。你在人际交往中存在哪些认知偏差？请尝试写出并尝试调整。

第三节　大学生人际交往技能提升

自古以来我国的文化就重视交往和礼仪，并在人际交往方面发展出不少智慧。比如，以下两条“人际交往法则”，就反映出我国的交往文化：

其一，情不可密，密交则难久，中断则疏薄之嫌。这句话的意思是，个体与人交往时，不要太过亲密。过于亲密，走得太近的关系很难长久，一旦中断就会产生疏远与嫌隙。庄子有云：“君子淡以亲，小人甘以绝。”有时，平平淡淡甚于热情。

其二，恩不可过，过施则不继，不继则怨生。这句话的意思是说，个体与人交往时候，不可轻易地过多施舍恩惠于别人，因为过多的施舍如果不能长久保持下去，一旦中断不能继续，反而会让对方产生怨恨之心。俗话说：升米恩，斗米仇。关键的时候给予他人帮助，如同雪中送炭，人会心怀感恩。但如果缺乏分寸和界限的给予，不仅不能帮助他人，还会纵使他人滋生贪婪之心，一些人会把这些视为理所当然，一旦不能持续得到，就会心生怨恨。

作为当代大学生，我们又如何在日新月异发展的社会中保持健康和谐的人际交往，不断提升自己的交往能力呢？

一、遵循人际交往的基本原则

1. 尊重他人

尊重他人是人际交往中个体被人尊重的基本前提。不论对方的职业和角色如何，在“人”的层面都是平等的，都需要尊重。这里的尊重包括了对他人的人格、个性、习惯、地位、兴趣爱好等方面的尊重，尤其是在大学中很多人都是来自五湖四海，在地域文化、饮食方面、生活习惯等各个方面都存在差异，我们不能因对方与我们的生活习惯不同，就要求对方去改变，或是在背后议论他人。

尊重他人还包括能清晰地认识和把握双方的界限。界限是人和人之间无形的边界，它区分了个人与他人的责任和权力范围，也保护彼此的空间不受侵犯。不论在何种人际关系中，个体都应意识到自己和对方是独立且不同的人，并尊重这种差异性。每个人都有自己的生活节奏和方式，尊重他人，要允许别人与自己不一样，并且不把自己的想法强加于他人身上，也不过多地干预对方。

2. 宽容平等

宽容平等能够避免冲突，是对人、对事的包容和接纳，是在人际交往中与对方处于同等的位置。尽管由于主客观的因素，人和人在能力、家庭背景等方面确实存在差异，但是在人格上都是平等的。在人际交往的过程中，因彼此的差异而产生矛盾和摩擦在所难免，大学生要能够以宽容的心态面对，避免小事化大。此外，在人际交往中个体既不能觉得自己低人一等，也不能觉得自己高人一等。不管是什么样的长相身材、学习情况、家庭背景，每个人都应该得到平等的对待。

3. 真诚待人

真诚待人是获得友谊的基础。真诚要求我们在对待每件事、每个人的时候，都能以一颗赤子之心，带着由心而发地为他人着想的情感，这体现在方方面面中。当别人遇到困难时，我们能主动伸出热情之手，雪中送炭般地给别人以物质或者精神的支持。

在人际交往中我们要切记不能将真诚助人曲解成功利原则。比如，“我今天帮助了你，你明天必须报答我”，这就是对真诚助人的曲解，因为帮助他人的关键是真诚。我们用心观察就会发现，真诚存在于我们与人交往的各个细节之中，如果一个人能够真诚待人，必然会得到他人真诚的回报。

4. 具备同理心

同理心也叫换位思考、共情，指的是进入并了解他人的内心世界，并将这种了解传达给他人的一种技术与能力。情商理论认为，情商有五个方面：自我情绪认知、自我情绪控制、自我激励、同理心、人际关系处理。同理心是情商的一个重要组成部分。大学生在交往过程中，要学会站在对方的角度理解问题，将心比心，从而更能理解对方的做法，做到已所不欲，勿施于人，这可以减少交往过程中的许多误会和冲突。

二、善用人际交往的心理效应

为了让自己以及同伴在交往的过程中能够愉悦和谐地相处，个体应该熟悉和掌握人际关系中的各种心理效应和技巧，了解它们的重要作用，并加以运用。

1. 首因效应

当人们第一次与某人或某物接触时，仅仅几秒钟，便会产生对某人或某物的第一印象，被称为首因效应。首因效应由美国心理学家洛钦斯首先提出，个体在社会认知过程中，“第一印象”最先输入的信息会对客体以后的认知产生影响，反映了人际交往中主体信息出现的次序对印象形成所产生的影响。

社会心理学表明，人们对于初次印象中获得的信息更为重视，初次印象好的话，双方之后的交往会产生正向优化效应；初次印象不好的话，在以后的交往中，双方更可能关注对方的缺点，甚至会把对方的优点也当成缺点。因此，在进入大学后，我们与他人初次交往时，首先应该打理好个人的形象，塑造良好的第一印象，以便于之后的交往。

2. 近因效应

近因效应和首因效应相反，是指最新出现的刺激物促使印象形成的心理效果；也可以说，在交往中最后一次见面给人留下的印象会在对方脑海中存留很长时间。近因效应是心理学家卢琴斯于 1957 年首次提出，他的实验证明，在有两个或两个以上意义不同的刺激物依次出现的场合，印象形成的决定因素是后来新出现的刺激物。

我们可能会有这样的体验：一些交往多时的朋友，在自己的脑海中最深刻印象是上次离别时的场景；一个朋友总是让你觉得和他在一起很开心，但是谈及原因，却只能说上两三条，这便是近因效应。在大学人际交往中，我们不妨利用好近因效应，在每一次与朋友分别时，都给出我们真诚的微笑和热情的话语，这样形象就会在他们心中美化起来。

3. 刻板印象

刻板印象是指个体对某个群体产生一种固定的看法和评价，并对属于该群体的个人也给予这一看法和评价。刻板印象虽然可以在一定范围内帮助个体快速洞悉概况并进行判断，节省时间与精力，但往往容易忽略个体差异性，形成偏见和歧视。

在刻板印象的影响下，人们往往把具体的某人或某事看作某类人或某类事的典型代表，并把对他们的评价扩散到对群体的评价。要避免刻板印象，我们就要在正式交往过程中保持清醒的认识，注重个体的差异性，并在原有的认知上进行修改和重塑，尽力做到全方位、真实客观地认识对方。

4. 投射效应

投射效应指的是个体以己度人，把自己的情感和意志特征投射到他人身上，认为他人也应如此的一种心理现象。投射效应是一种自我防御的反应，有时候会利于双方的互相了解和心理调节，但是也很可能因投射效应而产生种种误会和疏远。

投射效应往往使得个体对他人的情感、意向做出错误评价，歪曲他人愿望，造成人际交往障碍。人们常说的“以小人之心，度君子之腹”，便是如此。要避免投射效应，我们就要在人际交往中充分照顾对方的感受，学会使用同理心，做到急人所急，换位思考，尽量克服自我情感投射到他人的倾向，做到客观、真实地了解对方的情感和意志。

三、增强人际交往技巧

1. 学会倾听

倾听是有效沟通中非常重要的部分，它不仅仅是用耳朵去听对方讲的话，更是全身心地去感受对方在谈话过程中表达的言语信息和非言语信息。很多时候，我们以为自己做到了倾听，而对方却没有感受到我们的情感支持。因为在听别人倾诉时，我们可能会急于表达自己的想法和意见，却没有给对方留下表达的空间，对方没有感觉到被理解和倾听，导致沟通失败。

要想做到良好的倾听，我们要注意以下几点：首先，要学会尊重别人的观点，在别人没有讲完话之前，不要随意打断别人；其次，当对方没有询问你的解决办法时，不要主动给予建议，对方可能只是希望你能够听他讲完并理解他；再次，要试着站在对方的角度思考他们所处的情绪状态，适当地采纳别人的观点，并给予一定的回馈；最后，倾听需要一定的耐心，倾听者需要给对方传达的信息是“我一直在听你说”。

2. 注重语言表达

正确的语言表达有助于促进人际交往中的沟通和交流。语言表达包括口头语和书面语。口头语指人们的有声言语，书面语指的是文字、图像等。我们需要注意以下方面：

（1）人际称呼要恰当。对于老师和长辈，我们需要表现出尊敬，可以用敬语

"您"；对于关系尚浅的人，则不要过分亲昵，准确叫出对方名字即可；对于亲密的家人和朋友，则不要连名带姓地称呼，以免过于生疏。

（2）客观地表述事件。很多时候，我们说出的话和内心真实的想法大相径庭，就是因为没有运用正确的表述方式。客观的行为描述要求尽可能具体地指出对方的某一事件行为，而不是对其整个人进行评价和指责。例如，我们应用"你昨天迟到了"替代"你老是迟到，你不重视我"。

（3）使用第一人称进行表述。在表达感受时，多用表达感情的"我"，而不是抱怨指责的"你"。比如我们应用"你昨天迟到，让我有些失望和难过"来替代"你老是迟到，你不重视我"。我们对自己情绪和感受的表达能减轻对方的被攻击感，并且能帮助我们厘清该事件给自己带来的影响。

3. 注重非言语沟通

非言语沟通是指在人际交往中，个体通过肢体语言、面部表情、语音语调等非语言的形式传递信息，进行沟通。研究表明，人的肢体语言能传递超过55%的信息，表情表达内心，身体传达态度，距离决定情感，声音演绎内容。个体在人际交往中，要注意对自己的非言语形象进行管理。

（1）谈话时正视对方。在阐述自己的观点时，我们应用眼睛与听众产生眼神的交流和接触，这样会增加话语的信服力，让对方有继续听下去的动力；在别人讲话的时候，礼貌的做法是盯着对方眼睛及鼻子的三角区域，表示在认真倾听。

（2）适当的面部表情和肢体动作。我们在聊天的过程中配合动作适当的肢体与表情，能够让听者知道我们的情绪体验，有助于双方产生情感的交流。比如，我们说到开心的事时，可以面带微笑；说到苦恼的事情时，可以微微皱眉，音量适当地往下降。

（3）注意说话的语音、语调和语速。在日常聊天中我们要尽量做到语速适中、语调平缓。过大和过小的声量都会让听者觉得难受，会降低双方人际交往的体验感。

4. 管理人际冲突

人际冲突是指两个及以上相互依赖的个体在实现目标的过程中，觉察到彼此的目标互不相容或存在来自另一方的阻挠，并通过斗争的形式表达出来。但需注意，只有当两个个体都察觉意见不合时冲突才能成立。例如，小李近期一直为小明晚上玩游戏的声音而感到烦躁、失眠，但在小明知道这件事之前，他们之间是没有冲突的。

（1）正确认识冲突。

不管彼此间多么亲密无间，在人际交往中都可能存在着冲突，个体要能够理性看待，承认冲突存在的必然性。冲突是有意义关系中的组成部分，个体可以改变处理和看待冲突的方法，从而产生不同的结果。

冲突的存在能够给个体和对方一个检视自身与对方的机会，解决冲突的第一个步骤就是要有"这是我们两个人共同的事"的态度。冲突过程中的有效沟通能让原先的好关系变得更加强韧。避免冲突是不可能的，我们要做的，就是在其产生时妥善处理它们。

（2）正确处理冲突。

面对冲突，每个人都有着不同的处理方式。但是这些方式并不适用于所有的情境。个体要能够依据实际情况，灵活选择处理冲突的方法。下面以小张和小洁的冲突为例，对五种常见的处理方法进行介绍。

小张和小洁常常相约去操场跑步，每周三次，每次一个小时以上。她们因跑步而逐渐亲密，慢慢开始谈论起彼此的心事。最近小洁开始邀请她的一些朋友加入跑步，小张虽然不反感小洁的朋友，但总觉得不够默契，而且小张担心会失去和小洁一对一的谈心时间。小张跟小洁吐露了自己的担心，但是小洁不以为然，她回答说："我看不出有什么问题，反正都是在一起跑步，而且你自己说过不讨厌我的朋友。"

这个情境中出现了所有的冲突元素：表达出来的斗争，感觉到不相容的目标，不足的资源，两个相互依赖的个体。下面列出了五种处理该问题的方法：

①她们可以说"那就算了吧"，然后不再一起跑步。

②小张让步，放弃跟小洁独处的时间和有默契的跑步方式。或是小洁让步，只维持跟小张的友谊。

③其中之一发出最后通牒："照我的意思做，否则就不再一起跑步。"

④他们可以互相妥协，有些时候邀小洁的朋友一起跑，有些时候不邀那些朋友。

⑤小张和小洁头脑风暴所有可能的方法，想出一个既跟她的朋友一起跑，又同时保有独处的时间的办法。

以上五种处理问题的方式分别是逃避、调适、竞争、妥协与合作。

①逃避。选择逃避的方式，意味着个体认为把事情搁置会比直接面对并解决它更容易些，或者认为放弃比较好，免得一直要面对困境。逃避可能是身体上的（在与朋友发生争执之后故意绕开不见他），或者是语言上的（改变话题、开玩笑或否认问题的存在）。逃避会导致输—输的结果。

在小张和小洁的例子中，逃避的方式就是两个人直接放弃在一起跑步（放弃面对这个问题）。虽然两人不会再因此争执了，但这也意味着两人都会失去跑步搭档和双方的友谊。从这个意义上，逃避者既不关心自己的需要，也不关心很可能同样被未解决问题困扰的对方的利益。但逃避并非总是个坏主意。假如说出来的风险太大，比如会引发一场令人难堪的公开争执，甚至让人遭受身体的伤害，或者你认为涉及的这段关系不值得你付出努力去维系，那么逃避某些特定的议题或情境也许是合理的。

②调适。调适意味着个体不再固执坚持自己的意见，愿意接受别人的意见行事。调适者一般较少关切自己，却比较关切别人，导致输—赢的结果。

调适者常说"我就按你的方法做"。在跑步的例子中，小张虽然可以调整自己配合小洁，让她的朋友加入他们的跑步活动，但这样会使小张在跑步的过程中降低了很多乐趣，并失去与小洁默契相处的机会。或是小洁调整自己配合小张，只跟小张一个人跑步，但是总有一方会因此牺牲自己的利益。

③竞争。竞争作为一种解决问题的手段，意味着一方必须击败另一方才能获得自己想要的。人们用这种竞争的方法解决冲突，通常是因为他们感觉到一种"不是

……就是”的情况：不是我拿到我想要的，就是你拿到你想要的。竞争的风险在于，它通常会滋生攻击。这种攻击有时候是显而易见的，有时候则是隐藏着的。选择竞争的个体较多地在乎自己而较少关切别人，竞争者常以“都听我的”来解决冲突。这是种对冲突的赢—输取向。

当一方传达批评或者一方要求直接威胁到对方时，就产生了直接攻击。直接攻击可以使对方感觉窘困、无能、丢脸、绝望。当一方用一种隐晦或具操纵性的方式表达敌意时，就可能产生被动攻击。采用被动攻击方式的一方，不会自己消化这些感觉，而是以一种不易察觉的迂回方式发送攻击信息。这种做法虽然维持了沟通者间表面上的友善关系，但是这友善的表象注定要瓦解。在跑步的例子里，小洁可以对小张的期待做出被动攻击反应，表面上顺从小张，可是却经常迟到以激怒他。小张也可以对小洁做出被动攻击反应，表面上接纳小张的朋友，然后故意拉开距离，摆出难看的脸色。

④妥协，妥协其实是协调出一个解决方法，满足了他们的部分需求，但是两人也都失去了一些他们重视的东西。当事情看起来只能做到部分满足时，人们通常会选择妥协。虽然双方都牺牲了一部分目标，但妥协至少给了双方一部分想要的东西。但在一些情况下，妥协也能使得双方需求都得到满足。

在小张和小洁的案例中他们就可以直接采用“各取半，轮流满足”的方式达成一致，有时只有两人一起跑，有时跟小洁的朋友们一起跑，就不会像逃避方式那样，两人都因为不去直面问题而有所损失。只要涉及的每个人都对结果感到满意，妥协就是一种解决冲突的有效途径。

⑤合作。合作的目标是找到让冲突各方都满意的解决之道，合作者同时高度关心自己和别人，会尽量避免以对方利益为代价取得胜利，重视的是用“我们的方法”解决问题。最佳合作状况会带来双赢的结果，大家都从中得到自己想要的。

在这个例子中，小张和小洁他们可以商量一些方式进行合作，让小洁的朋友可以遵循这些跑步方式，增强这个团队整体的默契度，并且在这个过程中，彼此保持着足够的沟通交流时间。

当你决定使用哪种适合的沟通方式时，要考虑下列几点：

第一，关系。当某人显然比你拥有更多的权力时，调适也许是最好的方式。

第二，情境。不同的情境对应不同的冲突处理方式。

第三，对象。双赢是个不错的方式，但是有时候对方不见得愿意合作。

第四，你的目标。有时候你首要关心的是让愤怒或不安的人冷静下来。

链接：人际交往训练

人际交往训练——“存款”练习

每一个和我们相关的人，无论是伴侣、父母、子女，还是兄弟姐妹、朋友，在他们心中都给我们留了一个情感账号。

如果我们让他们开心，让他们感觉被欣赏、被肯定，或者让他们感觉到被爱，我们就在这个情感账号上有存款了。

如果我们让他们痛苦，让他们感觉到被批评、被误解，或者感觉被伤害，那么我们就在这个情感账号上取款了。

如果我们情感账号上的存款比较丰富，那么就能大事化小、小事化了；如果我们在这个情感账号上债台高筑，任何小事都可能变成大罪，导致这个关系不稳固。存款练习是要求个体用肯定的言语给“爱的银行”存款。

具体步骤：

(1) 找一个存款对象：在你的亲密关系中，找一个你很想感恩的人，对他/她“存款”。

(2) 身体语言：手拉手，眼对眼。

(3) 欣赏、赞美这个存款对象：用三个描述正面人格特质的形容词，最好能够找出一些具体的例子说明。例如，爱心——“你捐钱给贫困学生”。

(4) 说一两件你感激对方所做的事。例如，“感谢你在我生病期间这样照顾我”。

(5) 结束时，互相拥抱。

我们在存款练习中需要注意：

说的一方要真诚，发自内心，不要在赞美和感激的时候打折扣，切忌说“不过……”“但是……”例如，“谢谢你主动帮忙洗菜，但是为什么弄得到处都是水呢，怎么不顺便把菜切了呢？”这样就会把刚刚存好的款又取走了。

听得一方专心接受对方的赞美和感激。中国人不习惯被赞美，心中喜欢但表面总是要客气一下，要学习接纳这份“爱的存款”，不要拒绝，或者“减缩”存款者的爱心。例如，我们说一些“好肉麻啊，哪里有啊……”这样会让对方心里觉得不好受。这样两人就顺利交换“存款”了。

小结：

大学生需要学习人际交往的原则、心理效应、交往技巧以及管理冲突能力，以提高自己的人际交往能力。人际交往的基本原则是：被人尊重的前提——尊重他人、避免冲突——宽容平等、获得友谊的基础——真诚待人以及换位思考的同理心。在遵守交往原则的同时，大学生如果想让自己以及同伴在交往的过程中能够愉悦和谐地相处，还需要熟知人际关系中的各种心理效应：首因效应、近因效应、刻板印象、投射效应。

大学生需要掌握人际交往的技巧，主要包括倾听、注重语言表达和非言语沟通，以及谈话时正视对方、加入适当的面部表情和肢体动作、注意说话的语音语调和语速。在交往中难免出现冲突，面对人际冲突，个体要能正确认识冲突，然后运用好处理冲突的方式。

思考题：

1. 你认为人际交往的心理效应中，哪些是可以充分利用，哪些是要极力避免的？

2. 你的朋友没有遵守交往的几大原则，不尊重人，这时你会怎么做？
3. 当你与一个陌生同学成为朋友后，如何维护和增进这份友情？
4. 因为小事，你与室友发生了冲突，这时你该如何管理冲突？

引用：

[1] 曾敏昊，刘宇耕. 人际冲突——构成和解决 [M]. 上海：上海社会科学院出版社，2011.

[2] 薛德钧，田晓红. 大学生心理和心理健康 [M]. 北京：中国林业出版社，2007.

[3] 王晓刚. 大学生心理健康 [M]. 北京：清华大学出版社，2008.

[4] 王晓刚. 大学生心理健康与发展 [M]. 北京：高等教育出版社，2016.

[5] 林和平. 大学学习与生活 [M]. 福州：福建人民出版社，2015.

[6] 李谦. 现代沟通学 [M]. 北京：中国国际广播出版社，2002.

[7] 吴建玲. 大学生心理健康与心理素质训练 [M]. 广州：华南理工大学出版社，2007.

[8] 汪海燕. 走进阳光地带 [M]. 武汉：华中师范大学出版社，2004.

[9] 班志刚，黄竹，温英杰. 大学生心理健康教程 [M]. 北京：中央编译出版社，2006.

[10] 夏翠翠，宗敏，涂翠萍. 大学生心理健康教育 [M]. 北京：人民邮电出版社，2013.

[11] 王传旭，姚本先. 大学生心理健康教育概论 [M]. 合肥：安徽大学出版社，2006.

[12] 陶国富，王祥兴. 大学生交往心理 [M]. 上海：华东理工大学出版社，2003.

[13] 李虹. 压力应对与大学生心理健康 [M]. 北京：北京师范大学出版社，2004.

[14] 谌海燕，陈志平. 大学生心理素质训练 [M]. 南昌：江西人民出版社，2017.

推荐阅读：

[1] 亨利·克劳德. 他人的力量：如何寻求受益一生的人际关系 [M]. 邹东，译. 北京：机械工业出版社，2018.

[2] 阿德勒，普罗科特. 沟通的艺术：看入人里，看出人外 [M]. 14 版. 北京：世界图书北京出版公司，2015.

第六章
大学生学习心理及学习策略

第一节　大学生学习心理概述

学习，是我们最熟悉的一个词。从小学开始，老师就教育我们“好好学习，天天向上”。然而，虽然我们学习已有十余年，却很少停下来思考这个问题：什么才是学习？

作为大学生，我们目前的主要任务是学习，经营好自己的学业，不仅是掌握专业能力的证明，也是个人学习能力的体现，不容忽视。现今，我们生活在一个瞬息万变的时代，每天都有大量的新知识诞生，海量的知识、碎片化的信息反而引发了越来越多的焦虑。甚至随着科学技术的日益迭代，一些传统的行业逐渐被人工智能所替代，我们很难预测未来会出现什么样的新兴产业和社会需求。正如庄子所云：“吾生也有涯，而知也无涯，以有涯随无涯，殆矣。”因此，作为大学生，应对变化的最好方式就是培养高效的学习能力。

一、学习的理论基础

（一）学习的定义

古往今来，很多先哲都对学习进行了研究和探讨，现代科学也在不断完善对学习及其过程的研究。孔子云：“学而时习之，不亦说乎？”可见，学习是一件很愉悦的事情。那么，究竟怎样才算是学习呢？

现代学习心理学指出，学习是由经验引起的能力或倾向的相对持久的变化，具体包括三层意思：

第一，学习是“由经验引起”的，即学习首先要与自身经验、体会产生联系。正是因为经验关联的不同，不同的人听同样的课会产生不同的效果，好的效果即个体能把所学的新知识与自己的经验结合起来。简言之，没有经验的调用和关联，就没有真正的学习。

第二，学习要有“能力或倾向的变化”。这里的变化既可以指外在的、真实的能力发生了改变，也可以是看待一件事的倾向发生了变化。因此，改变是学习发生的关键，“只有能够改变行动的信息才是知识”。

第三，学习的效果是“变化相对持久”，即学习的变化必须有一定的存在时间。关于具体的持续时间，目前心理学家未能给出确定的答案，但多数专家认为，行为改变持续的时间太短（如几秒钟），就不能算作学习。

（二）学习的三大理论

1. 行为主义学习理论

行为主义学习理论提出，学习的起因在于对外部刺激的反应，是一种可以观察到的行为变化，个体能学到什么都是由外部刺激决定的。行为主义学习理论代表学说有巴普洛夫的经典条件作用、桑代克的联结试误说、华生的刺激反应说和斯金纳的操作性条件反射。该系列学习理论不关注刺激引起的内部心理过程，认为学习与内部心理过程无关，强化才是学习成功的关键，个体所学到的都是习惯，而习惯是反复练习和强化的结果。

2. 认知主义学习理论

认知主义学习理论认为，人的认识不是由外界刺激直接给予的，而是外界刺激和认知主体内部心理过程相互作用的结果，学习的过程不是渐进的尝试与错误的过程，而是突然的领悟和理解的过程。代表学说有格式塔心理的完形说、托尔曼的认知目的说和布鲁纳的认知发现说。该理论强调人的主观能动性和认知结构变化的重要性，学习发生的本质是内在认知模式的改变与优化。

3. 建构主义学习理论

建构主义学习理论认为知识不单纯是通过教师传授得到的，而是学习者在一定的情境下，借助其他人的帮助，利用必要的学习材料，通过意义构建的方式展开学习的过程。该理论强调学生在学习过程中主动建构知识的意义，并力图在更接近、更符合实际情况的情境性学习活动中，以个人原有的经验、心理结构和信念为基础建构和理解新的知识。

二、学习的生理基础

大脑是我们学习发生的生理场所，分左右两个半球。大脑半球的表面布满深浅不同的沟或裂痕，它们将大脑半球分为额叶、顶叶、枕叶和颞叶几个区域。额叶主要负责复杂的人类活动，包括语言、持续注意、计划、推理、问题解决、自我调节、对身体运动的有意控制以及对他人行为的解释。顶叶的功能是接受并解释躯体感觉信息——关于温度、压力、质地和疼痛的信息，也积极参与加工词语的声音信息，思考物体与事件的空间特征等活动。枕叶主要负责解释和记忆视觉信息。颞叶负责解释和记忆复杂的听觉信息（如演讲、音乐），在信息的长时间记忆上也有重要作用，特别是对概念和一般生活知识的记忆。不同类型的学习活动能帮助我们激活不同的脑区，提高学习效率。

大脑有三个功能区，分别是脑干、大脑边缘系统和大脑皮质。其中，脑干是进化过程中最先出现的，主要参与生存需要的基本过程，如呼吸、吞咽、睡觉、心率调节等；大脑边缘系统是随后进化而来的，负责情绪等复杂心理活动，掌管感动、愤怒、恐惧等一些情绪；大脑皮质是最后发展而来，掌管人的思维、分析和逻辑。

大脑皮质是与学习最密切相关的功能区，是认知活动发生的关键脑区。

三、学习的心理阶段

在心理上，学习可以划分为感知、理解、巩固和运用四个阶段。

1. 感知阶段

感知是学习的第一阶段，包括直接感知和间接感知。直接感知是通过观察、实验、调研等直接获得认知；间接感知是通过老师讲解、他人阐述、教材阅读等间接获得认知。感知阶段只是认知的基础和学习的开始，但很多大学生却把它当成学习的全部，对知识浅尝辄止，不愿进入更深层次的学习，使得学习效果也相对有限。

2. 理解阶段

理解是学习的第二阶段，是在感知的基础上思考和加工，将知识进行关联和整理，产生基于自身体验的独到见解和深刻体会，并最终形成属于自己的个性化版本和知识体系，以解决生活中不期而遇的难题。理解阶段是知识能学以致用的基础。

3. 巩固阶段

巩固是学习的第三阶段，也是学习最为关键的一个环节。巩固的作用主要来自两方面：一方面，根据艾宾浩斯记忆曲线，大学生所学知识会随时间而逐渐遗忘，巩固能帮助我们高效恢复记忆；另一方面，温故而知新，巩固阶段也是个体产生灵感和深度思考的重要环节，不容忽视。

4. 运用阶段

运用是把经过前三阶段获取的知识付诸实践的过程，也是知识真正发挥作用的阶段。曾有人把知识定义为“能够改变人行动的信息”，可见运用才是知识最大的价值，也是学习得以真正完成的标志。因此，大学生在学习过程中尤其要注重知识运用的过程。

不同于中学的学习，大学的学习更加系统全面。深度的学习有利于个体了解问题的本质，不断培养其解决问题的能力。大学生如果不打通知识阻塞，一味追求感知更多的信息，就像不断去挖新的井却不愿深挖一口井，即便挖了很多口，也很难挖出水，只是缓解了“知识焦虑”。有效学习的秘诀在于在真问题上花慢功夫。

四、影响大学生学习的心理因素

心理学家认为学习活动有一套完整、系统的心理结构，由智力和非智力因素组成，这也构成了大学生学习的心理基础，影响大学生的学习效果。

（一）智力因素

智力因素指个体在智慧活动中直接参与认知和处理信息等认知性心理机能，包括观察力、注意力、记忆力、想象力、思维力五种能力。

观察力就是观察的能力，是指个体全面、深入、正确地认识事物特点的能力，是一种知觉同思维相结合的能力。注意力是将心理活动指向和集中于一定事物的能力，在智力活动中起着维持和协调的作用。记忆力是人脑储存和再现以往知识经验的能力，是整个智力因素结构的基础。想象力是人们在已有的记忆表象基础上创造新形象的能力。思维力是人脑间接概括反映客观事物本质与规律的能力，它是整个智力活动的核心。

在学习活动中，它们相互区别，又相互联系和贯通，作为一个整体发挥作用。一般来说，智力水平的高低对学习效率和质量有直接影响。因此，智力是学习的必要心理条件，更是大学生成才的基本要素。此外，人的智力水平的高低既有先天的因素，也有后天的作用。先天因素决定一个人的智力潜能有多大，后天因素决定一个人能否充分开发自己的智力潜能，达到自己智力潜能上限。

（二）非智力因素

1. 兴趣因素

兴趣是人认识某种事物或从事某种活动的心理倾向，是推动我们认识事物、探索真理的重要因素。我们常说“兴趣是最好的老师”，是因为浓厚的兴趣能推动探索性学习，帮助大学生主动克服困难，排除干扰。

兴趣分为三个等级，由低到高分别是有趣、乐趣和志趣，这三个层级构成了兴趣的金字塔。有趣是兴趣发展的低级水平，一般是被新奇现象所吸引而产生的直接兴趣，也被称为感官兴趣，如爱吃火锅、爱听谁的歌等，其特点是毫不费力，简单短暂。乐趣是兴趣发展的中级水平，是在情绪的参与下，把兴趣从感官推向思维，也叫自觉兴趣。例如，个人吃完美食，对烹饪产生兴趣并愿意逐渐尝试。乐趣的特点是基本定向，持续时间较长。志趣则是兴趣发展的高级水平，与崇高的理性和远大的奋斗目标相结合，是在乐趣的基础上发展起来的，也叫潜在兴趣或者“梦想”，特点是积极自学，持续时间长。

在日常的大学学习中，大学生容易陷入感官兴趣的泥潭，满足浮浅的快乐，偶尔上升到乐趣的阶段，却不能进一步坚持和思考，很难抵达“志趣”。因此，当代大学生需要进一步反思当下自己的兴趣状态，逐步培养自己的人生志趣。

2. 情感因素

情感是我们对客观事物是否满足自己的需要而产生的态度体验，在需要的基础上产生和发展，可以调节一个人的需要。大学生的情感并非与生俱来，而是随着年龄的增长、经验的增加、学习的加深逐渐发展起来的。根据表现及持续时间的不同，情感状态分为心境、激情和应激三类，心境是有感染性的，是微弱而持久的情感状态；激情是具有爆发性的，是强烈而短暂的情感状态；应激是出乎意料的紧张危急情况下的情感状态。

一般而言，高兴、快乐、喜悦的情感推动着大学生积极自觉地去完成一项学习任务，对学习有着良好的促进作用；而痛苦、厌恶、愤怒则容易抑制学习热情，让大学生产生更多的情绪内耗，最终阻碍学习。不过，情感与学习的关系并非绝对，有时高兴过度也会影响学习效果，而“化悲痛为力量”“化压力为动力”也可能产生惊人的学习效果。

因此，为了高效的学习，我们需要先处理好自己的内在情感，客观认识学习对我们的价值，以积极平和的情感状态面对大学的学习。

3. 意志因素

意志是人自觉地确定目的，并支配行动去克服困难以实现预定目的的心理过程。有一项对大学生学习的调研发现，大学生之间差别最小的是智力，最大的是意志。可见，意志在大学生学习中的重要地位。

意志力的大小是随着经历的增加、目标的建立、知识的丰富逐渐发展起来的。学习本身是一项艰苦的、需要走出舒适区的脑力劳动，如果没有顽强的意志，很容易被轻松的娱乐活动干扰，个体的学习容易半途而废。

意志的培养与行动密不可分，大学生在锻炼意志力时，切记停留在嘴上功夫，纸上谈兵，一定要通过行动切实发展起来，通过行动不断突破思想障碍，不断培养一个更顽强的自我。

4. 性格因素

性格是一个人对现实的稳定的态度，以及与这种态度相应的、习惯化了的行为方式中表现出来的人格特征。性格既具有稳定性，也具备可塑性。大学生可以有意培养自己的良好性格，为学习奠定稳定的基础。

性格的差异也使大学生在学习活动中擅长的领域不同。比如，外向型大学生性格开朗，遇到问题善于向别人请教，但往往缺乏深度学习，而内向型大学生遇到问题认真沉着，善于思考，但也可能固执保守，缺乏创新性探索。了解了自身性格的优劣势，大学生就可以通过各种途径培养和改善自身，尤其在面临特殊技能的学习时，不能被自己的惯性应对方式所限制，应积极优化，耐心处理。这个过程不仅能帮助我们完成学习任务，还有机会进一步完善我们的性格状态。

链接：学习金字塔

学习金字塔是美国学者爱德加·戴尔通过研究得出的关于学习留存率的结论。以语言学习为例，在初次学习两个星期后，阅读能使学生记住学习内容的10%；聆听能使学生记住学习内容的20%；看图能使学生记住学习内容的30%；看影像、看展览、看演示、现场观摩能使学生记住学习内容的50%；参与讨论、发言能使学生记住学习内容的70%；做报告、给别人讲、亲身体验、动手做能使学生记住学习内容的90%。

爱德加·戴尔提出，学习效果在30%以下的几种传统方式，都是个人学习或被动学习；而学习效果在50%以上的，都是团队学习、主动学习和参与式学习。

美国缅因州也做过类似的研究，结论跟戴尔的非常接近，只是把阅读和聆听调换了，认为阅读能比聆听记住更多的东西，这个结论也与我们的经验更加贴近。

第一种，“讲授、听讲”的方式。老师讲，学生听，这种学习方式效果最低，两周以后学生只能记住内容的5%。

第二种，“阅读”的方式。这种方式学到的内容，学生可以记住10%。

第三种，“声音、图片或视频”的方式。这种方式学到的内容，学生可以记住20%。

第四种，“演示或示范”的方式。这种方式学到的内容，学生可以记住30%。

第五种，“分组讨论”，的方式。这种方式学到的内容，学生可以记住50%。

第六种，“做中学或实践演练”的方式。这种方式学到的内容，学生可以记住75%。

第七种，“教别人或对所学知识进行立即应用”的方式。这种方式学到的内容，学生可以记住75%。

根据这个“学习金字塔”（见图6-1），老师采用讲述的方式教学，学生两周以后记得的内容只剩5%。为什么会这样呢？因为这是最被动的学习方式，学生的参与度是最低的，学生基本记不住什么东西，当然，如果老师思路清楚，语言感染力强，效果可能会增强。从第一项至第四项的学习方式都是被动式的，学生的参与度非常低，因此学习的保存率都无法超过30%。金字塔的最底端，其教学效果可以高达90%。如果学生有机会把上课内容立即应用，或是让学生有机会将所学的知识传授给其他人，效果可高达90%。

从学习金字塔可以看出，学习方法不同，学习效果就不一样。学生需要自觉地参加合作学习，努力转变学习方法，被动听转为主动学，学习过程中可以综合使用多种器官，如耳、眼、口、手等。

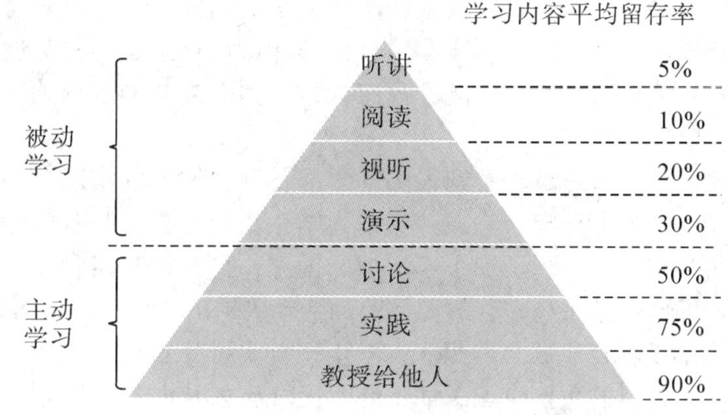

图6-1 学习金字塔

小结：

学习是大学生最重要的功课之一，也是大学期间需要重点培养的一项能力，但大学生很少研究什么才是真正的学习，往往在“伪学习”的圈层里低效地努力。而今，由于互联网技术的发展，信息传递越来越没有障碍，传统的“知道式”的学习已经很难增加我们的竞争力。因此，大学生需要重新认识学习，意识到它是指由经验引起的能力或倾向的相对持久的变化，了解真正的学习要和自己的经验关联，要通过认知或行动产生相对持久的变化。当然，这一切都离不开学习生理基础和心理机制，对大学生而言，感知、理解、巩固和运用是学习中不可缺少的四个阶段。在这个过程中，智力因素和非智力因素也对大学生的学习产生着深远的影响。

思考题：

1. 反思自己的学习成长过程，哪些经历是真正的学习，哪些是“伪学习”？

2. 观察你周围的“学霸”同学或者学习效率很高的同学，看看他/她的学习和我们所讲述的学习的定义有哪些对应关系？

3. 尝试去对所学专业的核心知识进行真正的深度学习，去体会它和传统学习有怎样的不同？

第二节 大学生学习特点及常见困扰

小枫，大学二年级学生。小枫刚上大一时觉得一切自由、新鲜，过上了“传说中的大学生活”。然而，两学期下来，小枫的成绩都在及格线上，他自己也觉得好像没什么收获。

于是，小枫打算重新找回学习的节奏，但是做计划很轻松，真正开始践行却很不容易。小枫刚找到学习的节奏就接到社团活动策划的消息；好不容易完成了社团的活动，看到室友在组队参加学术比赛，自己怎能落后；于是小枫又加入到了新一波的比赛准备中，但他对研究的课题不太感兴趣，因此参与的过程并不喜悦，学业安排一再拖延。

不知不觉又到了期末考试，看到很多同学准备开展假期的实践，小枫又陷入深深的迷茫，不知道该如何选择，心想：我的大学生活为什么会是这样呢？其实，进入大学以来，很多同学都出现了和小枫相似的困惑，自己的时间和安排总处于失控状态，需要学习的内容越来越多，想要体验的活动也层出不穷，一方面都不想错过，但另一方面似乎都没收到成效。因此，大学生想要安排好自己的大学生活，就需要先了解一下大学生学习的主要特点、常见的困扰以及基本的应对方式。

一、大学生学习的主要特点

大学学习作为进入社会前的最后一段集中学习的时光，学生需要为未来就业、创业等做好初步的准备，而每个大学生毕业后的选择千差万别，很难通过统一的课程去开展教学，需要根据自己的规划进行合理安排。因此，大学学习具有较大自由度，给学生的个性化发展和成长提供了空间，同时需要我们付出更多的努力。归纳而言，大学生的学习主要有以下几个特点：

（一）学习方式的多样化

大学之前，个体的学习方式较为单一，学习目标较为机械。进入大学后，虽然课堂教学仍是主流学习方式，但学校也会为学生提供多种其他类型的学习成长路径，如社团活动、各类比赛、社会实践、学术活动等。

与此同时，随着信息技术的不断发展，网络和社会上也出现了越来越多的学习成长平台，如大学慕课，学生利用手机或者电脑就可以学习世界顶级名校的课程。

此外，大学生学习的方式已不再局限于理论知识层面，学校也鼓励学生开展创新创业活动，在实践中学习，不断丰富自己的知识体系并提升实践技能。丰富的学习资源和多样化的学习方式，给大学生提供了充分的选择空间，使学生能够结合自身发展需求灵活开展学习，但也让部分没有合理规划的学生不知所措，浅尝辄止。

（二）学习过程的自主化

学习过程自主化是大学生学习的显著特征。大学是为了培养更符合社会发展需求的综合型高素质人才，所以大学生必须培养良好的自学能力、分析问题能力及解决问题能力。

不同于中学相对强制的学习安排，大学的学习虽有一定规范，但仍给了学生很大的自主选择空间。这主要表现在：课外学习时间的自主安排，学习内容的自主掌握，选修课程的自主选择，学习方法的自我适应与自主总结，等等。因此，在大学学习中，个人的主动性、自觉性、积极性起主导作用。

此外，伴随我国高等学校学分制的进一步完善，学生还可以通过交换的方式在国内外其他高校开展学习或者通过一些平台在网上修读学分，大学生学习的自主性空间将会越来越大。

（三）学习内容的专业性

大学生是接触社会新技术、新思想的前沿群体，也是国家培养的高级专业人才，毕业后需要投入各个领域开展工作，这必然离不开过硬的专业本领。因此，大学的学习内容也需要体现较强的专业性和一定的难度，在广博的基础上也要追求精深。这给大学生带来了一定程度的挑战，因为专业学习非一日之功，往往伴随着系统的学科体系、复杂的技能操作以及不断更新的研究成果。这需要我们投入足够的精力和持续的思考，否则，对专业的理解就只能停留在信息层面，无法建立系统的知识体系，也很难解决具体的现实问题。

如今，我们处在一个人才高度流动、社会分工加速细化、行业竞争日益激烈的时代，专业的知识技能储备是我们走向社会的立足之本，也是我们迅速融入社会角色的关键保障。

（四）学习评价的复杂性

大学是学生走向社会的最后一个系统学习场所，因此，学业仍然是主要任务，学校也会对相关专业知识进行定期考察，但学业已不再是优秀的唯一标准，大学生参与比赛、开展学术研究、加入社会调查与实践等也都被纳入评价体系之中。大学生不仅需要完成学业，还需要全面提高自己的综合素质，才能获得良好的评价。

除学校本身多样化的评价体系，社会对毕业大学生也提出了多维化、专业化以及个性化的要求，相关品质和工作技能也成为大学生学习期间需要修炼的重要功课。此外，随着各领域人才选拔的自由化，学校标签已不再成为学生进一步深造或就业的单一标准，其他诸如创新思维能力、人际沟通能力、领导管理能力、实践操作能力以及适应时代发展的新技能等也成了重要的考量标准。

基于如此多维的评价指标，大学生的学习已不能停留在单纯埋头做题的阶段，还需要在更多的领域提升自我、修炼能力。

二、大学生学习时常见的困扰

面对大学学习的自主化、专业化以及学习方式和评价体系的多元化，大学生一方面获得了学习自由度，但另一方面也容易在这个过程中迷失自我，产生学习困扰，主要包括学习动机不当、学习方法不科学以及学习习惯不良。

（一）学习动机不当

学习动机是引发与维持学生的学习行为，以达到一定目标的一种动因或力量。学习动机不当会导致大学生学习效率下降并引发诸多心理问题。其中，学习动机不足和学习动机过强是最主要的两种表现。

个体学习动机过强的主要表现是：急于求成，好高骛远，对自身能力缺乏恰当估计，对学习结果抱有太高期望，容易忽略学习和成长本身的乐趣及意义，造成学业自我效能感下降，心理压力增大。此外，动机过强，大学生易受表面学业动机驱使，渴望外在奖励和肯定，因而学业强度过大，引起心理疲劳。

个体学习动机不足的主要表现是：没有明确的学习目标，为学习而学习甚至厌倦逃避学习，懒惰懈怠。大学期间学生的自主学习空间较大，学习动机不足的大学生很容易沉迷于娱乐和游戏无法自拔，不仅蹉跎了宝贵的青春，还容易产生虚无感和挫败感。

作为大学生，我们的学习动机既不必过强，也不能太弱。根据耶克斯—多德森定律，学习动机强度与学习效果呈“倒U形”关系，中等强度的学习动机最佳。此外，不同性质的活动最佳动机水平略有差异，较容易的任务，学生的学习效率随动机提高而上升；而难度较大的任务，较低的动机水平更有利于任务的完成。

（二）学习方法不科学

大学阶段学习任务多样，学习内容更专业，学习深度和难度加大，这些变化要求大学生不仅要刻苦努力，还需要不断探索和优化适合自己的学习方法，高效应对学业挑战。然而，很多大学生并没有意识到学习方法转变的重要性，仍保留着中学阶段的学习惯性和思维定式，对不同学科、不同任务、不同目标采取同样的学习方法，如机械记忆、题海战术等，很少对学习内容进行高水平的、深度的加工，也就难以将所学知识内化到自身思维体系，真正产生新价值。

此外，大学期间学生的学习时间较为自主，部分学习内容和技能练习需要自己探索，但很多学生仍采取被动式学习，缺乏目标规划、时间管理，甚至平时不认真，靠考前突击、死记硬背勉强完成学业，根本无法建立系统的知识结构和专业技能。部分学生只满足于书本知识，不愿意走出舒适区开展实践练习，结果不得要领。

（三）学习习惯不良

进入大学以后，外界约束变小，大学生若缺乏自制力，很容易养成不良习惯。比如，有的同学习惯拖延，本可以用心完成的作业，结果囫囵吞枣；还有同学习惯熬夜，长期睡眠不足，学习状态不佳，效率低下。不良的学习习惯长此以往就会消磨意志，严重影响大学生的学习状态。大学生在大学期间要培养良好的学习习惯，这样学习效率和学习状态就能得到持续保障，因为习惯会让我们自然而然去做很多事情，无需内耗，无需纠结。

三、大学生学习心理调适

（一）优化学习理念

大学生常见的学习理念主要有两种，一种叫固定性学习理念，另一种叫成长性学习理念。固定性学习理念是把学习能力看作一种固定的、不再进步的状态。比如，期末考试线性代数成绩不好，固定性思维的学生就会告诉自己：我就不是学数学的料，别人学得好是因为天生适合。这种思维理念会把我们做一件事情的能力归为与生俱来的、无法改变的特质上，个体持有这种理念容易产生急躁心理，遇到困难会选择放弃，觉得没有办法改变。

成长性学习理念与此相反，成长性思维的学生认为事情的结果与努力程度和付出状态相关，是自己相对可控的。比如，线性代数成绩不好，学生就会提醒自己：不是我数学能力不行，而是没有掌握合适的方法，只要继续努力，下一次就可以做得更好。持有成长性学习理念的大学生有勇气迎接挑战，因为他们相信事情是可以通过自己的努力变得更好。因此，想要高效学习，个体就要先评估一下自己目前的学习理念究竟是固定性的，还是成长性的，如果是固定性学习理念，就要尝试觉察练习，不断修正到成长性学习理念的轨道上。

（二）重视学业指导

学业指导是大学生化解学业困扰的重要途径。大学生对很多领域的了解不够全面，难免会产生思维局限和学业困扰，大学生需要有寻求学业指导的意识。

大学有一项非常重要的资源，即教师，在学习的过程中，虽然任课教师专业方向各异，教学方法不同，但对于大学学业生活皆有独到的见解和体系化的知识。此外，同学也有值得学习和借鉴的地方，一个人的经历是有限的，但一群人的经验是丰富多彩的。因此，大学生遇到自己难以克服的障碍，应谦虚谨慎、勤学好问，主动寻求指导。这对解决学习上的心理困扰尤为重要。

（三）拓宽学习视野

大学生的学习不仅关乎成绩，也关乎未来就业，大学生不能仅仅局限于书本和专业知识的学习，还需要不断拓宽学习视野。比如，大学生要学会关注社会发展和市场需求，学习最新技术和理论，理解市场的运作逻辑。

在高科技迅速发展的今天，知识本身的界限越来越低，大学生应充分利用信息时代优势，洞察人才需求趋势，充分利用大学时间进行系统学习，早做准备。此外，我们不仅要关注未来，还要回溯历史，回归文化，去学习哲学、文学、艺术等通识类学科，这些知识虽然不能迅速地带来效益，但能促使我们建立更完善的认知体系，也是我们未来创新发展的重要源泉。

除了拓宽学习视野，我们还要关注自己感性能力的培养。因为世界已经从过去的高理性时代，进入了一个高感性时代，这个时代有六种非常稀缺的能力，分别是：设计感、共情能力、讲故事、整合、娱乐感、意义感。比如，苹果手机和电脑的脱颖而出就在于设计感，微信的来源则是基于人类交流的共情能力，意义感是未来领导自己和领导他人的关键能力。这些能力可能是我们之前不曾关注的能力领域，但却是未来社会需求的关键品质。作为大学生，不仅要“低头”好好学习，还要“抬头”认真看路。

（四）提高学习执行力

执行力是检验大学生学习效果的关键指标。传统的学习方式使得我们在学习知识和技能时，容易纸上谈兵，缺乏实践，甚至常常把“知道”当成了学习的全部。大学期间，很多专业知识和技能学习需要通过行动进行理解和培养，“纸上得来终觉浅，须知此事要躬行”，我们在执行中才会发现，看似简单的原理和操作，其实我们还未曾真正理解，因而才有机会在执行的过程中对知识产生新的灵感。

如何提高执行力呢？著名心理学家彼得 · M. 戈尔维策做过相关研究，提出了执行意图的概念。执行意图就是你针对某个愿望的明确意图，即具体要怎么做，方法是利用“如果……（某个情景、状态）那么（某个反应）……”做一个执行规划。比如，如果我今天晚上 8 点前完成了作业，就看 1 个小时书；如果我吃饭前有 1 个小时，就学习 1 节网课。提前给自己设定一些执行意图，能帮助我们充分利用时间，把注意力放到更有意义的事情上。

链接：大学生的学业规划

大学学习不同于中学，大家所学专业不同，自身基础不同，未来想实现的目标不尽相同，那么我们该如何梳理自己大学期间的学业规划，让自己更有目的地去经营自己的大学学业呢？做规划的方法很多，这里给大家介绍一个常见的 SWOT 分析法。

SWOT 分析法（见图 6-2）是指企业通过确定自身的竞争优势、竞争劣势、机会和威胁，将公司的战略与公司内部资源、外部环境有机地结合起来的一种科学的分析方法。大学生虽然不是企业，但是也面临着复杂的规划决策。因此，SWOT 分析法是帮助大学生发现自身优势劣势，思考周围机会和威胁的好办法。

SWOT 分析法中的四个英文字母分别代表：优势（Strength）、劣势（Weakness）、机会（Opportunity）、威胁（Threat）。其中，优势与劣势是对自身条件的分析，机会与威胁是对外部环境的分析。

个人对自身条件的优势与弱势分析可从以下选项进行：

（1）职业爱好：自己喜欢与不喜欢做的事情；

（2）学习能力：学习速度、学习深度、擅长的学科；

（3）工作态度：对工作执着上进的程度；

（4）与人交往能力：交往意愿、交往范围、交往深度、合作经验；

（5）家庭、朋友的支持程度及自身资金状况；

个人对外部环境的机会与威胁分析可从以下选项进行：

（1）国际环境：行业的开放性、外资情况、全球经济情况；

（2）国内环境：政策导向、人口结构、生产总值；

（3）所在的具体地区或城市情况；

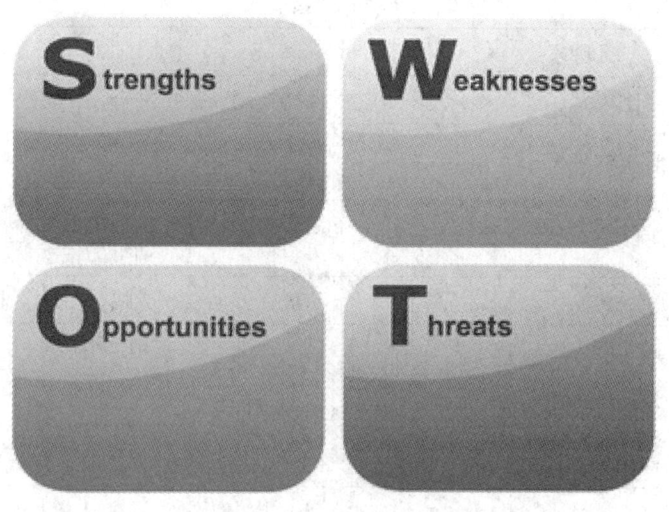

图 6-2　SWOT 分析法

（4）学校的情况、专业的情况；

（5）行业情况：行业特性、行业景气度、行业发展趋势、竞争程度、上下游产业价值链；

（6）岗位就业情况：岗位发展趋势、竞争程度、待遇水平；

举个例子，表 6-1 是一位经济学专业的女学生准备考研的 SWOT 分析：

表 6-1　备考 SWOT 分析表

我的优势	我的劣势
（1）专业学历高，就业有优势 （2）财经专业适合女生 （3）准备考研 （4）不断思考	（1）读完研年龄会比较大 （2）缺乏自信，感觉前途渺茫 （3）什么都想要，无法取舍 （4）偷懒、胆怯、不愿意吃苦
我的机会	我的威胁
（1）读研期间我有部分自由时间，可以去做兼职挣钱，做到自食其力 （2）读研能够学到新东西，开阔眼界；会接受系统的专业思维训练，我可以利用专业素养现实问题提出完整的解决方案；能够懂得选择 （3）读研期间导师能够提供不错的项目，即能学习东西边又有一定的收入报酬 （4）学历高，就业有优势，研究生所具备的能力恰恰是公司企业更加喜欢的 （5）大四课程少，时间多，有较长的时间备考研究生 （6）考不上还可以再找工作	（1）读研究生所需的日常生活费用和学费 （2）就业不仅能够使我自食其力，还能学到新东西，开阔眼界，并不比研究生差 （3）研究生毕业不一定找到满意的工作，可能还不如本科生 （4）早点工作可以学到更多东西，工作能够使我积累更多的人脉资源

在进行 SWOT 分析之后，再针对部分问题提出相关的对策（见表 6-2）：

表 6-2 问题与对策表

问题	对策
读完研究生年龄会比较大	保持运动，保持好奇，让自己看起来年轻美丽
缺乏自信，感觉前途渺茫	考研究生时应拿出备战高考时的心态，相信自己
什么都想要，无法取舍	结合自身情况，排列出成功可能性的顺序，如果自己都觉得成功可能性太低，果断放弃
偷懒、胆怯、不愿意吃苦	从现在开始变得勤快、勇敢，敢于吃苦
读研究生时的日常生活费和学费	(1) 预先估算费用多少 (2) 可以通过兼职、导师推荐项目、学校奖学金等方面挣钱 (3) 一般人都会有少量存款 (4) 向父母亲借钱或向学校贷款
研究生毕业后不一定找到满意的工作，可能还不如本科生	(1) 找出反例，许多研究生毕业后找到满意的工作 (2) 很少人能够一步到位找到满意的工作，学历并不是评判能否找到满意工作的先决条件。不与别人攀比，只与自己赛跑
工作可以学到更多东西，工作能够积累更多人脉资源	可以借助寒暑假去公司实习，间接积累人脉资源和工作经验

从上述举例可以看出，SWOT 分析能帮我们有意识地梳理出自己的优势和劣势，同时也能关注我们外部环境的机会和威胁，让我们既不会盲目自信，也能实事求是，我们可以在此基础上再提出解决问题的对策，SWOT 分析对我们开展学业规划非常有帮助。与其焦虑，不如用 SWOT 分析做个规划吧！

小结：

大学生活是我们高中奋斗的动力，很多人以为进入大学就可以高枕无忧，然而大学学习的自主化、学习方式的多样化、学习内容的专业性以及评价体系的复杂性给大学生的学习带来诸多困扰，如学习动机不当、学习方法不科学、缺乏良好的学习习惯等。为高效利用大学资源，大学生需要优化学习理念、重视学业指导、拓宽学习视野，提高学习执行力，在践行中收获真正的成长。

其实，无论是哪个阶段的学习，我们都会遇到困扰，在现在这个高速发展的时代，学习已变成一种终身的技能。大学时代是培养我们这项技能的关键时期，我们需要好好珍惜，用自己的觉知和行动去战胜这一路的荆棘，收获一个更有勇气和智慧的自己。

思考题：

1. 你现在的大学学习主要面临哪些困扰呢？
2. 找一个最近所学的知识去实践，写下自己执行时的体会与收获。
3. 重新评估你的学习习惯，看看有哪些是需要坚持的，哪些是需要改进的。

第三节　大学生学习策略

经过一学期迷茫的学习生活，小枫很焦虑，他突然想到之前认识的学霸师姐，据说她学习效率非常高，各项活动也平衡得很好，毕业去了很好的单位工作。于是，小枫向师姐诉说了自己的烦恼，师姐对他的问题进行了分析并提出建议。

原来大学的学习不能只靠感觉，感觉总是“好逸恶劳”，大学生需要给自己制定一系列科学的学习策略，用有效的方法安排自己的学习，持续稳定地成长。小枫听后觉得大有所悟，自己以前的学习就是凭着感觉走，完全没考虑策略，接下来需要好好研究学习工具和方法了。

对大学生而言，要想成为一流人才，必须采取高效的学习策略。学习策略是学习者为了提高学习效果和效率，有意识制定的有关学习的方案和策略。凡是有助于提高学习效果和学习效率的方法、技巧和调控等都属于学习策略的范畴，但是，对当今大学生而言，最有效的学习策略主要包括精力管理、知识管理和思维管理。

一、精力管理

精力管理是大学生日常学习的重要保障，主要包括目标管理、时间管理和效率管理。

（一）目标管理

目标是成就的标准、成功的尺度以及行为的诱因。大学生有了目标就有了前进的航向和奋斗的动力，否则就容易随波逐流。

目标管理的常用方法是“SMART 原则”。其中 S 代表 Specific（具体的），意思是制定具体的目标。比如，我们把目标定为“看完这本书的第八章”比“对这本书进行学习”更具体，操作性也更强。M 代表 Measurable（可量化的），是指目标是可衡量的，个体可以通过核查确定目标是否完成。A 代表 Achievable（可达成的），是指目标是可达到的，目标应适合自己的实力，一般中等难度比较合适。R 代表 Relevant（相关的），是指目标需要与自己的愿景相关，我们不能选错了方向。T 代表 Time-bound（有时间限制），说明好的目标管理通常有明确的截止日期，这样才能给自己一定的时间压力。

作为大学生，我们学习和成长的功课确实很多，但如果都想兼顾，给自己设置太多目标也是不科学的。因此，我们不妨把想实现的目标分解到大学生活的不同阶段。例如，大一期间，我们的目标可以集中在学习通识课程、参与活动等，提高自身综合素质，奠定后期基础；大二我们可以聚焦在专业学习、深度的活动组织和实践探索，强化自身专业素养；大三我们可以重点关注专业发展和交流实习，初步确定未来发展方向；大四我们可以做出生涯规划选择，进一步加强知识和经验的积累储备。这样每个阶段有所侧重，有所聚焦，我们就不会手忙脚乱。

（二）时间管理

时间管理是指个体合理安排和使用时间的能力，从而更好地发挥时间的效益。

大学的时间非常宝贵，大学生若能有效安排时间，大学生就可以促进学习，增强自我效能；否则也很容易削弱信心，降低学习效率。

时间管理的核心是提前做计划，常见方法就是计划清单法。计划清单法是指个体针对近期需要完成的任务和待办的事项列一个详细清单，然后按照轻重缓急进行标注、任务分解并计划各项任务的具体执行时间。一般而言，每一天适合完成的主要任务为三件左右。计划清单法能帮助我们理清学习生活中繁杂的事物，让我们对自己的任务有一个清晰的认识和合理的安排，从而集中精力去完成，能显著提高时间管理效率。

刚开始做时间管理，我们很容易把日程排得满满当当，但生活中意料之外的安排会扰乱你的计划，因此做时间管理一定要留有空间，如留出40%的机动时间。这样我们既能应对突发事件，也能在这个过程中增强自己的掌控感和自信心。

（三）效率管理

效率管理是采用一定的方法使单位时间的价值达到最大化。有的大学生明明有清晰的目标，也列出了每天的学习计划，但仍然茫茫然度过，既没有用心学习，也没有安心玩耍，这就是单位时间效率不高的表现。

效率管理的常用方法有两个，一个叫限定时间法，一个叫意志力延伸法。限定时间法是指在任务完成之前个体或时间用完之前不能停止该项工作。比如，个人限定接下来1小时要专心致志地做一项事情，那么在时间到之前就不允许自己停止。限定时间会给我们营造一种紧迫感，刺激我们加速完成任务。意志力延伸法是指每当自己想要停止一项学习任务时，告诉自己再坚持5分钟，或者再多做一道题，适当延迟自己的满足感，这种方法能不断修炼我们的意志力，长此以往，我们就能在更长的时间里保持高效的学习。

除此之外，还有一些提高效率的小技巧。比如，合适的学习环境、整洁的桌面能减少内耗，个人会把更多精力放在学习上；与其他高效同学一起学习，个人也能更好地约束自己。劳逸结合也很重要，合理的休息并不是浪费时间，而是补充精力，这是学习的关键环节。研究表明，我们大脑的很多记忆加工必须要在睡眠过程中进行，这就是为什么化学家门捷列夫苦思冥思数天都没有想出元素的排列方式，却在睡眠过程中找到了灵感。因此，我们不要为了增加学习的时间，去压缩睡眠和休息，“逸”也是效率的保障。

二、知识管理

大家都知道奥运会，但可能对奥运会知识管理机构并不了解，该机构将奥运会的举办流程整理成知识包卖给各届奥运会主办方，有了这些资料，下一届的主办方就不必从零探索，而是根据这个知识包开展准备，这就是知识管理的力量。知识管理就是通过收集、整理知识，有效地产出结果，解决问题。知识管理有五个步骤，分别是知识学习、保存、分享、应用和创新。

第一步，知识学习。知识学习主要是指知识的获取，如上课、看书、听讲座等。知识学习并不复杂，但需要注意学习内容的聚焦，我们现在处在一个知识大爆炸的阶段，在知识学习阶段的关键是确立自己的学习领域，在领域内积累知识。

第二步，保存知识。只有将所学知识更好地组织保存，我们才能迅速调用。因此，对大学生而言，无论是纸质笔记或者电子版信息，都要养成命名、分类的意识，让存储的知识持续产生价值。

第三步，知识分享。“教是最好的学”。一般而言，大学生学习知识都存在发散性，只是在点上知晓信息，而知识在大脑的建构是系统的、网状的，分享有助于大学生关注知识脉络和生成逻辑，把碎片化信息组织、沉淀，搭建更完整的知识体系。

第四步，知识应用。学习知识的目的就在于应用。知识的学习和保存只能帮我们从“无知”到“有知”，只有通过应用和练习才能帮我们从“无能”到“有能”。

第五步，知识创新。知识创新是指个体创造新知识并将新知识投入到实践，从而获得效益的过程。任何创新的基础和前提都是知识创新，我们在做任何事之前，都是先在头脑中完成智力创造，然后再付诸实践，获得真实的创新，因此知识创新尤为关键。作为大学生，可以尝试以微创新为着力点，变换关联知识的使用场景或应用方法，结合自身经验对知识应用做个性化解释和创新性应用。

部分大学生的知识管理基本停留在第一步，也就是知识学习，少部分同学能做好知识保存，但多数未完成知识管理的分享、应用和创新。虽然并不是所有的学习都需要完成这五个步骤，但对于重点知识和关键技能，我们要利用知识管理对其进行深度加工学习，这样才能提高学习能力，让自己脱颖而出。

三、思维管理

大学生思维敏捷，接受能力和可塑性强，智力发展达到高峰阶段。对大学生至关重要的思维方式包括审辨性思维、包容性思维、系统性思维和创新性思维。

（一）审辨性思维

审辨性思维是一种判断命题是否为真或部分为真的方式，又名批判性思维，是一种以辩证法为核心的科学思维方式。审辨性思维是大学生探寻真理的基础，如果大学生在学习中没有审辨的心态，完全认可现有的知识体系和权威人士，就会缺乏独立思考的空间及创新成长的动力。

审辨性思维一共包括三个环节：质疑、求证和判断。其主要特点是：审辨性思维以证据为基础，合乎逻辑地论证观点，善于提出问题和质疑，包容异见，深度思考，果断抉择。因此，审辨性思维并不是批评和怀疑一切的辩论性思维，而是端正心态，尊重事实，以推理为前提的过程，不断丰富我们对世界的认知。

培养审辨性思维，首先，我们要告别寻找标准答案的思维惯性，关注思维的逻辑和推理的过程，学会享受探索的美好；其次，我们要勇于提出质疑，遇事多问为什么，判断事情以有效证据为基础。比如，我们不盲目迷信某个结论，而是去思考作者的观点是什么？他对观点提出了论据吗？他的论据是可信来源吗？有了这个过程，我们就不会轻易地相信或者否定一个事情，就能有更多思考的维度。

（二）包容性思维

包容性思维是一种弥合分歧、整合不同观点的思维方式。它主张从正面发掘一切观点中的“合理内核”，认为各种观点都有其“合理的一面”，只有把所有这些“合理的一面”有机结合，才能构成对世界的完整认知，简而言之，就是求同存异。作为大学生，知识和经历有限，包容性思维能帮助我们看到更广阔的空间，摆脱“非黑即白”，看到真理的相对性，因此，包容性思维不仅是一种学习思维，也是一种看待事物的信念和态度。

包容性思维一般包含五个步骤：第一，找出两个需要整合的论点；第二，找出各自的证据；第三，审视两个论点的合理性及其相互关系；第四，找出两个论点各自的限定条件；第五，用统一的论述整合不同的观点。与审辨性思维不同，包容性思维是从肯定开始的，相信存在即合理。

包容性思维的培养非常关键，因为一个人的学习、思考能力都是有限的，大学生如果整天盘旋在已有的思想、能力、领悟范围内，就会遇到瓶颈，所以，一定要带着包容性的思维方式去学习。不仅是学习的内容，学习的方式也可以更加包容多元。比如，除了读书，我们还可以行走、交流、记录和感受。最终，我们会变得更加丰富。

（三）系统性思维

系统性思维是一种多维的、复杂的思维方式，在现代思维方式中处于核心地位，也被称为全方位综合思维。系统性思维与线性思维相对，线性思维指的是简单明了的因果关系，只要解决了原因就能解决问题，其关键是找原因。而系统性思维的核心是找关系、找系统。比如，关于汽车为什么能发动，“线性思维”的解释是踩了油门，而系统性思维要把汽车本身看作一个系统，汽车的发动源于发动机的动力，而且油门越大速度越快。可见，线性思维单维、定向、局限，系统性思维多维、立体、开阔。

作为大学生，从小到大的学习都是找原因的“线性思维”，但进入社会后，我们面临的世界不再是简单的因果关系，而是多维的、整体的、复杂的系统关系。因此，培养系统性思维尤为重要，能帮助我们更好地认识世界。培养系统性思维的方法包括博采知识、多问常思，以及积极参加科技、学术活动，认真体验社会实践，在行动中强化理解。

（四）创新性思维

创新性思维是不受现成的、常规的思路约束，寻求对问题的全新的、独特的解答和方法的思维过程，是一种高层次的思维能力，其特点包括理性、非理性、相同性以及相异性。创新性思维起源于新颖的、不寻常的、非典型的视角，正如诺贝尔物理学奖获得者艾伯特·詹奥吉所说：“发明就是和别人看同样的东西却能想出不同的事情。”

创造性思维的培养方式有很多，如深度思考、野蛮关联，我们对一件事尽可能发散关联，寻找可能与之联系的事物，还可以经常使用类比推理的方式，通过一件事物类比联想其他相似或相关事物。大学生要想提高创新思维，一方面要有一定的阅历和知识积累，不断汲取新信息，另一方面可以经常参与头脑风暴活动。英国教育家约翰·纽曼曾说过：“当许多聪明、求知欲强、富有同情心且目光敏锐的年轻人聚到一起时，即使没有人教，他们也能互相学习。他们互相交流，了解新的思想和看法，看到新鲜事物并且掌握独到的行为判断力。”可见，学习和交流是大学生培养创新思维的源泉。

链接：刻意练习

在学习领域里有一种说法，叫 1 万小时定律，这是作家格拉德威尔在《异类》一书中提出的，说的是“人们眼中的天才之所以卓越非凡，并非天资超人一等，而是付出了持续不断的努力。1 万小时的锤炼是任何人从平凡变成世界级大师的必要条件。”然而，单纯的重复并不是成为大师的关键，关键要进行刻意练习。

刻意练习是佛罗里达州立大学的心理学教授安德斯·埃里克森总结出的一种强大的学习方法，他通过大量的研究指出，一般人只要经过刻意有效的训练，就可以获得和天才一样的表现。

刻意练习的第一个核心是进行有目的的练习，主要包括四个要点：

（1）确定目标不断改进；

（2）训练中必须专注；

（3）有及时的反馈；

（4）跳出“舒适区”。

我们的学习一般会面临三个区域，分别是舒适区、学习区和恐慌区，我们一直反复做自己舒适的练习是不会有进步的，练习必须有一定的挑战性，挑战之前做不到的一些事情，但要适度，否则会进入恐慌区。

刻意练习的第二个核心是形成自己的心理表征。心理表征是一种与我们大脑正在思考的某个物体、某个观点、某些信息或者其他事物相对应的心理结构，或具体或抽象。比如，对于外行的棋手，他只能看到棋子表面的移动，但对一个象棋大师而言，他除了看到表面上棋子的变化之外，还能看出两方的优势劣势、接下来可能的走势以及应对方案。对高手而言，他们能把大量的信息分解成一个个小的认知模块，按模块去思考问题，当他遇到新情况就能快速调动过去的认知模块，其在思考和解决问题的时候会更加科学高效。刻意练习的目的本质上就是建立一个更强大的心理表征，它能帮助我们在遇到新的问题时迅速调用规律及相关信息，制订计划，进行高效学习。

除此之外，针对不同的领域和不同的学科基础，刻意练习的方法和技巧也有一定的差异，关于其更深层次的运用我们可以进一步学习埃里克森的著作《刻意练习》。总之，刻意练习是成为高手的一个非常重要的学习方法，值得我们去不断地研究和实践。

小结：

掌握高效系统的学习策略，是我们有效开展大学学习的关键，大学的学习不仅是单纯的知识学习，还涉及精力管理、知识管理和思维管理。在精力管理中，我们要了解 SMART 法则、时间管理的方法以及效率管理的重要性；在知识管理中，我们要掌握知识管理的步骤，即知识的学习、保存、分享、应用和创新；在思维管理中，我们应从一个更广的视角学习审辨性思维、包容性思维、系统性思维和创新性思维。

大学是走向社会的最后一站，大学生已不能简单停留在课本知识的学习上，还要有更高的思想战略、更科学的学习策略，才能有效利用大学的宝贵时光。当然，随着时代的发展，学习已经变成一项终身事业，学校的学习也仅仅是个开始，未来我们走出大学，步入职场，会有更多新的知识和技能等着我们去学习。

思考题：

1. 请尝试用一种时间管理方法进行一次21天的时间管理练习，看看会有怎样的不同和收获。

2. 请尝试用知识管理的五个步骤对你喜欢的课做一次梳理。

3. 请对自己的学习思维做一次反思，用自由书写的方式记录自己的回顾和未来的规划。

引用：

[1] 陈小异，王洲林. 学习心理学［M］. 重庆：西南师范大学出版社，2015.

[2] 成甲. 好好学习，个人知识管理精进指南［M］. 北京：中信出版社，2017.

[3] 约翰·安德森. 认知心理学及其启示［M］. 秦裕林，等，译. 北京：人民邮电出版社，2012.

[4] 尤瓦尔·赫拉利. 人类简史：从动物到上帝［M］. 林俊宏，译. 北京：中信出版社，2014.

[5] 欧晓霞，曲振国. 大学生心理健康［M］. 北京：清华大学出版社，2006.

[6] 丹尼尔·平克. 全新思维［J］. 数字商业时代，2006.

[7] 安德斯·艾利克森，罗伯特·普尔. 刻意练习，如何从新手到大师［M］. 北京：机械工业出版社，2016.

[8] 罗伯特·弗兰兹. 创意无限［M］. 杨颖，译. 北京：中国社会出版社，2005.

[9] 王竹立. 你没听过的创新思维课［M］. 北京：电子工业出版社，2015.

[10] 张萌. 人生效率手册［M］. 湖南：湖南文苑出版社，2017.

[11] 田志刚. 你的知识需要管理［M］. 沈阳：辽宁科学技术出版社，2010.

[12] 沈德立. 大学生心理健康［M］. 北京：高等教育出版社，2013.

[13] 王中华. 大学生学习方法与指导［M］. 北京：中国财富出版社，2017.

[14] 耿睿，詹逸思，沈若萌. 中国高校学业指导手册［M］. 北京：清华大学出版社，2017.

[15] 王小明. 学习心理学［M］. 北京：中国轻工业出版社，2009.

[16] 本尼迪克特·凯里. 如何学习 10~90 岁都能掌握的高效学习法，成就你的终身学习力［M］. 杭州：浙江人民出版社，2017.

推荐阅读：

［1］简妮·爱丽丝·奥姆罗德. 学习心理学［M］. 汪玲，李燕平，廖凤林，等，译. 北京：中国人民大学出版社，2015.

［2］PETER C BROWN，HENRY L ROEDIGER III，MARK A MCDANIEL. 认知天性：让学习轻而易举的心理学规律［M］. 邓峰，译. 北京：中信出版社，2018.

第七章 大学生恋爱与性心理

第一节　大学生恋爱心理概述

关关雎鸠，在河之洲。窈窕淑女，君子好逑。

愿得一心人，白首不相离。

只愿君心似我心，定不负相思意。

身无彩凤双飞翼，心有灵犀一点通。

天长地久有时尽，此恨绵绵无绝期。

曾经沧海难为水，除却巫山不是云。

执子之手，与子偕老。

以上都是古人对爱情的深情描述，不同人眼中的爱情有所不同。爱情是古老的话题，更是永恒的话题。很多人会经历爱情，但并非每个人都有爱的能力。面对当前时代的复杂多样性环境，大学生应认识爱情，为现实生活中拥有健康爱情奠定基础，为未来享有幸福人生创造机会。

一、什么是爱情

（一）爱情的定义

爱情是人际吸引最强烈的形式，是身心成熟到一定程度的个体间产生的有浪漫色彩的高级情感。爱情作为一种人类特有的高尚的精神生活，作为一种深刻的心灵情感的沟通，既有自然的本能属性，又有社会化的心理、美学和道德的内涵。

每个人对爱情都有着自己的理解和期待。弗洛姆认为“爱情是一种个人体验，每个人只能通过自己并为自己得到这种体验”；莎士比亚认为“爱情是感情的最高位阶”；罗素认为“爱情就是生活”；伏尔泰认为“爱情之中高尚的成分不亚于温柔的成分，使人向上的力量不亚于使人萎靡的力量，有时还能激发别的美德”；科学家爱迪生也会谈论爱情，他认为“爱情不会因为理智而变得淡漠，也不会因为雄心壮志而丧失殆尽，它是第二生命，它深入灵魂，温暖着每一条血管，跳动在每一次脉搏之中”。

（二）爱情的特性

1. 爱情的相互性

爱情是发生在两个人之间的特殊情感关系，是两个个体之间有来有往、彼此互动的过程。单恋由于缺乏互动性，是单相思者对所倾慕的对象一往情深，仅局限于相思者自己的内心，对方并不知道，双方在情感上没有互动往来，因而从这个意义上看，单恋不是爱情。

2. 爱情的对等性

爱情中彼此是互相爱慕、互相吸引、互相呵护的。单纯的仰慕不是爱情，那是一方对另一方的抬头仰望，被仰望的一方在情感上更具有优势，有更多选择权。单纯的同情也不是爱情，同情是强大的一方对柔弱一方的照顾和怜爱，有“施舍”的意味。爱情是双向的、相互的，而仰慕和同情都是单向的，缺乏往来。但是，一方的同情、仰慕可以在一定条件下，得到对方的参与，在双方的参与、互动下逐渐发展成为爱情。

3. 爱情的专一性

爱情具有排他性，彼此忠诚于对方，难以容许有第三人的介入。如果一段爱情中有第三者，恋爱双方都需要反思这段感情中的哪些环节出现了问题，才可能会有第三者的空间。同时，双方还需要做出选择，这才是爱情中该有的态度和责任。

4. 爱情的互惠性

爱情中的彼此是相互滋养、互利互惠的，爱情中彼此把关爱、呵护带给对方的同时，也努力为对方、为自己努力成长，逐渐变为更好的自己，从而进一步地滋养彼此。因此，好的爱情，是在互相帮助、互相温暖、互相支持中彼此受惠、共同成长的。如果爱情中一方成长了，只一方没有成长，或者双方都停留在最初的阶段没有任何成长，爱情就没有向好的发展方向。

二、爱情的基础

（一）爱情的生理基础

爱情产生的生物学基础是生理的成熟。当个体进入青春期，逐渐发育成熟并具备了生殖能力。伴随着这种生理成熟，个体会对爱情产生好奇并进行探索。爱情的产生也与个人体内某些神经递质的分泌有关。从生物学的角度讲，某个特定的人的外表、声音、气味、行为等，刺激了人的大脑，分泌了相应的化学物质，让人产生了浪漫、幸福、快乐、轻松的感觉，形成了早期强烈的冲动，即爱情。这些化学物质主要有以下几种：①苯基乙胺，简称 PEA。由于 PEA 的作用，人的呼吸和心跳都会加速，心跳加快，手心出汗，颜面发红。②多巴胺，其主要作用是传递亢奋和欢愉的信息。双方分泌的多巴胺越多，两人产生欢欣愉悦的感觉就越多。③去甲肾上腺素，它能让恋爱的人产生怦然心动的感觉。其原理是去甲肾上腺素有强大的血管收缩作用和神经传导作用，会引起血压、心率和血糖含量的增高。

（二）爱情的心理基础

爱情的产生，除了生理发育成熟，还需要有一定的心理基础。心理学家埃里克森提出，对于青少年，只有在确立同一性之后，才能够建立真正的亲密关系。真正的亲密关系只能发生在已明确建立自我同一性和忠诚的伴侣之间，因为与他人发生爱的关系，就是把自己的同一性与他人的同一性融合一体。在大学阶段，个体的自我意识和性意识方面都不断发展，日趋成熟，为爱情关系的建立创设了基础。

爱情的心理基础还包括依恋关系的建立。依恋，一般被定义为幼儿和照顾者之间存在的一种特殊的感情关系，是感情上的联结和纽带。研究者发现，婴儿—照看者和成人恋爱伴侣具有一些共同的特征，包括：另一方在身边和能够响应自己时，感到安全；有亲密、私人性质的身体接触；当不能亲近另一方时自身会感到不安全；与另一方分享自己的发现；抚摸另一方的面部，显示出相互间的迷恋和专注；都会进行身体接触。基于这些类似，心理学家认为成人恋爱关系与婴儿—照看者关系一样，也是依恋。

爱情的心理基础，还需要双方在心理上具备一些品质，如基本的信任感、尊重和共同的志向。其中，尊重是所有交往的前提，没有相互的尊重彼此不可能发展出平等健康的关系，也不可能在关系中找到自由。

三、爱情里的心理效应

在爱情产生和发展的过程中，会有一些有趣的现象，这些现象都可以通过心理学效应得到解释。

1. 首因效应

首因效应是指交往双方形成的第一次印象对今后交往关系的影响，即“先入为主”带来的效果。虽然这些第一印象并非总是正确的，却是最鲜明、最牢固的，并且决定着以后双方交往的进程。爱情中，不少人是因为第一印象而对对方产生好感，产生怦然心动的感觉。

2. 罗密欧与朱丽叶效应

莎士比亚笔下的罗密欧与朱丽叶彼此相爱，但由于世仇，他们的爱情遭到了极力阻碍。但来自外部的阻碍并没有使他们分手，反而使他们爱得更深。这样的现象叫罗密欧与朱丽叶效应，即当出现干扰恋爱双方爱情关系的外在力量时，恋爱双方的情感反而会加强，恋爱关系也因此更加牢固。心理学家以阻抗理论解释这种现象，指出当人们的自由受到限制时，会产生不愉快的感觉，而从事被禁止的行为反而可以消除这种不悦。另外，从维持认知平衡的角度来看，当外在理由消失后，人们就会从内部寻找依托。当亲人对一段恋情采取强烈的否定态度时，便削弱了恋爱的外在理由，这导致恋爱者的认知出现了不平衡，于是，恋人会把内在的情感因素升级，使自己的认知重新处于平衡状态。

3. 吊桥效应

吊桥效应源于一系列实验。实验中，一位漂亮的女性到男大学生中做一个调查，并邀请男生根据一张图片编故事。参加实验的男大学生被分为三组，分别在三个地方接受调查：一是安静的公园，二是一座坚固而低矮的石桥，三是一座危险的吊桥。之后，女性留下姓名和电话给实验参与者。实验结果表明，与其他两组相比，在危险的吊桥上参加实验的男大学生给女调查者打电话的人数最多，而且他们所编撰的故事中，也更多含有情爱的色彩。这个实验说明，危险的吊桥诱发的感觉更容易让人滋生爱情。

4. 蔡格尼克效应

蔡格尼克效应是一种记忆效应，指的是人们对已完成、已知结果的事极易忘却，但对那些中途被打断的、未竟之事印象深刻。比如，在亲密关系中，伴侣间的争吵如果能够以双方达成共识为结局，这段争吵很快就会被遗忘。那些幸福的情侣并不像他们所回忆起的那样，“我们几乎没有矛盾”，他们只是忘记了那些被解决了的矛盾。这个效应解释人们为何对没有结果的初恋不能释怀。因为人们渴望生命中每件事都有始有终，没有结果的事件随着未被满足的愿望或需求，被人们带入日后的人生中，让人始终无法放下。

5. 熟悉效应

20 世纪 60 年代，心理学家查荣茨做过这样一个实验：他向参加实验的人出示一些人的照片，让他们观看。有些照片出现了二十几次，有的出现十几次，而有的则只出现了一两次。之后，请看照片的人评价他们对照片的喜爱程度。结果发现，参加实验的人看到某张照片的次数越多，就越喜欢这张照片。相比那些陌生的照片，人们更喜欢那些看过二十几次的照片。也就是说，看的次数增加了喜欢的程度。因此，这个效应解释了单纯增加熟悉程度，就更容易博得对方好感。

6. 黑暗效应

浪漫的西餐厅是很多情侣约会的首选，因为在光线比较暗的场所，约会双方彼此看不清对方表情，就很容易减少戒备感而产生安全感。在这种情况下，彼此产生亲近的可能性就会远远高于光线比较亮的场所。心理学家将这种现象称之为“黑暗效应”。

四、爱情的相关理论

1. 爱情类型理论

社会学家约翰李（John Alan Lee）根据爱情体验的深度、对爱人的投入和承诺、所想要得到的爱人的特点以及对付出的爱的回报的预期等的不同，经文献收集及调查访谈两阶段的研究，将男女之间的爱情分成六种类型：

（1）情欲之爱：有着很强的身体成分，其特点是一见钟情，以貌取人，缺少心灵沟通和专一，靠激情维持。

（2）游戏之爱：视恋爱为一场让异性青睐的游戏，只求个人需求的满足且重视过程而非结果。这种形态的爱情通常没有承诺，也缺乏安全感。

（3）占有之爱：常常体现出较强的控制性，对所爱的对象赋予了极强烈的情感并将其视为自己的私有物；同时由于自己全身心地付出了，所以也希望对方以同样的方式回应自己。

（4）友谊之爱：在缓慢的交往过程中由友情逐渐演变而成，是一种朋友式的，建立在有共同经历、志同道合基础之上的相对稳定的爱情。

（5）无私之爱：信奉爱情是付出而不是索取，具有伟大的自我牺牲精神，甘愿为其所爱奉献一切而不计任何回报。这种形态的爱情常常已经超越世俗，在精神层面获得了极高的享受。

（6）实用之爱：理性高于情感，将爱情视为现实需求的满足，比较看重现实条件，如经济状况、文化层次、社会地位等。它立足于生活实际，但求彼此现实需要的满足，不求理想化的精神享受。

2. 爱情三角理论

心理学家斯滕伯格提出爱情三角理论，这三角分别是亲密、激情、承诺。

亲密是两人之间感觉亲近、温馨的一种体验。亲密包含了渴望促进被爱者的幸福，以及跟被爱者在一起时感到幸福。比如，一起做事时感到愉快，相互尊重和理解，分享彼此，接受与给与感情支持，亲切沟通。

激情是一种“强烈地渴望跟对方结合的状态”。通俗地讲，就是个体见到对方会有怦然心动的感觉，与对方相处有一种兴奋的体验。激情的形式常常是对性的渴望，但自尊、照顾、归属、支配、服从也是唤醒激情体验的源泉。激情可以是以身体的欲望唤起为特征，也可以体现为情感上的着迷。激情可以是积极的，也可以是消极的。爱情中我们需要非常审慎地对待激情，才能更好地将它作为爱情的助推剂。

承诺指自己投身于一份感情的决定及维持感情的努力。承诺包括短期的和长期的。短期的承诺指要做出爱不爱一个人的决定；长期的承诺是指做出维护爱情关系的承诺，包括对爱情忠诚、负责任，也就是结婚誓言里说的“我愿意”，是一种患难与共、至死不渝的承诺。我们不一定同时具备两者。个体决定爱一个人，不一定愿意承担责任；在决定承担责任的那一刻，不一定要爱这个人。

该理论认为，亲密、激情、承诺三者结合在一起才是圆满完美的爱。随着认识时间的增加和相处方式的改变，这三种成分也会有所改变。另外，斯滕伯格还认为每对恋人的爱情形式因人而异，其亲密关系和热烈程度也是各不相同。根据此理论，我们将三种成分进行组合，可以将爱情分为8种类型（见表7-1），而理想的爱情关系应该是三者兼备、合而为一。

表7-1　　爱情的组合类型

爱的种类	亲密	激情	承诺
无爱	—	—	—
喜欢	+	—	—
迷恋的爱	—	+	—
空洞的爱	—	—	+
浪漫的爱	+	+	—
友谊的爱	+	—	+
愚蠢而虚幻的爱	—	+	+
圆满的爱	+	+	+

注：“+”表示存在，“—”表示不存在

3. 依恋关系理论

依恋关系理论首先由英国精神病学家鲍尔比提出。该理论认为，依恋并非来自母亲的喂食行为及人类性的驱力，它是生命系统的一部分，虽然它在整个生命过程中都存在，但在儿童早期最明显，儿童只有把父母作为安全基地才能有效地探索周围环境。假如婴儿不寻求并维持与照顾者的亲近，婴儿就会死亡。

依恋关系研究的重大进展来自安斯沃斯（Ainsworth）的认识：依恋关系中个体间的重要差异在于依恋的安全性或不安全性。安斯沃斯设计了陌生情境测验，评定1岁婴儿对其母亲依恋的安全性。安斯沃斯的陌生情境测验将婴儿的依恋关系分为三类：

（1）安全依恋，这类儿童与母亲在一起时能舒心地玩玩具，并不总是依附母亲，当母亲离去时，明显地表现出苦恼情绪。当母亲回来，儿童会立即寻求与母亲的接触，很快平静下来并继续玩游戏。

（2）回避型依恋，这类儿童在母亲离去时表面上没有太多反应，母亲回来后，他们亦不予理会或短暂接近一下又走开，表现出忽视及躲避行为，这类儿童接受陌生人的安慰与母亲的安慰没有差别。

（3）焦虑-矛盾型依恋，此类儿童对母亲的离去表示强烈反抗，母亲回来后，寻求与母亲的接触，但同时又显示出反抗，甚至发怒，不能再去玩游戏。

后来，依恋关系的研究拓展到成人阶段，典型的标志是哈桑和谢弗（Hazan & Shaver）发表了一篇题为《浪漫的爱可以看作依恋过程》的论文。他们认为三种依恋类型同样也能应用到成人的恋爱过程中。因此，他们在婴儿依恋模式描述的基础上，构建了一个简单的自我报告量表。在这个测量中，受测者要求从三个有关依恋类型的描述中挑选一个最能够反映他们在恋爱中经常有的感觉和想法。量表大意如下：

（1）安全型：我发现与别人亲密并不难，并能安心地依赖于别人和让别人依赖我。我不担心被别人抛弃，也不担心别人与我关系太亲密。

（2）回避型：与别人亲密令我感到有些不舒服，我发现自己很难完全相信和依靠他们。当别人与我太亲密时我会紧张，如果别人想让我更加亲密一点，我会感到不自在。

（3）焦虑-矛盾型：我发现别人不乐意像我希望的那样与我亲密。我经常担心自己的伴侣并不真心爱我或不想与我在一起。我想与伴侣非常亲密，这样有时会吓跑别人。

这三种类型的成人比例与婴儿的安全型、回避型和焦虑-矛盾型的比例分配非常匹配。总之，成人依恋类型可以预测恋爱关系中的一些反应，也可以很好地解释恋爱关系中的行为和状态。但依恋类型并非固定不变，会随着时间和经验有所变化。比如，经历过背叛的安全依恋类型的个体，可能在短期内变得焦虑担忧，表现得与焦虑-矛盾型一样。而长期处在一段安全的亲密关系中，也会让非安全型依恋的个体逐渐学会表达亲密，学会信任对方，从而建立起更加亲密和深入的关系。

4. 成熟之爱理论

心理学家弗洛姆认为：“爱是保持自己的尊严和个性的结合。爱是人的一种主动的能力，是一种突破人与人分离的那些屏障的能力，一种把他和他人联合起来的能力。爱使人克服孤独和分离感，但爱承认人自身的价值，保持自身的尊严。”这是一种在保持个性和尊严前提下的结合，是一种“成熟之爱”。弗洛姆指出成熟的爱应具备下列五大特征：

（1）给予。爱的首要特征是给予。爱是一种主动和积极的能力，而不是一种消极的情绪。弗洛姆指出，爱是给予，而不是接受。给予并不意味着丧失和牺牲，而是一种奉献，是个人潜力的最高体现。“因为我是能干和富有的，我的灵魂很丰满，所以才有能力赋予他人爱”。

（2）关心。关心是指个体对所爱对象的生命和成长的积极关心，个体如果缺少这种关心那就不是爱。

（3）责任。责任指我们在爱上另一个人后，决定将其视作爱人，我们都愿意分享快乐和分担爱人的忧愁，随时准备对他的需要做出反应。责任不同于职责，它是一种完全出于自愿的行为。

（4）尊重。如果责任缺乏尊重的话，便很容易转化成为支配。尊重意味着按其本来面目发现一个人，认识其独特个性。尊重意味着没有剥削，让被爱的人为他自己的目的去成长和发展，而不是为自己服务。

（5）了解。了解具有双重含义。首先，作为爱的主要特征，了解不是表面的理解，而是本质意义上的了解。它超越了对自己的关心，并能够按其本来面目去发现对方。因此，我们可以发现其他人无法察觉的爱人的独特性。其次，了解还包含另一层意思，即渴望了解“人类的秘密”。个体通过与爱人的结合平息对了解的渴望。在爱的行为中，当我们感到全身心与爱人融为一体时，“我找到了自己，我发现了自己，我发现了我们两个人，我发现了人类。”

链接：一见钟情的心理机制

一见钟情，是我们对爱情的美好向往，希望恋人之间在看到彼此第一眼时就深爱上对方，希望爱情源于美好的第一印象。爱情本身就是以异性之间的相互吸引为基石的。在寻找人生伴侣的审美标准上，我们没法把异性之间的生理效应排除在自己的标准之外。美的感受，常常带给人积极的情绪体验。每个人的内心，对理想的另一半都有一个最初的美好雏形。第一眼望过去，如果对方具有的特征恰好与自己心中理想的异性形象非常吻合，好感、爱慕这些美好的感觉都会在瞬间自然而然地产生，并炽烈地生长开来，甚至快速达到狂热的程度。其实，每个人内心有各自独特的异性美模式，这种模式通常包含内在与外在两个方面。一见钟情，个体通常不是靠理性而是靠直觉的判断，直觉上认为对方就是自己期待的那个人。

当个体凭直觉认为“自己开始喜欢那个人”之后，随之而来的就是“光环效应”，自己会觉得看着对方哪里都好，会为对方的优点、优势找各种支撑理由。个体通过寻找支撑证据，不断地强化自己的判断，从而使自己的直觉“合理化”。这是一个非常有趣的心理现象。

有这样一个心理实验：研究者用两份内容相同的材料描述同一个人，只是其中一份将这个人的外向特征的文字描述描述放在前面，另一份则将其内向特征的文字放在前面。当两组水平相当的学生阅读这两份材料时，形成对此性格特征的判断是截然不同的。所有这些，都是先入为主的第一印象在发挥着作用。

第一印象常常非常快速，但又常常会有个人化和有失偏颇的部分。因此，一见钟情的爱情仍然需要我们理智地把握。一见钟情可以是恋爱的开始，恋爱双方还要经历各种反复，最终才能走向成熟，走向真正的美好。

小结：

爱情是人际吸引最强烈的形式，是身心成熟到一定程度的个体间产生的有浪漫色彩的高级情感。爱情是两个人之间的关系状态；是双方对等、彼此专一、彼此互惠的亲密关系。

爱情的相关理论包括：

（1）爱情类型理论。该理论将爱情分成六种类型：情欲之爱、游戏之爱、占有之爱、友谊之爱、无私之爱、实用之爱。

（2）爱情三角理论。心理学家斯滕伯格提出爱情三角理论，三角分别是亲密、激情、承诺。

（3）依恋关系理论。亲密、激情、承诺是爱情的三块重要基石。

（4）成熟之爱理论。爱是人的一种主动的能力，是一种突破使人与人分离的那些屏障的能力，一种把他和他人联合起来的能力。爱使人克服孤独和分离感，但承认人自身的价值，保持自身的尊严；是一种在保持个性和尊严前提下的结合，是一种“成熟之爱”。

思考题：

1. 根据爱情三角理论，大学时代的爱情属于哪一类爱情？要好好经营大学时代的爱情，我们需要注意些什么？

2. 人们常常说“爱情常让人迷失自我”，对于如何处理爱情中的自我发展，谈谈你的看法？

3. 在爱情中，如何更好地平衡自爱与爱人？

第二节　大学生恋爱心理及问题调适

刚入学的小梅在老乡会上认识了阳光、优秀的学长，学长对自己照顾有加。小梅渐渐对学长产生了一种从未有过的感觉，学长似乎也会特别照顾自己。寝室卧谈会上，小梅鼓足勇气说了这个事情，室友非常确定地告诉她：“傻丫头，这就是爱的感觉！”作为“恋爱小白”的小梅感到困惑了：自己这么幸运吗，爱情说来就来？要怎么做才能让刚刚萌芽的爱情茁壮成长呢？

大学阶段是人生发展中的一个特殊阶段，这个阶段向往未来，憧憬美好，期待爱情，却自身又很难给予承诺。大学生对幸福有着种种理解，对未知充满各种好奇，对爱情有着强烈的渴望。现实层面，学习的要求、经济的压力、内心的尚未成熟、来自各方的期盼、强烈的期待都让这个阶段的爱情呈现出不一样的特点。了解这个阶段的特点，大学生才能更好培养爱的能力。

一、大学生恋爱心理的特点

1. 浪漫性

大学生对未来充满希望和追求，生活相对单纯。因此，当代大学生的恋爱具有更多的梦幻色彩，部分大学生以自己从文艺作品中概括出来的理想爱情，去勾画自己的理想伴侣，强调理想、志趣、品质、性格等精神层面，以及气质、容貌等外在条件，对承担实际生活困难的能力、责任等重视不足。这种浪漫色彩为爱情增添了许多美好，但同时也会出现幻灭。当出现很现实的困难需要双方共同面对时，浪漫并不足能支撑爱情走下去。在这种情况下，理想的恋人形象容易随之改变。

2. 易变性

大学生社会阅历较浅，他们的恋爱大多具有冲动性，再加上当前社会在社交便利性上非常发达，大学生往往通过短暂交往就确定恋爱关系。而在恋爱过程中，恋爱的浪漫性使他们大多数人不善于处理恋爱中的纠葛，把任何的矛盾、摩擦都与感情联系起来，不顾及许多客观条件的制约，导致情感波动较大，分分合合，变化无常。特别是为了恋爱而恋爱的情况，使这种易变性更加突出。另外，部分大学生只想在大学期间体验爱情的滋味，至于恋爱中可能遇到的问题和结果，他们并没有足够的思想准备，因此很容易因为一些小事而中断恋爱。

3. 盲目性

这种盲目从众的特点在大学生刚进大学和即将毕业时表现得最为明显。大学新生独立生活能力还不强，面对陌生的学习和环境表现出较大的心理依赖性。大学要解决自己的问题，寻求心理安慰，乃至克服寂寞感，最容易想到的办法就是恋爱。临近毕业，这是大学生恋爱的又一个高峰期。许多学生希望能在毕业之前体验恋爱的感觉，而这种风气可能会相互影响，导致盲目恋爱。

二、大学生的恋爱心理阶段

恋爱是人情感发展的重要阶段。恋爱过程是感情发展的过程，是彼此深入了解、互相适应的过程。完整的恋爱过程通常包括选择对象、确定关系、经营情感、进入婚姻等阶段，对于大学生而言，恋爱阶段有其特点，呈现如下阶段：

1. 理想对象的构建阶段

大学生没有家长的束缚和高考的压力，开始接触更广阔的天地，比以往任何时候与他人的接触都多，也更容易展现出自己不同的风貌。在这样的人际环境中，异性间更容易相互吸引，出现彼此想要了解、靠近、接触的意愿。

处于这个阶段的青年男女，更注意自己的外貌、言谈、举止，希望以此获得异性的关注与好感，在无形中为自己加分。生活中，他们更加关注与爱情相关的趣闻轶事，开始关注与爱情相关的文学或影视作品，谈论的话题中，也有很多与爱情相关。但在这一阶段，青年男女们的恋爱心理尚不成熟、不稳定，爱慕的对象往往是泛化的，缺乏明确的指向对象，只是在自己内心不断设想未来伴侣应该具备哪些特质，从而勾勒出理想伴侣的模样。

2. 现实对象的确定阶段

当理想伴侣的雏形已经在内心逐渐建立，青年们便进入了在生活中寻找、确定现实对象的阶段。如果之前确立的理想伴侣的模型是清晰、具体、可实现、可操作的，加之自己内心主动接触他人的愿望强烈，行动积极，那在这一确定阶段，很容易找到与之模型匹配的恋人。如果之前确立的理想伴侣模型模糊、不具体、超越了现实条件，加之自身缺乏积极的行动，则很难在现实中找到符合自身标准的理想伴侣。

3. 激情热恋阶段

青年男女在确定了恋爱对象、明确了恋爱关系之后，经过相互的适应、磨合，便进入了热恋阶段。这一阶段的男女，对彼此有着强烈的爱意和难以分离的感受。热恋期间的彼此，光环效应明显，认为对方做什么都是好的、有意思的、可爱的，对方无论怎样都是可理解、可接受的。正因如此，这期间的恋人，很多判断都带有强烈的爱意、情绪，很多时候他们的认知、判断会被个人情感影响。

4. 磨合与调适阶段

爱情中的激情随着相处时间变长，会有一定程度的调整。随着激情退去，热恋中的彼此逐渐进入更为长久、相对平静也趋于常态的状态。在此阶段中，爱情褪去了激情的面纱，个人情感的部分减弱，理性的部分增强，恋爱双方开始更理性地审视彼此及这段情感，经过一定阶段的相处，彼此间更接近于真实生活的一面逐渐显露。恋爱双方开始更真实地面对彼此，去调整、适应、接受褪去光环后的彼此。在这个阶段，关系趋于平缓和稳定。

三、大学生恋爱问题和调适

恋爱，是两个个体情感高度卷入的过程，期间难免会有各种状况。大学生人生阅历尚浅，相关经验不多，面对恋爱关系中的复杂情况，往往采取一些不恰当的应对行为，导致恋爱关系受损，当事人情绪痛苦。直面恋爱中的各类问题，学会恰当地调适，是当代大学生心理健康的重要一课。

（一）单恋

单恋指当一个人爱上另一个人，通过表白或者暗示让对方知道，且对方不接受的感情。单恋有两种情况：一种是毫无理由的“单恋”，对方毫无表示，甚至对方还不认识自己，而自己执着地爱对方、追求对方，这种恋爱是纯粹的单向。另一种是自认为有理由的单恋，误会对方对自己表达的情感，常把对方的言行举止纳入自己主观需要的轨道来理解，造成对对方认知的偏差。单恋根据是否主动公开让对方知道，分为明恋和暗恋。单恋者固然能体验到一种深刻的快乐，但更多的体验是情感的压抑。短暂的单恋很正常，但是，当这种心理困惑持续时间过长而自己又不能摆脱，影响自己正常的学习生活，甚至身心健康时，我们就需要认真关注了，以下方法可以为陷入单恋中的大学生提供些思考。

要分清“爱情”和“友谊”的界限。友谊在一定条件下能发展为爱情，但它不是爱情本身。友谊是以信任、亲密为主，但缺乏恋爱的激情。我们要理性看待自己的感觉。感觉只是人们认识客观事物的一种初级形式，它了解的只是事物的个别属性，因此往往会对事物产生不正确的认识。以感觉为基础的爱情，往往具有冲动性和短暂性，我们需要理性看待，要懂得与人倾诉，化解心中单恋之苦。大学生可把单恋的缘由、经过、幻想和苦闷，向老师、家长或最知心的朋友倾诉，听听他们的评说、劝慰，便于理性看待这份感情，化解苦闷。

（二）失恋

失恋是指个体恋爱受挫失败，失恋包括主动失恋和被动失恋。主动失恋者是主动提出分手的一方，而被动失恋者是本不愿意终止恋爱关系，被其恋爱对象抛弃者。一般而言，被动失恋者会比主动失恋者体验更多的负性情绪。狭义而言，失恋者特指被动失恋者。失恋引起的主要情绪反应是痛苦与烦恼，大多数人能正确对待和处理这种恋爱受挫现象，愉快地走向新生活。然而也有一些人不能及时排除这种强烈情绪，导致心理失衡，性格反常。

失恋后，人们会感到痛苦、消极，这是正常现象。但有些情况需要及时调整。一是失恋者愧疚、自卑和迷惘，甚至绝望、轻生。这往往是消极的认知导致的。常见的认知是：连我最爱的人都抛弃了我，这个世界对我来说还有什么意义？二是失恋者对抛弃自己的人无法释怀，陷入自欺欺人，否认失恋的存在，从而陷入单相思的泥潭。这类人首先从心理上拒绝、否认事实，继而更加思念对方，认为失去的是人生中最好的，陷入单相思难以自拔。三是失恋者因失恋而愤怒，甚至产生报复心理，彼此受到更多的伤害；或从此嫉俗厌世，怀疑一切，爱发牢骚；或从此玩世不恭，得过且过，不再认真对待感情。典型的报复心理是：我不幸福，你也别想幸福。这种扭曲报复的心理会阻碍个体重新开始一段美好的感情。

对于失恋，个体可以积极主动地调整。对于主动提出分手的一方，要注意以下几点：一是选择恰当的时机，二是使用策略，三是善意地说明原因，四是不逃避责任，五是不拖泥带水。被动的一方，要注意控制自己的情绪，理性对待。恋爱关系终止后，双方都需要一段时间认真冷静地面对这段感情，并允许自己有一段时间调整情绪。除了尽情释放痛苦情绪，与人倾诉外，大学生还可以向学校心理咨询老师寻求帮助，便于更好地恢复，重新投入生活学习。最后，失恋者还需要冷静理智地分析问题，勇于面对自己。

（三）性取向困惑

性取向，也称性倾向，是用来描述一个人性渴望、幻想和感觉的对象，通常是另一个人。性取向的分类有：异性恋、同性恋、双性恋。最近几十年的研究表明，性取向是一个程度渐进的连续概念，每个人的性取向位于从“只对异性感兴趣”到“只对同性感兴趣”之间的某个位置。目前，大学生性取向困惑主要为同性恋困惑，少数为双性恋。在历史上，同性恋曾被划入精神疾病的范畴。随着社会的发展和进步，同性恋逐渐被去病化。美国精神医学学会在 1973 年把同性恋从《精神疾病诊断标准》（第 3 版）中去除。2001 年我国《中国精神疾病分类与诊断标准》第 3 版出版，取消了第五版中将同性恋列为“性变态”条目。

虽然同性恋已经非病理化，但在大学中依然有部分学生对于自己的性取向感到困惑，乃至痛苦。一是给自己贴上标签，认定自己是同性恋，对于社会言论过于敏感，对社交活动采取排斥抗拒的态度。这会导致心理封闭，不利于更好地发展自己。二是因性取向而怨天尤人，产生消极情绪。三是沉迷于网络交友，影响正常生活学习。四是歉疚心理严重，认为自己有愧于家人和伴侣的期待。五是情感压抑。大多数大学生会隐蔽自己的同性恋取向，心理上常感到束缚、抑制、沉重、烦闷。

对于性取向困扰，编者对大学生有以下建议：一是积极主动调适，保持健康积极心态。二是不要给自己贴标签，过于固执。三是巩固自我价值感，不断提升自己的能力。四是寻求心理咨询。总之，爱情并非人生的全部，性取向也不能代表一个人的全部。在这个过程中，大学生需要全面客观深入地认识自我，乐观积极地面对困难，不困于情绪，不怨天尤人。

四、恋爱中的冲突与化解

尽管恋爱中有浪漫和甜美，但冲突也是恋爱过程中不可避免的部分。心理学家彼得森把激发冲突的事件分成四个常见类别：批评、无理要求、拒绝和累积的烦恼。批评指被人视为具有贬低或诽谤意义的言语和非言语行动。批评者的评论或行为所要表达的内容并不重要，要紧的是被批评者把这种行动诠释为不公正和吹毛求疵。无理要求指不公平的索取，因为它超过了伴侣们的正常期望。拒绝指“某人请求另一个人做出期待的行动，而另一方没有像预期那样反应”。累积的烦恼指相对轻微的事件不断重复积累，从而使人产生烦恼。大学生面对恋爱中的冲突可从以下几个方面进行化解：

一是加强了解。更多地了解伴侣的性格、爱好、优缺点。当生活中产生摩擦，双方因为相互了解对方，就会更清醒地看待问题，因而少了许多误解。二是懂得包容体谅。当矛盾产生时，双方不应一味地责怪对方，应该站在对方的角度上考虑问题，学会包容体谅，这样的爱情才会长久。三是给对方一些私人空间。恋爱，不是相互占有对方，而是形成一个互补。如果个体无时无刻都怕孤单，让对方陪伴，久而久之，对方就会感觉恋爱是一个累赘，没有自由。我们应学会给对方一些私人空间，尤其尊重对方的界限。四是懂得沟通。沟通中，双方应重视彼此的情绪，而不是争辩是非对错。如果双方陷入争辩对错的怪圈，把爱情变成一场战争，其结果是双输。

五、提升爱的能力

恋爱不仅是感受与付出，更是一种智慧和能力。大学生应当为爱做准备，要在知识获取上不断学习如何爱，在实践体验中不断培养、提升爱的能力。

（一）识别爱的能力

血缘关联常常是我们判断和确认亲情关系的核心线索，判断爱情则没有明显的线索。大学生要想学会爱，首先要学习怎么识别爱。

对照爱情三元理论，理想的爱情应该是激情、亲密与承诺三者兼备。对比友情与爱情，友情中更多的是亲密这一成分，而爱情包含激情的成分。爱情的激情成分使爱情具备“性”的信号。正因为这一差异，我们在友情中常感受到信赖、平和及温暖，而在爱情中常感受到热烈、奔放和兴奋。从关系的开放性来看，友情是可以共享的，而爱情是排他的。大学生识别爱的过程，也是确定是否做出短期承诺的过程。个体确定承诺，意味着确定忠诚于对方、忠诚于关系。

个体学习识别爱情，应用理性辨析，让恋爱的发展有一个更可靠的起点，更可信的未来。应保持对爱的辨别意识，识别爱情成分的程度变化，做出对应性的调整，使爱情持续走向更好地可能；应学会识别爱情的本质变化，这是重新选择关系模式的必要条件。

（二）迎接爱的能力

个体能否顺利与一个已经识别的爱的对象开始一段爱情关系，拥有迎接爱的能力是关键。迎接爱的能力，分为主动追求爱和恰当接受爱。

追求爱，个体要敢于表达爱、善于表达爱、恰当表达爱。表达自己的情感，隐含一个人对自身的评价和态度。如果一个人不自信，可能会阻碍情感的表达。另外，部分大学生因为具有丰富的创造力，擅长浪漫式表达。表达爱，本质是展现承诺。除了适度营造氛围，应弱化物质载体，重在确认感情、明确责任、展望未来。表达爱，个体还需要考虑表达的时机、环境，需要换位思考，选择一种恰当的方式，让对方感受到放松和愉悦，增加对方接受的可能性。

面对他人的追求，接受爱的能力帮助个体准确地判断，做出接受、待定或婉拒的选择。爱情是两个人之间平等的亲密关系，一方的感受和想法不能决定对方有同样的情感体验和关系定位。面对主动方的求爱，被追求者力求不冲动、不盲目、不随意，做出理性决定。接受追求，意味着双方在相处中会识别亲密和激情，表达着双方对未来发展的付出和担当。待定的回应是被追求者对爱情的三个要素还有不确定感，对未来有期待也有隐忧。被追求者以待定的方式，给予双方一定时间相处、观察、辨析，是对彼此负责，对关系和未来负责。婉拒，被追求者明确彼此关系中不具备爱情的三要素，认为未来的关系不可预期。婉拒，被追求者应注意珍重对方爱的善意，友善对待对方。

在迎接爱的能力上，我们应注意差异性。性别上的差异方面，女性的表达比男性的表达更含蓄、更模糊；性格上的差异方面，内向的个体的表达比外向的个体更谨慎、更委婉；人格特点、认知观念、过往经验等都使个体在表达上产生差异。

（三）拒绝爱的能力

大学生在生理上的成熟，为对感情的强烈需求提供了基础。大学生在心理上正处于埃里克森毕生发展阶段中“自我同一性”阶段和“发展亲密感”的阶段，对感情有着强烈的渴望。面对身心成熟的需求，比接纳爱更需要勇气和智慧的，是个体拒绝自己不愿意或不合适的爱。

当代大学生中独生子女居多，在异地求学、远离家人、陌生环境、学业压力等现实因素面前，部分大学生很难适应，或者对未来生活充满不确定感，因此感到沮丧、压抑、空虚、孤独、艰难等。一些大学生为了摆脱孤独感而无法拒绝他人的追求。从众心理也助推了一些单身学生的求爱心理。他们把爱情视作大学的必修课程，急于确立亲密关系，寻求心理平衡，满足其虚荣心，希望获得更好的他人评价。还有少数大学生把谈恋爱当作谋利的手段，存在一些不良的观念，如把恋爱与经济条件、物质体验等方面相联系。

摆脱孤独感、满足虚荣心、迫于群体压力、享受现实收益，都可能让部分大学生无法拒绝不适合的恋爱。大学生需要认识到，不真诚的情感、不平等的关系，彼此最终都会受到伤害。面对恋爱的追求信号，大学生需要冷静理智。当需要拒绝对方的追求时，个体的态度要坚决，不要因犹豫含蓄让对方误解而造成后续的自我困扰或他人伤害；表达要温和，拒绝的理由要合乎情理，不要在他人面前诋毁或蔑视对方，不伤害对方的尊严和情感；时机要合适，方式要妥帖，结合对方的性格和平日关系等因素，采取面谈、书信、网络留言等方式。

（四）保持爱的能力

根据爱情三元理论，爱情的激情部分会随着时间的推移而降低，亲密的部分却可以随时间的沉淀而增加。如何让爱情超越激情，在时间的推移中越来越浓厚，这需要恋爱双方共同的努力。

爱意的表达方式是保持爱的关键。在恋爱的不同阶段，爱的表达方式有所不同。恋爱初期，语言表达、文字表达、信物表达等比较常见且合适。随着关系的日益深入，我们渴望用更加亲近的肢体语言、行为方式或更为直接的言语表达感情。在此阶段我们需要控制得当，避免在过度的表达中引起对方的反感，同时爱意的表达需要遵从社会道德规范，以文明得体的方式表达和展现爱。

在保持爱的过程中，包容心非常重要。大学生对于恋爱的态度中常常有理想化的成分，在恋爱中，大学生就需要不断调整心态，不要紧盯着对方的缺点，甚至将缺点无限放大，应多发现对方的优点，在对方需要支持和肯定的时候，不吝于自己的表达。

在保持爱的过程中，双方需要培养共同的兴趣爱好。双方有共同的爱好，自然有很多话题可以聊。大学生情侣，需要共同发现和探索积极健康的兴趣爱好，如运动、阅读、逛博物馆等，既能够增进交流，促进情感，也能够共同成长进步。

链接：幸福的法则

约翰·戈特曼（John Gottman）博士是心理学教授，是人际关系尤其家庭关系领域的知名研究者，被媒体誉为“婚姻教皇”。他曾 4 次荣获美国心理健康研究院科学研究者奖章，并获美国婚姻与家庭治疗协会杰出科学研究者奖章、美国家庭治疗学会杰出贡献奖等。

戈特曼在自己的爱情实验室里，对近 700 对夫妻做了关系研究，并持续追踪，提出了有利于婚姻关系的七大法则。

法则 1　完善你的爱情地图

法则 2　培养你的喜爱和赞美

法则 3　彼此靠近而非远离

法则 4　让配偶影响你

法则 5　解决可解决的问题

法则 6　化解僵局

法则 7　创造共同意义

从浓情热恋到平淡婚姻，从恋人到伴侣，我们只有坚持以真心对待、用真情感动，才能更好地应对关系中的困难，保持亲密关系的活力。

小结：

大学生作为一个相对特殊的群体，其恋爱有着心理特点：浪漫性、易变性、多元性、盲目性。大学生恋爱阶段分为：理想对象的构建阶段、现实对象的确定阶段、激情热恋阶段、磨合与调适阶段。

恋爱，是两个个体情感高度卷入的过程，期间难免会有各种状况。大学生要学会直面恋爱中的单恋、失恋、性取向困惑等问题，学会恰当地调适，这是当代大学生心理健康的重要一课。冲突也是恋爱过程中不可避免的部分，大学生在面对冲突时要懂得包容体谅，给对方一些私人空间，懂得沟通。

恋爱不仅是感受与付出，更是一种智慧和能力。这就需要我们在恋爱中培养识别爱的能力、迎接爱的能力、拒绝爱的能力、保持爱的能力，在实践体验中，不断培养、提升爱的能力。

思考题：

1. 结合大学生恋爱影响因素及恋爱阶段的特点，谈谈在当前大学生群体恋爱中较为突出的困惑。
2. 从培养爱的能力的角度，谈谈大学生如何“找到爱情”及“培育爱情”。
3. 面对好友失恋，你可以在哪些方面提供帮助和支持？

第三节　大学生性心理概述

性心理活动是心理活动中极为重要的组成部分。谈到爱情，必然会涉及性。正如保加利亚著名的情爱论专家瓦西列夫所说：“爱情是本能和思想，是疯狂和理性，是自发性和自觉性，是一时的激情和道德修养，是感受的充分和想象的奔放，是残忍和慈悲，是餍足和饥渴，是淡泊和欲望，是烦恼和快乐，是痛苦和快感，是光明和黑暗，爱情把人的种种体验融为一体。”性对大学生来说，似乎是神秘却又禁忌的话题。性到底为何物？它与心理的关系如何？怎样去理解大学这一阶段的性呢？在这里，我们就一同去了解一下，我们眼中神秘的性到底是怎样的。

一、什么是性

（一）性的内涵

性是一种客观的存在，是生物界的普遍现象。作为生物的一种，对人类而言，性是人类这一生物体的一种自然属性，是人性的一部分。纵观人类历史，我们对性的认识随着时代的发展有着各种变化。但无论如何变化，我们对性的了解都基于生理、心理和社会三个层面。

从生物学领域讲，性是指男女两性间在生物学上染色体、性征等方面的差异，它还包括了人与生俱来的性的欲望和本能。生物学领域的性，是人类生存和繁殖后代的基本条件。

从社会学角度来讲，性包含了生理的需要和社会的需要。在社会文化的影响下，我们要选择怎样的配偶有着审美、个人生活、自我成长到社会期许等众多的标准，同时还要细致地考虑、权衡双方的文化、家庭背景、受教育情况等众多影响因素。同时，人们的性行为还受婚姻、法律、道德等多种规范的影响和制约。

从心理学角度来讲，人在性行为过程中的各种心理反应，都是心理学研究的对象。作为人类，性活动不是我们常常挂在嘴边并简单粗暴地理解的“性本能”，它不是单纯的生物的本能反应，而是有着丰富的内心活动，受各种社会规范的制约，是人类与动物的根本区别。

（二）性心理

性心理指人脑对有关性问题的反映，包括对性生理变化、性别特征和差异、两性交往关系的感知、思维、需求、渴望，以及对性所持的态度及其体验等一系列心理活动。性心理既有性别上的差异，也有年龄上的差异。青春期的性心理，由性生理发育的内部冲动和社会意识的发展所决定，社会文化道德观念起主导作用。

（三）性健康

世界卫生组织将性健康界定为：“人类身体的、心理的、智力的和社会诸方面性反应的多层次综合，且能丰富和提高人的个性、联系、交往与情爱。”性健康包括生理、心理和社会三个层面。

（四）性行为

性行为具有生物性和心理性两方面涵义。侧重于生物性的定义可以解释为“性行为是给生殖器官以刺激的行为或使生殖器官兴奋有关联的行为”；侧重于心理性的定义可以解释为“性行为是指受性欲和情感驱使而发生的行为，它有许多表现形式，如拥抱、接吻、爱抚、性交等”。

（五）性观念

性观念即人们对性问题的主观评价，是群体与个体在了解各类性知识基础上，结合一定时期、地域或国家的文化、伦理道德、风俗习惯的价值准则和法律规定所形成的对人类性活动的总体认识。

（六）性的历史发展

由于人类的繁衍生息离不开性的生理和心理机能，因此，人类社会历史上始终存在着广义上的“性教育”，在不同的历史发展阶段，性教育的科学性、系统性差别很大，在古代和中世纪，应该说处于性愚昧、性禁锢时期。近几十年，性学研究蓬勃发展。这些研究为性教育提供了很大的帮助。其中，性学家金赛写的《金赛报告》最为著名，它首次披露了人们性观念和性行为的状况。1980 年，格里菲斯(Griffit) 等对人类的性行为进行了研究。到了 20 世纪 90 年代，性的研究进一步发展。研究者来自更多的国家和地区，研究的对象更多，研究的范围也更广，出现跨文化研究、综合研究的趋势。

二、性心理的基本理论

性心理是指人在性行为活动中的各种心理反应。人类性活动不仅是指生物的本能反应，还包括丰富的心理活动，并受社会制约。这是人类性活动区别于动物性活动的根本点。人类性活动除性交活动外，还应包括性身份的塑造、性角色的进入、性意识的发展、性的社会化等。

在有关性心理理论中，弗洛伊德的理论很有代表性。弗洛伊德认为人的精神活动的能量来源于本能，本能是推动个体行为的内在动力。人类最基本的本能有两类：一类是生的本能，即与生存相关的本能和性本能；一类是死本能，也就是攻击性。性爱的本能，与欲望和繁衍有关。它既包括性欲望，又包括所有需求快乐或与他人进行身体接触的欲望。我们常常在弗洛伊德著作或理论中看到的“力比多”一词，就是他对性欲能量源泉的界定，认为这是驱使人寻求各种感官快乐的心理能量。

弗洛伊德认为，性冲动和性欲望需要得到满足，这是正常的心理需求，不可过分压制。与此同时，性本能的实现又具有替代性和延缓性，可以通过其他本能得以满足的方式来实现，并且可以将其进行升华。性动力是促使人进行创造性活动的内驱力。弗洛伊德非常重视个体的早期经验，他认为，在人成长发育过程中，每一个阶段都有一个身体的相应部位成为力比多投注的中心。这些部位被称作性感区，对人格的发展具有独特的意义。他将人的性心理发展划分为五个阶段：口欲期、肛门期、性器期、潜伏期、生殖期。

1. 口唇期（0~1.5 岁）

个体出生至 1.5 岁为口唇期，在这个阶段，婴儿主要靠口腔部位的吸吮、咀嚼、吞咽等活动获得满足，婴儿的快乐也多得自口腔活动。

2. 肛门期（1.5~2 岁）

在 1.5~2 岁，儿童会学习以符合社会期待的方式进行大小便。在这个阶段，儿童主要靠大小便排泄时所生的刺激快感获得满足。此时期卫生习惯的训练，对幼儿而言至关重要。如果父母管制过严或过松，可能会留下不良影响。

3. 性器期（3~5 岁）

大约 4 岁，儿童进入性器期，以生殖器为快感的主要来源。此时幼儿喜欢触摸自己的性器官，能辨识男女性别，并以父母中之异性者为爱慕的对象，如男孩恋母，女孩恋父。儿童还会“认同”父母中同性的一方，即在行为、思想和体验上以父母中同性一方为榜样，来解决恋母/恋父的冲突。

4. 潜伏期（5~12 岁）

七岁以后的儿童，兴趣扩大，关注点从自己的身体和父母感情转变到周围的事物上，故而从原始的欲力来看，呈现出潜伏状态。此一时期的男女儿童之间，在情感上较为疏远，团体性活动多呈男女分离趋势。

5. 生殖期（12~20 岁）

生殖期的开始时间，男生约在 13 岁，女生约在 12 岁，此时期个体性器官成熟，生理上与心理上所显示的特征的差异开始显著。自此以后，性的需求转向相似年龄的异性，开始有了两性生活的理想，有了婚姻家庭的意识，至此，性心理发展成熟。

总之，弗洛伊德创立的精神分析学说对西方乃至世界的文化都产生了深远影响。在他的理论中，贯穿着生物遗传决定论的思想，并把性欲放在最主要的位置，是一种泛性论。在后续的心理学的发展中，有很多心理学家对弗洛伊德的理论提出了不同的观点。

三、青少年性心理发展阶段

从青春期开始，青少年性发育便日趋成熟。这时，机体内分泌腺加强了活动，由脑垂体产生的促性腺素打开了性腺活动的大门，引起了青少年身心变化。其中最突出的是第二性征的发育、性器官的变化及性功能的逐渐成熟。美国心理学家赫罗克认为，青少年性心理发展经历四个阶段，每个阶段都有明显的特征。

1. 性的反感期（12~14 岁）

这个阶段，少男少女们总是想方设法地避免和同龄的异性相处，特别是单独相处，表现出对异性的否定倾向性。因此，这个时期的男女同学之间常出现“漠不关心”的情况。而且在这个时期，男女同学很少谈论异性之间的情况。男女学生生理发育成熟导致心理上发生变化，他们对自身性发育的情况出现不解、困惑、害羞甚至反感。

2. 向往年长者期（14~16 岁）

这个时期的少男少女们以崇拜长者为主要特点。长者包括周围年龄稍长的人，这些人无论在容貌、学习能力、体育能力、人格或其他方面，都对少男少女有强烈的吸引力。由于这种心理基础，这个时期的少男少女们对影视明星、歌唱演员、体育明星等产生崇拜之情。

3. 对异性的狂热期（17~19 岁）

经过一段时间的迷恋后，少男少女们对长者开始“失望”了。他们发现原来崇拜的长者也是普通人。于是，这段年龄的青少年将自己的热情转移到了同龄的异性身上。在集体活动中，他们会吸引异性的注意，在群体活动中极力地表现自己。但是，他们尚没有确定什么样的异性能够成为自己未来的生活伴侣，也不知道自己真正喜欢的是什么样的异性。因此，在这个时期的青少年们往往将自己注意力集中在整个异性群体中，而不是单独地、安静地与某个特定的异性进行交往。

4. 浪漫的恋爱期（20 岁以后）

这一时期的年轻人，逐渐对自己应该和什么样的异性接触和怎样接触有了自信心，他们将自己的爱情期望集中在一个人身上，他们开始与自己选择的异性朋友单独交往。他们也不再把自己喜欢的异性看作完美无缺的了，也能够容忍心爱之人的缺点了。应该说，这个时期的青年在性心理方面已经接近成熟了。

四、大学生的性心理特点

大学生在生理上已发育完全，然而他们还未走向社会，在心理上并未成熟。他们在性心理上具有以下特点。

（一）对生理发展的关注

进入青春期之后，男女个体的身体都发生了急剧的变化。这些变化将男生与女生更为显著地区分开来，生殖系统的逐渐成熟，两性之间的吸引力增强。经历了青春期动荡后的大学生，越发注重自己的生理特征，关注自己的性生理功能和性特征的发展，关注自己的外貌、身形对异性的吸引力，甚至在心中与他人暗自比较。大学生们期望自己对异性有强烈的吸引力，如果生理发展不尽人意，就会给他们带来各种烦恼。

（二）对性知识的渴求

伴随着性生理的变化，大学生普遍产生了对性知识的强烈渴求。他们会通过各种渠道了解性相关的知识。当今的网络社会，有很多网站提供了性相关的知识信息，但大学生们需要注意的是，要从正规的渠道了解正确的、健康的性知识，树立健康的性观念。

（三）男女性心理不同

大学生的性心理因性别不同而有所差异。在对异性感情的流露上，男性更加外显和热烈，女性表现得比较含蓄。在内心体验上，男性更多是新奇、喜悦和神秘，而女性常常是心慌、羞涩和不知所措。在表达方式上，一般男性较为主动，女性往往采用暗示的方式。此外，男性的性冲动更容易被视觉刺激唤起，而女性更容易被听觉、触觉刺激唤起。

（四）性需求与性压抑

伴随着性生理的成熟和性意识的觉醒，大学生会自然地出现性冲动。然而，也有部分大学生对性依然存在曲解，对自身的生理反应持否定和回避的态度，导致焦虑、紧张。应该说，性需求的出现有着其生物学基础，是自然且正常的现象，同时，大学生在这个特殊的阶段依然需要以学业为重，适当的压抑是符合社会期待的。大学生在这个阶段，可以通过健康的方式释放生理需求。例如，大学生积极参与异性间的正常交往，通过运动进行正常宣泄，乃至投入创造性强的活动，将生理需求予以升华。

链接 1：

性心理学作为一门独立的学科，一般以 1886 年出版的克拉夫特 · 埃宾（Richard von Krafft Ebing）所著的《性心理病》（*Psychopathia Sexualis*）为奠基著作。英国医学家霭理斯（Ellis H）对性行为的个案进行了系统收集，1896—1928 年先后出版了他的巨著《性心理学研究》（*Studies in the Psychology of Sex*）七卷，他被公认为性心理学的创建者。他的《性心理学》就是他在《性心理研究》基础上改编而成的，是为非专业研究人员编写的一本浅近易懂而又不失系统全面的性心理手册。

著名的奥地利学者弗洛伊德对性心理有不同于他人的研究，他把性心理作为生活的最基本动力。他在1905年撰著的《性学三论》集中体现了他的现点。20世纪50年代，美国妇产科专家玛司特斯（Masters W）和心理学家约翰逊（Johnson V）开始了性反应的实验研究。从1954年开始，20多年的研究成果集中体现在三部巨著《人类的性反应》（*Human Sexual Response*，1966）、《人类性机能失调》（*Human Sexual Inadequacy*，1970）和《同性恋》（*Homosexuality*，1979）中，著作对性心理学的生理机制和临床应用进行了突破性的研究。

当代的性心理学，涉及的内容非常广泛，包括性别认同或身份认同（即心理性别）、性取向、性偏好、性欲、性感受、性心理的毕生发展、性功能障碍、非机能性性障碍、性心理障碍等。

链接2：

动物的性行为中有没有心理反应呢？这是一个存在争议的问题。

一般认为，动物的性行为活动是一种本能活动，主要受性激素水平的影响。也就是说，生理反应占主要地位。西方的比较心理学家们用动物做了大量的实验，证明了性激素与动物的性别分化、性行为差异、性活动的激发有密切的关系。而动物的性心理活动，则处在萌芽阶段，可简单归纳如下：

动物的性心理停留在低级心理阶段，主要形式是感觉活动，如嗅觉、触觉、听觉等在性行为中的体现。虽然一些高等动物如恒河猴、黑猩猩等，已出现了较高层次的性心理活动，但并没有反映在思维活动上。

动物的性心理是对性行为的本能反应，没有自觉和主动的性心理活动。动物的性心理与季节的关系密切，受一定的季节或性周期的制约。

从动物的性本能到人类的性心理有一个漫长的发展过程。人类的性心理也经历了由原始人到现代人的发展。就个体而言，从出生、成长，到成熟、衰老，性心理也有一个发展过程。性心理活动受社会因素和文化因素的影响。这就为性心理学的产生奠定了基础。

小结：

性是一种客观存在，是生物界的普遍现象。从生物学、社会学、心理学角度来讲，性都会有不同的定义。

性心理是指人在性行为活动中的各种心理反应。弗洛伊德认为人的精神活动的能量来源于本能，本能是推动个体行为的内在动力。性爱的本能，与欲望和繁衍有关。性冲动和性欲望需要得到满足，这是正常的心理需求，个体不可过分地压制，但可以通过其他本能得以满足的方式来实现，并进行升华。

大学生在性心理发展上呈现出相应的特点：对生理发展的关注，对性知识渴求，男女性心理不同，性需求与性压抑。

思考题：

1. 性是大学生恋爱中常常涉及的话题，谈谈你对性的基本认识？

2. 请思考并总结自己对于性的观念与态度是怎样的，它们是如何形成的，哪些重要他人或事件对其形成有着重要的影响？

第四节　维护大学生性心理健康

随着年龄的增长，大学生的性生理日趋成熟，自我意识逐渐增强，对两性关系的兴趣和关注度也随之增强，这给了大学生以新的感知和体验，对大学生性意识的形成和性心理的发展有重要促进作用。而性心理是大学生心理结构的深层组成部分，在很大程度上影响着大学生人格的塑造和完善。大学期间的性教育显得尤为重要和必要。科学的性教育有利于大学生主体意识和积极心理的培养，帮助他们在正确认识自己生理、心理特点的基础上进行积极的自我调控和自我评价，避免不良因素的干扰，消除身心发展带来的各种生理、心理问题，以更加积极的状态投入学习和工作中。

在社会关怀、家庭和学校教育的指导下，大学生需要学会理智地处理个人情感生活，形成自爱、自尊、自强不息的优良品格，正确认识性，明确个人在爱情、婚姻、生育问题上应有的态度和责任，正确对待正在萌芽与发展的性生理和性心理问题，实现德、智、体、美、劳的全面和谐发展。

一、大学生性心理健康标准

性心理是指在性生理的基础上，与性征、性欲、性行为有关的心理状态与心理过程，也包括与他人交往和婚恋等心理状态。性生理是性心理发展的生物学基础，性生理发育的障碍或缺陷，会使性心理的发展出现偏差。世界卫生组织对性心理健康所下的定义是：通过丰富和完善人格、人际交往和爱情方式，达到性行为在肉体、感情、理智和社会诸方面的圆满和协调。性心理健康是人类健康不容忽视的重要组成部分，近年来越来越受到人们的重视。

性心理健康是心理健康的重要内容。心理学家达拉斯·罗杰斯认为，保持健康的性心理应遵循如下标准：

（1）具有良好的性知识；

（2）对于性没有恐惧和无知所造成的不良态度；

（3）性行为符合人道；

（4）在性方面能做到“自我实现”，即能学会拥有、体验、享受性的能力，在社会、道德的允许下，最大限度地获得性活动的快乐与满足；

（5）能负责任地做出有关性方面地决定；

（6）较好地获得有关性方面的信息交流；

（7）接受社会道德和法律的约束。

对大学生而言，其性心理健康的标准可以归纳为如下几点：

（1）有正常的性需求和性欲望；

（2）有科学、客观的性知识；

（3）有正当、健康的性行为方式。

其中，正常的性需求和性欲望是性心理健康的物质基础，科学的性认识是指了解性心理健康的自我调节机制，正当、健康的性行为是指符合法律法规、校纪、道德等规范的行为。

二、大学生常见的性困扰

大学生年龄为20岁上下，处于青春后期和向青年期过渡的时期。大学生的性器官已经发育成熟，性的机能已经日趋健全。因此，大学生在性本能的自然冲动、自身性生理和心理发育过程中有着各种各样的问题。部分大学生可能会因性的困扰和冲突产生心理困扰。性相关的困惑分为生理困惑、心理困惑、性行为失当和性心理障碍。

（一）性生理的困惑

1. 性体象的困扰

进入青春期后，男生和女生的体象发生了很大变化。男生希望自己身材高大，体魄强壮，音调浑厚，拥有男性磁力；女生则希望自己容貌美丽，体型苗条，音调柔美，从而显示女性魅力。然而，当他们的体征不如意时，就常出现烦恼和焦虑。在心理咨询中常常见到一些男生因自己个子矮而烦恼，一些女生因体态胖而自卑。也有人因为对自己的性征发育不满意而感到焦虑。

2. 遗精恐惧与月经困扰

遗精是指男性在无性交状态下的射精现象，是青春期男子常见的正常生理现象，是性成熟的标志。过去传统观念往往把遗精看得很严重，认为这种行为会伤元气。青少年常因此焦虑不安，惊恐失措。实际上精液由精子和黏液组成，一次排放的数毫升精液中99%是水分，其余是蛋白质、糖等，其营养物质对人体而言微乎其微。一些认为遗精就是“泄阳”的想法是不科学的，这种想法会引起紧张焦虑的情绪，对身心健康产生不利影响。

女性的月经期及来月经的前几天是女性生理曲线的低潮期，身体的耐受性、灵活力下降，易疲劳。这些都是正常的生理反应，但确实会给女性带来一些不适的感受，这的确是一个需要被加倍体贴的特殊时期。有些女生过于担心经期的不舒服，这些消极暗示会加重自身情绪的低落和躯体的不适感，甚至造成恶性循环。

（二）性心理的困惑

1. 性别认同困扰

相关研究发现，有一定比例的学生不喜欢自己的性别。其中，女大学生不喜欢自己性别的居多，这一结果显然是“重男轻女”的封建传统观念所致。这种性别不认同的心理可能会导致自卑、自我价值感低甚至对大学生的发展产生不利影响。

2. 性交往的不适

个体与异性交往的心理从刚进入青春期时就开始萌发，对异性的兴趣、与异性交往的渴求、恋爱、结婚，这是一个人必然经历的生理、心理和社会行为的发展变化过程。少男钟情，少女怀春，这是青春期性心理的正常表现。大学生们渴望与异性交往的愿望非常强烈。但是由于缺乏与异性交往的方法，以及一些观念的影响，许多人羞于与异性交往，常常拒异性于千里之外，在异性面前表现得非常紧张。

3. 性的白日梦与性梦

当青年大学生们对与异性交往的强烈渴求不能直接实现时，性的白日梦就有可能发生。性的白日梦又叫作性幻想。性幻想在某种特定因素诱导下，自编、自导、自演与性交往的内容有关的心理活动过程。它可以幻想出在日常生活中不能满足的与异性一起约会、接吻、拥抱、性交等性活动。这种白日梦可以引起生理上的性兴奋。这在一定程度上可以缓解人们的性需求。白日梦是一种普遍的心理现象。但是，性幻想不能过头，如果成天沉溺其中，甚至把幻想当成现实，那就会成为病态，有碍于青年的健康成长。

性的白日梦是人为的幻想，而性梦则是真正的梦。性梦是指梦见性行为。人们通过梦的方式部分达到自己白天被社会规范限制的性冲动的满足，从而缓解性紧张。性梦也是青少年性心理较为普通的一种表现。一些大学生由于缺乏对性梦知识的了解，常为自己有过性梦的经历而焦虑和自责。一些大学生由于缺乏对性梦知识的了解，为自己有过性梦经历而焦虑和自责。

4. 手淫引起的心理困惑

手淫是指用手或工具刺激生殖器而获得性快感的一种自我刺激，它是一种青少年获得性补偿和性宣泄的行为。对于手淫，传统的性观念认为手淫是邪恶的，是有罪的，是不道德的。在这种传统的“手淫有害”论的影响下，一些青少年常常为自己有过手淫行为而自责，甚至产生心理障碍。其实手淫是一种自然的、正常的性行为，手淫是对性冲动的缓解。但是，沉溺于手淫来缓解性紧张是不健康的表现。

5. 性骚扰的恐惧

常见的性骚扰有：故意擦撞异性身体的某个部位，故意贴近别人，故意谈性的问题，用色情语言进行挑逗，用暧昧目光打量别人，强行要求发生性行为，等等。由于缺乏自卫心理，一些同学面对性骚扰时惊慌失措，恐惧万分，甚至长时间受其困扰，这就需要心理咨询的帮助。

（三）性行为的失当

过多的身体亲昵，会加剧性冲动，有时会使自己的行为失去控制。大学生情侣也存在因“害怕关系受损”“不知道该如何拒绝”而违背自己的意愿发生性行为的情况。除此之外，社交软件的流行，也让部分大学生因猎奇心理、欲望或无知，进行一些有风险的两性交往。在大学阶段，大学生应以学习和自我能力提升为主，进行健康的两性交往，树立正确健康的性观念，避免性行为失当。

（四）性心理障碍

性心理障碍泛指个体在性方面的心理和行为明显偏离正常，并以这类偏离为性兴奋、性满足的主要或唯一方式的心理障碍。性心理障碍分为三类：第一，性身份障碍，表现为个体变换自身性别的强烈欲望，又称易性症或易性癖；第二，性偏好障碍，个体采用与常人不同的异常性行为方式满足性欲性指向的障碍；第三，表现为性对象的选择与常人不同，一般不引起常人性兴奋的人或物或情景，却使其产生强烈的性兴奋。关于性心理障碍的成因，目前有各类说法，比较全面的看法是，个体对性的认知、信念及对性问题的态度和行为方式在性心理障碍的发生发展中均有不可忽视的重要作用。目前医学界和心理学界的多数专家学者都认为性心理障碍的产生是在先天素质的基础上，由性心理发育障碍和后天的环境影响的结果。

三、性心理健康的自我维护

大学生维护性心理健康，需要社会提供一定的支持，更多是从自身出发，有意识地进行自我维护和自我提升。具体来讲，大学生需要从如下方面入手：

（一）掌握科学的性知识

性知识包含了性健康、性道德、性教育、性心理等方面的内容，概括来说，只要和性、性器官有关的知识均属性知识的范围。性是人类生命的源泉，是整个人生不可或缺的一部分。在人生的每个层面，性的表现形式各不相同。从生物学的层面上讲，性的首要功能是繁殖，即生儿育女。从心理学层面讲，性由一系列以性乐趣、关爱和其他需求为目的的行为和关系组成。从社会层面上讲，性遍布于人生的各个方面，它使个体身处的文化别具一格，为其艺术、历史、法律和价值增添滋味。此外，性还充当了很多间接的角色。它是性别认同的一大组成部分，同时也是一个人的社会角色期待的一大组成部分。性可以传达支配意图和敌意，它会影响自尊和社会地位。对于性，大学生需要用科学的眼光与态度，去全面、系统地了解和掌握相关的知识，有自己的判断、立场和态度，用科学、客观、审慎的态度进行系统学习。

（二）树立健康的性态度

性不仅仅反映着一个人的生物属性，个体对性的态度也反映着其人格成熟程度。个人的自尊及对他人、社会的尊重，都可以在对性的态度及两性关系之间充分地展现出来。大学生作为一个逐渐走向成熟的个体，需要不断完善对自我的认同，实现自爱与自信，接纳与欣赏自己的性别角色，发展出与自身及社会需求相适应的个性特点。

我们要对性行为负责任。性行为常涉及他人，这就使得性不再单一地与个人相关，也涉及责任与道德。性可以给彼此带来欢愉，也会带来伤害，这就使得我们对于性、性行为报以更加慎重的态度，我们对性行为负责任，需要用道德乃至法律的规范约束自己的性行为。

我们要培养良好的意志品质。大学阶段大学生的重心在于学业，需要培养自己良好的意志品质，合理引导自身的欲望与冲动，将其进行升华、转移，而不是被原始的欲望推动，吞噬、湮没在最基本的生理需求之中。

（三）积极进行自我调节

对于大学生而言，需要对性欲望进行合理引导。性欲是正常且健康的表现，性欲也是可以被引导与控制的。大学生要正确调控性冲动。对于正常的性生理需求，我们除了进行合宜的控制之外，还可以发展出一些适宜自己的、符合社会规范的方式来释放、取代或转移，学习、体育锻炼、参加活动、正常的男女交往等都是可选的方式。同时，大学生不能过于沉迷于强烈的性刺激，如避免相关网站、视频、书刊等对身心健康的影响。

我们要用科学的性知识武装自己。大学生对于相关的生理反应，需要有科学、健康的态度，明白这是非常自然的生理规律，是个体健康的表现。同时，大学生也要注意相关的生理保健，减少生理变化对自己的影响，而不是陷入不必要的焦虑与恐惧之中。对于手淫、白日梦、性梦等现象，大学生需要有科学的知识和态度，无需为此羞愧或自责，这是大部分人群都会有的情况，是自我缓解性冲动的一种方式。为了避免出现过于频繁的自慰、性梦，大学生可以发展出适宜自身的宣泄途径，使自身得到平衡。

(四) 文明适度的交往

大学阶段，异性之间文明适度地进行交往，有利于个体提升人际交往能力，同时对大学阶段大学生性心理需求的满足、性压抑的缓解有着重要作用。大学生在与异性交往的过程中，要注意把握适度的尺度，遵守法律法规，对于他人不当的言行，我们需要勇敢地说不，处理好与他人的友谊或爱情。

链接：大学生性传播疾病的预防

性传播疾病有着严重的危害，它们严重威胁人们的身体健康，吞噬生命，威胁着患者后代的健康，也给经济带来巨大的压力。大量数据显示，目前艾滋病的感染数量在快速增长，大学生群体受到一定程度的威胁。为了自身的身体健康，更为了国家的发展，大学生应当积极做好性传播疾病的预防，可从以下方面着手：

(1) 培养人格健康。良好的人格教育和健康的家庭，对于性传播疾病的预防有着重要作用。大学生们应当培养健全的人格，学会自尊、自爱和自信，拥有积极健康、乐观上进的人生态度和生活方式，同时也尊重他人、遵守规则、恪守底线，对自己、他人、社会承担相应责任。

(2) 懂得洁身自好。性传播疾病多与性行为相关。作为大学生应当洁身自好，拒绝各种媒介中的性污染，减少不良的刺激，有效预防疾病传播。

(3) 做好预防宣传。性健康是关系青年成长、民族发展的大事，普及性健康知识及疾病预防策略，是青年一代了解疾病、做好预防的关键。大学生们也应当在了解相关知识后，积极投入到预防宣传的队伍之中，对身边的人群进行宣传教育，让大家消除对疾病的恐惧，让更多的人远离性传播疾病。

小结：

性心理健康是人类健康不容忽视的重要部分，对大学生而言，其性心理健康的标准为：有正常的性需求和性欲望，有科学、客观的性知识，有正当、健康的性行为方式。

大学生正处于青春后期和向青年期过渡的时期，在性本能的自然冲动、自身性生理和心理发育过程中会遇到性相关的困惑，主要为：性生理的困惑、性心理的困惑、性行为的失当和性心理障碍。面对这些困惑时，大学生要做到自我维护和自我提升。这就需要大学生掌握科学的性知识，树立健康的性态度，积极进行自我调节，开展文明适度的交往。

思考题：

1. 结合自身，谈一谈你对大学生性心理健康标准的理解。
2. 在生活中，有哪些常见的性心理方面的困扰？谈谈你对此的理解。
3. 对于“文明适度地进行异性交往”，你的具体地理解是怎样的？

引用：

[1] 罗伯特·J. 斯滕伯格，凯琳·斯滕伯格. 爱情心理学［M］. 李朝旭，译. 北京：世界图书出版公司，2010.

[2] 桑志芹. 大学生心理健康教程［M］. 南京：江苏人民出版社，1999.

[3] 沈德立. 大学生心理健康［M］. 北京：高等教育出版社，2013.

[4] 宁维卫. 大学生心理健康与成才［M］. 北京：高等教育出版社，2012.

[5] 孙一平，蒲勇，周章毅. 大学生心理健康教程［M］. 北京：高等教育出版社，2017.

[6] 格雷·F. 凯利. 性心理学［M］. 耿文秀，译. 上海：上海人民出版社，2010.

[7] 孟静雅. 大学生性心理困扰与健康维护［J］. 教育探索，2006（9）.

[8] 江光荣，吴才智. 大学生心理健康教育［M］. 上海：华中师范大学出版社，2012.

[9] 贾晓明. 大学生心理健康——走向和谐与适应［M］. 北京：北京理工大学出版社，2010：128.

推荐阅读：

[1] 盖瑞·查普曼. 爱的五种语言，创造完美的两性沟通［M］. 王云良，陈曦，译. 南昌：江西人民出版社，2018.

[2] 西格蒙斯·弗洛伊德著. 性学三论［M］. 若初，译. 武汉：华中科技大学出版社，2017.

第八章
大学生情绪管理

第一节　情绪概述

“老师，怎么样才能够让我不再那么难过，恢复平静呢?”李梅因男朋友提出分手感到非常痛苦，来到心理咨询室寻求帮助。我们的文化里推崇“泰山崩于前而面不改色”或者“不以物喜、不以己悲”。尤其在人际关系中，我们排斥生气或者愤怒，认为愤怒会引起人际冲突，破坏和谐的人际关系。

没有情绪，我们的生活会是怎么样呢?埃利奥特是一位30岁的白人男性，穿着得体，有幽默感，测试时在智力、记忆、语言方面得分正常，人格健全。他因为头痛难忍，就医被诊断为脑部额叶肿瘤，进行了根除性手术，不仅切除了肿瘤，还切除了肿瘤周围的部分脑组织。手术前，埃利奥特拥有幸福和谐的家庭和成功的事业，手术后，他似乎不能感觉到情绪了，没有悲伤、没有急躁、没有沮丧，也没有喜悦、愉快。他本可以感知很多事情，但是现在他没有了感觉。

在完全排除了情绪的情况下，埃利奥特的个人生活变得一团糟。他的妻子不能忍受而离婚了。在事业上，他在原来单位的工作效率和工作质量不断下滑，导致单位对他非常失望，开除了他。他不顾朋友警告，把自己的存款投资到一个高风险企业，然后破产了。

从埃利奥特的例子，我们是否可以得到这样的启示：情绪和理性并不对立，而且它是我们每个人必不可少的重要“伙伴”。

一、情绪的含义

情绪是对一系列主观认知经验的通称，是由感觉、思想和行为综合而成的心理和生理状态。情绪的产生通常包含生理唤起、认知解释、主观感觉和行为表达四个部分。下面以恐惧为例，对情绪的这四个组成部分进行说明。

当我们悠闲地在花园散步时，突然有一条成年的大型犬朝着我们狂吠不止，并有挣脱绳索的趋势。那我们肯定会被吓一跳，并产生恐惧的情绪。

首先恐惧情绪带来生理反应。恐惧将会影响植物性神经系统和内分泌系统，我们会出现心跳加速、屏住呼吸等现象，此时胃部的血液会被排空，并且面部血管会收缩，整个人呈现面色苍白、嘴唇颤抖的状态。

接着个体会对这一事件做出认知解释。大脑将自动对引起情绪的事件（可能会被狗咬）和身体感觉（心跳加速）进行评价和解释。在这一过程中，我们会想到被狗咬伤可能会患上狂犬病，而人患狂犬病后的致死率几乎为100%，我们会因此变得越来越害怕。

然后，个体出现对该情绪的主观感受。也是我们常常提到的“感觉”，我们对于这一事件产生的感受就是“恐惧”。它可能来自于大脑对身体状态的感觉，也可能来自过去相似情况下的身体记忆。

最后，情绪会引起行为表达。碰到突然吼叫的大狗，我们可能会做出害怕的表情，也可能会出现哭泣、大叫、拔腿就逃等肢体行为。

二、情绪的由来

情绪分化理论认为，大部分情绪是先天的，强调情绪的生理学基础，认为每一项情绪都有其特定的生理学神经回路。正是生理上的分化造成了情绪的分化。例如，6周大的婴儿看见喜爱的面孔就会笑；2~3个月时，婴儿吃饱后就会全身活跃甚至笑出声来；当婴幼儿被独自留下时，也会皱眉和哭泣。这表明人类天生就能够体验到情绪，并做出反应。

情绪认知理论认为，情绪是认知的产物，我们对自己和情境的理解和评价产生不同的情绪，因此不同情绪之间并没有明确的界线。例如，我们需要进行一次公开演讲，当我们认为自己不能胜任这一次的公开演讲时，将陷入绝望和焦虑之中；当我们把公开演讲看作对个人能力的挑战和可能获得认可的机遇，我们将感到紧张而兴奋。因此，情绪的认知理论认为，人的行为和情绪并非由刺激决定，而是取决于人的信念，即个体对诱发事件的观念是引发情绪和行为结果的直接原因。

从认知神经科学的角度来看，人类大脑中存在两套不同的情绪处理系统，一套是快速反应系统，另一套则与意识处理过程有关。当某些刺激性事件发生时，我们会通过快速反应系统迅速筛选刺激信息，并做出快速反应，不需要意识控制。比如，门突然被大风吹得“砰”的一声关上了，我们会被“吓一跳”，这种反应非常迅速，也不需要意识的参与，而是基于快速反应系统。与意识处理过程有关的情绪系统，是与我们对事件的解释、评价紧密相连接的。当我们回忆甜蜜的恋爱时，会感到愉快、羞涩和幸福。

与意识处理过程有关的情绪系统起作用的时间比快速反应系统更慢，两个系统可能会交互作用。比如，有恐高症的人，只要高度这个线索出现，就会自动化产生恐惧的体验，这是快速反应系统工作的结果。与意识处理过程有关的情绪系统对外界环境进行解释、评价也许会发现，虽然所在位置很高，但是我们在封闭室内，并不会出现跌落的情况，这里非常安全。

三、情绪的类型

依据不同的角度和划分标准，情绪被分成了不同的类型。

（一）按状态划分

依据情绪发生的强度、持续性和紧张度，情绪被划分为心境、激情和应激。

1. 心境

心境也叫心情，是一种微弱、弥散、持久的情绪状态，具有弥散性和长期性。通常由某个具体而直接的原因引起，并长期持续主导心情。例如，个体被顺利保研后，开心的情绪会持续很长一段时间。这种心情态度会朝向周围的事物弥散。比如，当我们心烦意乱的时候，别人说什么我们都会感到不耐烦；在轻松愉快的心境状态下，别人即使有打扰到我们的行为，我们也可能一笑了之。

2. 激情

激情是一种爆发强烈、持续时间短暂的情绪状态，具有一定的指向性和外部动作。激情一般是对个体具有重大意义的突发事件引起的，但有时也可能因为长期压抑，小事件也成为导火索。比如，班级篮球赛获得第一时的狂喜心情，生气时拍案而起，等等。

3. 应激

应激是由出乎意料的紧迫情况引起的急速而高度紧张的情绪状态。应激具有意外、急速、高度紧张的特点。应激一般是由外在突发的压力造成的。例如，未写作业的学生突然被老师点名后产生紧张情绪，个体突然遇到地震时产生紧张情绪。这都属于应激。需要注意的是，激情和应激都是比较短暂的状态，但应激强调紧张的状态，而激情不强调这个特征。

（二）按发展划分

从情绪的属性和进化角度看，我们可以把情绪分为基本情绪和复合情绪。基本情绪也叫初级情绪，是人们与生俱来的、人类和动物所共有的情绪，与个体的生理需要直接相关，如快乐、悲哀等。复合情绪也叫社会情绪，是一种与社会需要相联系的内心体验，它表达了人与客观事物之间极其复杂的相互关系。复合情绪是在基本情绪的基础上发展出来的，也通过基本情绪表达出来。

心理学家罗伯特·普拉切克提出了恐惧、惊讶、悲伤、厌恶、愤怒、期待、快乐和信任八种基本情绪，且每种基本情绪可以根据强度高低进一步分化（见表 8-1）。例如，“愤怒”是一种基本情绪，当强度高时被命名为“狂怒”，而强度弱时被称为“生气”。

表 8-1　　基本情绪和复合情绪表

强度低	基本情绪	强度高
兴趣	期待	警觉
宁静	快乐	狂喜
接受	信任	赞赏
忧虑	恐惧	恐怖
分心	惊讶	惊愕

表8-1(续)

强度低	基本情绪	强度高
忧伤	悲伤	悲痛
厌烦	厌恶	憎恶
生气	愤怒	狂怒

普拉切克将八种基本情绪绘制为情绪轮（见图 8-1），在内圈中展示了基本情绪，位置相对的情绪是相反的；位置相邻的基本情绪则会混合产生第三种复杂的次级情绪，展示在外圈中。没有绘制在情绪轮中的情绪，大多由更多种情绪组合形成。例如，嫉妒可能是由爱、愤怒和害怕混合而成的情绪。

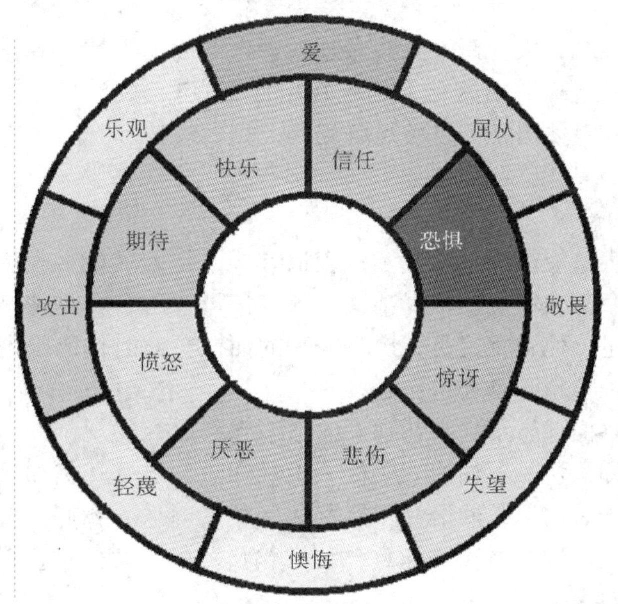

图 8-1　罗伯特·普拉切克的情绪轮

四、情绪的功能

（一）促进人际交往

在人际交往中，人们除了借助言语进行交流之外，还通过情绪的流露传递自己的思想和意图。情绪可以通过个体的面部表情、肢体语言表达出来，起到传递信息、沟通思想的功能。情绪良好的人在人际交往中更容易受到欢迎。

（二）适应生存和环境

情绪能够帮助人们更好地适应环境。无论是人类还是动物，情绪都是一种唤起状态，这种唤起状态具有生存价值和进化意义。比如，当我们害怕时，我们会睁大眼睛，这样有助于更好地发现潜在的危险；当我们愤怒时，会咬紧牙关，握紧双拳，这是准备好了去战斗。

（三）激励和诱发行为

情绪对个体的心理活动和行为起着激发作用。它可以驱动有机体从事活动，提高人的活动效率，如适当紧张和焦虑促使人们积极思考和解决问题。情绪伴随动机性行动产生，具有动机作用。例如，小孩子悲伤时会哭泣，愤怒时会摔东西。

（四）组织和调节心理活动

情绪对其他心理活动起着组织和调节的作用。研究表明，情绪和认知过程共享着认知资源，当情绪和认知同时出现时，情绪会影响认知。情绪可以驱动认知活动，调节认知加工过程和人的行为，并且，认知过程对信息的评价会诱导情绪产生。比如，积极的情绪对活动起着协调和促进的作用，消极的情绪对活动起着瓦解和破坏的作用。

五、情绪的表现

通过学习和训练，人们是否能够通过观察人的面部表情和身体语言，知道这个人是否在撒谎，甚至推测出这个人心里在想什么呢？一定程度上是可以的。因为，人类的面部表情和身体语言可以被观察到，人类的表情和身体语言能够反映内心的情绪体验和想法。

（一）面部表情

人类的面部表情能够产生两万多种表达方式，是人体最富表达性的部分。情绪体验并不单一，面部表情也非常复杂，面部表情可以融合多种情绪。例如，在面试社团时你没能通过，你感觉这是一次不公平的面试，此时你的眼睛、眉毛和前额可能会表达出愤怒，嘴角下垂表达伤心。

如何通过观察面部表情来判断别人的情绪呢？研究发现，人们是根据三个基本维度进行判断，即愉快—不愉快、关注—拒绝和激活水平。例如，当两位情侣在交流，其中一位微笑着用温柔的语气“骂”另一位的时候，我们不会认为这对情侣在吵架，他传达的是一种类似于“满意”和“愉快”的情感信息，善意的笑容和温柔的语调改变了侮辱性语言的意义。

（二）身体语言

当我们体验到强烈的情绪时，不仅我们的表情会有变化，我们的肢体、手势也会有相应的体现。并且，表情、肢体语言的变化更为真实，被言语隐瞒的情绪，常常会透过表情和肢体语言表现出来。放松时，我们坐着的身体一般会向后靠，胳膊和腿随意地伸展；有好感时，我们的身体会靠近自己喜欢的人或者物。在感到自信和骄傲时，我们的后背总是挺得很直；而消沉和低落时，我们常常驼着背。习惯性动作有时会无意暴露我们真实的感受。比如，我们说话时常常会伴随一些习惯性动作，点头表示肯定，摇头表示否定。当一个人微笑着说他很愿意“尝尝臭豆腐”，但同时在慢慢地摇晃他的头——他所说的很可能不是真心话。

六、情绪理论

1. 詹姆斯—兰格理论

威廉·詹姆斯提出，情绪体验主要是身体变化造成的，卡尔·兰格几乎在同时发表了相似的理论，因此该理论被称为“詹姆斯—兰格理论”。这一理论主张：当身体产生（生理）变化时，我们感受到这些变化，这就是情绪。该理论强调情绪的产生是植物神经系统活动的产物。

在通常的认识里，人们认为情绪激发行动，我们哭泣是因为难过，逃跑是因为害怕。詹姆士-兰格理论则给出相反的解读：刺激引发自主神经系统活动，产生生理状态变化，生理上的反应导致了情绪。他指出，“情绪，只是一种身体状态的感觉；它的产生的原因纯粹是身体的”。当一个情绪刺激物作用于我们的感官时，立刻会引起身体的某种变化，激起神经冲动，传至中枢神经系统而产生情绪。在詹姆斯看来，悲伤由哭泣引起，愤怒由打斗导致，恐惧由战栗而来，高兴由发笑而生。

兰格认为，情绪是内脏活动的结果。他特别强调情绪与血管变化的关系：“情感，假如没有身体的属性，就不存在了。”兰格以饮酒和药物为例说明情绪变化的原因。酒和某些药物都是引起情绪变化的因素，它们之所以能够引起情绪变化，是因为饮酒、用药都能引起血管的活动，而血管的活动是受植物性神经系统控制的。

2. 坎农—巴德学说

坎农对詹姆斯—兰格理论提出疑问，认为情绪的中心不在外周神经系统，而在中枢神经系统的丘脑。他提出中枢神经过程理论，认为外界刺激引起感觉器官发生神经冲动，通过内导神经，传至丘脑，再由丘脑同时向上向下发出神经冲动，向上传至大脑，产生情绪的主观体验，向下传至交感神经，引起机体的生理变化。例如，血压升高、心跳加快、瞳孔放大、内分泌增多和肌肉紧张等，使个体在生理上进入应激准备状态。

例如，某人遇到一只老虎，由视觉感官引起神经冲动，经内导神经传至丘脑处，在此更换神经元后，同时发出两种冲动：一是经过体干神经系统和植物神经系统到达骨骼肌和内脏，引起生理应激准备状态。二是传至大脑，使某人意识到老虎的出现。这时某人的大脑中可能有两种意识活动：其一，认为老虎是驯养动物，并不可怕。因此，大脑将神经冲动传至丘脑，并转而控制植物性神经系统的活动，使应激生理状态受到压抑，恢复平衡；其二，认为老虎是可怕的，会伤害到人，大脑对丘脑的抑制被解除，植物性神经系统活跃起来，身体的应激生理反应加强，并采取行动尽快逃避，于是产生了恐惧，随着逃跑时生理变化的加剧，恐惧情绪体验也加强了。因此，情绪体验和生理变化是同时发生的，它们都受丘脑的控制。坎农的情绪学说得到巴德的支持和发展，故后人称坎农的情绪学说为坎农—巴德学说。

3. 评定—兴奋理论

美国心理学家阿诺德在20世纪50年代提出了情绪的评定-兴奋学说。这种理论认为，刺激情景并不直接决定情绪的性质，从刺激出现到情绪的产生，个体要对刺激进行估量和评价，情绪产生的基本过程是刺激/情景—评估—情绪。同一刺激/情景，由于个体对它的评估不同，就会产生不同的情绪反应。评估的结果一般为“有利”“有害”或“无关”。如果是“有利”，个体会产生肯定的情绪体验，并企图接近刺激物；如果是“有害”，个体会产生否定的情绪体验，并企图躲避刺激物；如果是“无关”，人们就予以忽视。阿诺德认为，情绪的产生是大脑皮层和皮下组织协同活动的结果，大脑皮层的兴奋个体产生情绪行为的最重要条件。

链接：情绪表达的文化差异

不同社会文化对人们如何表达情绪有不同的准则。比如，西方文化比较强调个人独立、权利及需要的自由表达，而东方文化则强调群体和谐。因此，面对在公众场合生气这一行为，西方人会认为是个体面对不公正对待时的自然反应，而中国人会认为是过于计较、不值得鼓励的行为。

华莱士·弗里森在 1972 年对情绪表达规则进行了跨文化研究。他邀请了来自日本和美国的大学生观看两部电影片段：一部是中性的旅游风景片，另一部的内容非常血腥。在被测试者不知情的情况下，偷偷记录下他们观看电影时的表情、反应。当这些学生独自一个人观看电影时，日本和美国大学生的反应是相似的：观看中性影片时有较少情绪反应，观看血腥电影时会表露出恐惧、厌恶等情绪。

但是当一位年长的主持人（实验人员）进入观影室后，日本和美国的大学生在情绪表达上有了明显的区别。美国大学生的反应在主持人进入观影室前后并没有显著差异；而日本大学生在主持人进入观影室后，几乎都用微笑掩饰了自己的情绪体验。产生这种差异的原因是：在日本文化中，个体必须要对长者、权威表示顺从。因此我们可以看到，学习不同文化的我们可能会有相似的体验，但公开表达情绪的方式受文化的影响。

同时，文化还会影响情绪的来源。比如，在美国，个体能够突出自己的角色和能力时会产生骄傲、高兴、优越感等积极情绪。在日本，这些积极情绪更多地与群体联系起来，如与他人的亲密感和尊重等。

并且，文化会影响不同性别的个体的情绪。一般认为男性和女性在情绪的体验上没有差异或者有较小差异，但不同性别个体的情绪来源和情绪表达是有差异的，这种差异往往受文化的影响。比如，在很多文化中男性不被允许表达悲伤和低落，而女性不被允许表达愤怒和敌意。

尽管存在文化差异，但是个体的害怕、生气、恶心、难过和高兴等基本情绪会表现出跨文化的一致性。真诚的微笑是全世界最普遍、最容易辨认的面部表情。

小结：

情绪是对一系列主观认知经验的通称，是由感觉、思想和行为综合而成的心理和生理状态。情绪的产生通常包含生理唤起、认知解释、主观感觉和行为表达四个部分。

关于情绪的由来，情绪分化理论强调情绪的生理学基础，每一项情绪都有其特定的生理学回路。情绪认知理论认为，情绪是认知的产物，是我们对自己和情境的理解和评价产生不同的情绪。

依据不同的角度和划分标准，情绪被分成不同的类型。按照情绪的状态划分，情绪被划分为心境、激情和应激。从情绪的属性和进化角度看，我们可以把情绪分为基本情绪和复合情绪。情绪的功能包括促进人际交往、适应生存和环境、激励和诱发行为、组织和调节心理活动。情绪主要表现为面部表情和身体语言。人类的表情和身体语言能够反映内心的情绪体验和想法。情绪的理论主要包括詹姆斯—兰格理论、坎农—巴德学说、评定—兴奋理论。

思考题：

1. 练习：觉察自己的情绪。

请先仔细回忆一件让你自己感到高兴的事，然后按照以下要求填空。

（1）请仔细感觉此时此刻身体上的几个主要部位，然后回答：

我现在头部的感觉是：＿＿＿＿＿＿＿＿＿＿

我现在心脏的感觉是：＿＿＿＿＿＿＿＿＿＿

我现在胃部的感觉是：＿＿＿＿＿＿＿＿＿＿

我现在四肢的感觉是：＿＿＿＿＿＿＿＿＿＿

（2）请仔细体验自己现在的情绪并填空：

我现在的情绪是：＿＿＿＿＿＿＿＿＿＿

（3）请记录此时此刻的想法和念头：

我现在的想法是：＿＿＿＿＿＿＿＿＿＿

（4）请记录下你此时此刻想做的事情：

我现在想做的是：＿＿＿＿＿＿＿＿＿＿

2. 你常常会采用的情绪表达方式是什么？针对不同的情绪，请试着梳理你的情绪表达方式。

3. 你认为情绪对你的帮助有哪些？针对不同的情绪，请试着探索情绪对你生活的影响。

第二节　大学生情绪特点及常见情绪

在古典名著《红楼梦》里，很多人对林黛玉的印象都集中在她敏感的性格和忧郁的情绪上。曹雪芹对林黛玉情绪进行细腻的刻画，让人印象深刻。很多章节里，林黛玉常常用诗词来表达离愁别恨，在《葬花吟》中她这样写道：

尔今死去侬收葬，未卜侬身何日丧？

侬今葬花人笑痴，他年葬侬知是谁？

从很多章节中，我们还可以看到林黛玉的情绪特点，概括起来，即容易情绪化。比如，在第二十六回，林黛玉敲宝玉住所的房门，遭到丫头拒绝后越想越伤心。原文如下：（黛玉）因而又高声说道："是我，还不开么？"晴雯偏生还没听出来，便使性子说道："凭你是谁，二爷吩咐的，一概不许放人进来呢！"

林黛玉听了，不觉气怔在门外，待要高声问他，逗起气来，自己又回思一番："虽说是舅母家如同自己家一样，到底是客边。如今父母双亡，无依无靠，现在他家依栖。如今认真淘气，也觉没趣。"一面想，一面又滚下泪珠来。

林黛玉情绪敏感，伤春悲秋。正值青春年少的大学生在情绪体验上，也有自身的特点。只有了解这个阶段的情绪特点，大学生才能更好地进行自我调节。

一、大学生情绪特点

大学生的情绪相较于儿童和青春期少年，更加丰富和细腻，同时不那么直白和外露，具有掩饰性和隐藏性。大学生因为生活阅历较少，生活人际环境较单纯，生理发育成熟且对爱情充满向往，相比于更成熟的成年人来说，具有冲动性和两极性。了解大学生的情绪特点，我们将更能理解其心理活动和个性特点，从而促进自我认知和人际沟通。

1. 复杂性与冲动性

大学生身心发展相对成熟，又处于埃里克森的心理社会发展阶段理论中“自我同一性”和“亲密对孤独”的阶段，自我意识较强，生活环境比高中更丰富。因此，在情绪体验上，大学生有着丰富、强烈而又复杂的情绪世界，情绪体验往往较为迅速、强烈，喜怒哀乐常常一触即发，表现出热情奔放的冲动性特点。心理学家常用“急风暴雨”来比喻这种激情性的情绪特征。这种冲动性的情绪在群体中往往变得更激烈。大学生有较强的群体认同感，喜欢模仿，易受暗示，容易受当时情境气氛的感染、鼓动，容易表现出比单个人时更大胆的举止。

大学生的情绪冲动性是有其生理和心理基础的。受旺盛的性激素影响，下丘脑较为兴奋，而大脑皮层的调节作用一时还不能适应这种情况，因而产生了不平衡。由于心理发展缺乏相对缓慢，大学生心理调节机制发展不完善，缺乏对外界变化的弹性和应变能力，缺乏对心理活动调节和支配的意志和能力，大学生生理和心理的发展出现了不平衡，情绪变得冲动。

2. 波动性与两极性

大学生的年龄正处于未成年人向成年人转变的阶段，在情绪状态上表现出两种情绪并存的特点。一方面，相对于中学阶段，大学生的情绪趋于稳定和成熟；另一方面，与成年人相比，大学生的情绪带有明显的起伏波动性，容易从一个极端走向另一个极端，情绪有时会出现两极性，表现为大起大落、大喜大怒。

这种两极性，也和大学生的认知发展和社会化程度有关。大学生虽然已经跨入成年，但缺乏社会生活经验，成长经历围绕着学校，以学习为主，周围的人际关系都是同学和师生关系，相对单纯。因此，大学生在认识和社会化程度方面还有待继续发展。大部分大学生在认识方面，依然存在非黑即白的思维方式。比如，一次面试没有过，大学生就认为自己糟透了。这种两极化的思维必然导致两极化的情绪反应。而进入社会后的成年人，有更多的社会经验，对社会和人际关系的复杂性有了更深刻的认识，思维方式也会更成熟和贴近现实，情绪自然会不那么两极化。

3. 内隐性与掩饰性

大学生的情绪表现，虽然有时会喜怒形于色，但不像少年时期那样坦率直露，而会将自己的情绪隐藏。隐藏自己的情绪反应，表示大学生已经发展出较成熟的情绪调节能力，也会根据外在环境决定自己是否表现情绪。

但从另一角度来看，隐藏情绪也会给大学生带来压力和困惑。部分大学生的情绪困扰源于外在表现和内在体验不一致，且不知如何表达真实体验。一些大学生担心如果表达真实的情绪，会影响人际关系。这些困惑，会因情绪无法正常抒发而变得压抑，长期如此可能造成身心问题，滋生孤独和苦闷，并影响同学关系的深入发展。

4. 阶段性

大学四年，不同年级大学生面临的主要任务不同，其主要情绪也会在各个年级有阶段性区别。比如，新生入校，对大学校园和生活感到陌生，充满好奇和美好想象，同时大部分学生又因背井离乡，对父母和家乡充满思念之情。在这种复杂的环境变化下，新生会产生兴奋、失落的交替情绪，乃至部分新生会出现适应困难。经过一年的学习，大学生基本适应了大学的学习生活，大二学生在大学生活的各个方面都得到了相应的历练，情绪情感发展日益成熟，整个情绪状态较为平稳。到了大三，又因存在找工作、考研或出国等多项选择，不少大学生再次出现迷茫和焦虑。因此，大学生的情绪情感发展呈现明显的阶段性特点。

二、大学生常见情绪

杨绛先生在《我们仨》中写道："碰到困难，我们一起承担，困难就不复困难；我们相伴相助，不论什么苦涩艰辛的事，都能变得甜润。我们稍有一点快乐，也会变得非常快乐。"这是一位内心豁达、性情通透、尝遍世间百味的智慧老人的真实感受。那么，对于刚成年不久的大学生来说，了解常见的情绪特点，学会培育积极情绪，克服消极情绪，有助于当下的成长和未来的发展。

1. 快乐情绪

快乐是一种最常见的积极情绪。当一个人的需求、愿望等得到满足，或者身心感受舒适时，就会感到快乐。快乐的程度，通过不同的形容词得以展现。比如，常见的形容词有开心、高兴、快活、愉悦，到比较强烈的开怀、欢喜，再到非常强烈的欣喜若狂。快乐在个体情绪调节和心理健康维护过程中扮演着重要角色。快乐能拓宽注意范围，提高个体对积极事件的敏感性，降低消极情绪引发的情绪体验和生理唤醒，使个体身心处于和谐、安宁状态。

很多人在回忆自己大学生活时，总是带着怀念的情感，并感叹大学四年是人生中最快乐的岁月。大学生活中快乐的源泉有很多，一是来自于青春活力。18~22 岁，是人生中最具青春活力的几年，多少诗人、文学家都不吝啬于辞藻，讴歌青春的美好。二是相对于社会，大学如同乌托邦。国家对教育高度重视，奖助贷制度不断完善，家庭贫困的学生也能完成学业。在大学，同学们可以一心扑在知识的海洋中，不用花费心思养家糊口。在大学，同学间可以建立纯粹的友谊，发展美好的爱情。在大学，大学生还可以和志同道合的朋友谈天说地，规划未来理想。

2. 抑郁情绪

抑郁，是指一种持续的、弥散性的情绪低落，甚至伴随一些"没意思""不感兴趣""没劲"的想法。目前流行的"丧"和抑郁情绪有类似之处，指消极、没精神、懒散的状态。当大学生遇到挫折、困难时，产生了暂时的低落情绪，是很正常的反应。大学生通过自身的努力或寻求帮助，事情得以解决，或通过运动、倾诉等方式缓解情绪，抑郁会很快消散，不会对正常生活构成困扰。大学生如果一直陷入抑郁情绪，就需要引起重视。

某些比较内向的同学，可能更容易因为小事而产生抑郁情绪。一些天生“神经大条”的同学难以理解细腻情绪的变化。总之，每个人的情绪反应有先天的倾向性。正如《红楼梦》中每个角色都有自己的鲜明特点，我们才对宝钗的豁达文雅心生敬意，对黛玉的柔弱哀愁心生怜悯。不论每个人的情绪特点如何，要学会接纳自己，并对自己的情绪进行充分了解，学会调整。

若抑郁情绪挥之不去，大学生可以通过“积极行动”进行自我调整。大学生陷入抑郁的困扰，往往感到无精打采，喜欢拖延，缺乏行动力。若总想着“等情绪好了再行动”，大学生就会陷入“不行动—抑郁—不行动”的恶性循环。克服抑郁的最好方式是反其道而行之，不论是否有足够的动机，我们都坚持安排积极的行动，如认真上课、自习、运动、参加集体活动等，并辅以适当休息。积极行动可以让人产生掌控感，运动时身体会释放内啡肽，在体内产生积极的感觉。但如果抑郁情绪过于严重，严重影响正常生活，大学生需要及时求助于专业心理机构或医院。

3. 焦虑情绪

焦虑是个体对不确定的事情的担忧引起的一系列身心反应，也是人类适应和解决问题的基本情绪反应，这种体验混杂了心跳加速、紧张、害怕、担忧，甚至有些同学还会觉得胸闷、手心出汗、肠胃不舒服、身体僵硬。大学阶段，大学生由于面临未来的方向的选择和学业压力，产生轻微的焦虑感是正常的。轻微的焦虑可以推动我们朝向更积极的方向，也会促使我们去探索和实践。然而，也有部分同学会体验到比较强烈的焦虑，从而导致睡眠、生理方面的不适。大学生主要有以下几种较常见的焦虑困扰：

（1）考试焦虑。考试焦虑指因考试压力过大而引发的系列异常生理、心理现象，包括考前焦虑，临场焦虑及考后焦虑紧张。心理研究发现，心理紧张水平与活动效果呈倒U形曲线。紧张水平过低和过高，都会影响结果。而适度的心理紧张，可以调动人的心理认知资源，让人保持一种较好的状态，取得比平时更好的效果。但如果个体紧张和恐惧过度，引起较强的焦虑反应，就会影响考试表现。如果焦虑程度过高，甚至会有“晕考”的反应，也就是一些同学说的“呼吸急促，大脑一片空白”。

大学生克服考试焦虑，最重要的是调整观念。在实事求是的心态下，大学生应直面困难，不放大困难，不过分轻敌，保持平和的心态，做好充分准备。如果焦虑感比较强烈，我们可以反思自己是否有夸大的观念，如对考试难度的高估，或对失败结果的灾难化想象。如果带着这些不合理的观念来应考，我们就会产生较强烈的焦虑情绪。

（2）被评价焦虑。被评价焦虑是个体过度在意别人的评价，导致心理负担。大学时期，同学们对自我的体验、感受和确认，很大程度依赖于外界环境或他人的评价。当被他人赞美、欣赏时，个体就会信心百倍；反之，如果个体主观感到别人反应冷淡，就可能产生低落情绪，甚至觉得自己一无是处。这种对外界评价的强烈依赖，很容易导致被评价焦虑，即个体在从事一件有竞争性或需要被公开结果的任务时，会感到惶恐不安，担忧害怕。

克服被评价焦虑，关键在于用客观的眼光看待自己，就事论事，不要去想象别人的评价。别人的反应和看法，犹如一面镜子，可以映照我们的言行，让我们不断反思、调整、改善。但如果把他人的看法看得太过重要，脱离了当下具体事件，延伸到自我，就会引起情绪大起大落。或者，个体仅仅是想象他人在进行负面评价，把自己的想象当作事实，杞人忧天，背上情绪包袱。因此，我们应客观公正地看待他人的反馈和评价，有则改之，无则加勉，保持平和心态，不断完善自己。

4. 愤怒情绪

愤怒通常由真实或想象的失败、伤害、威胁或遭遇不公正引起。愤怒可能会引起诸如血压升高、心跳加快、流汗等自主生理反应。强烈的愤怒，可使大脑皮层及下丘脑兴奋，肾上腺素分泌增加，从而引起全身血管收缩、心跳加快、血压升高。

根据愤怒对个体影响的性质，愤怒可以分为积极愤怒和消极愤怒。积极愤怒是指帮助个体产生积极变化的愤怒。比如，积极愤怒能增强工作动机，改善人际关系和增进理解。相反，那些影响甚至破坏个体正常社会功能发挥的愤怒被称作消极愤怒。例如，个体与室友闹别扭而在寝室里摔杯子。

大学生往往会因为人际关系矛盾，尤其是寝室关系矛盾而引发愤怒情绪。产生愤怒情绪后，部分大学生可以冷静反思，寻找建设性的方式解决问题。还有部分大学生可能会采取消极的方式来表达愤怒情绪，如冷战、闷闷不乐、压抑、回避、购物、辱骂等方式。个体积极地管理愤怒情绪，可以化解矛盾，促进关系进一步发展，给大学生活增色。个体消极面对愤怒情绪，则可能导致人际矛盾激化、人际矛盾等问题。因此，大学生需要认识、理解自身的愤怒情绪，当情绪出现时，冷静反思，通过写日记、倾诉、运动、沟通等多种合理的方式面对愤怒，实现成长。

5. 空虚感

空虚感往往指百无聊赖、闲散寂寞的消极心态，即人们常说的没劲，是心理不充实的表现。有同学说："我常常感到很空虚，每当这种时候，心里会很难受，想不停吃东西。"不同的个体对于空虚感的体验是不同的。比较典型的空虚感是一种内在感受的缺乏、贫乏——无论是好的、有爱的感受，还是糟糕的、痛苦的感受。在这样的体验中，个体会感受到自己对外部的刺激缺乏足够的反应，或只存在机械的反应。对大多数同学来说，空虚感是转瞬即逝的。

大一新生在适应新环境的过程中，往往会体验到短暂的空虚感。一些新生会怀念高三生活，因为高三有一个全力以赴的目标，以及不断奋进的集体氛围。到了大学，若没有树立新的目标，大学生可能缺乏认真上课学习的动力，感到茫然和空虚。

对于大学生而言，克服空虚感，收获充实而有意义的大学生活，首先要立志。自古以来，圣贤们都强调立志的重要性。王阳明说："志不立，天下无可成之事，虽百工技艺，未有不本于志者。"志，就是人生的方向，这个方向不是外在强加的，而是自身确立的。有了方向后，人生就不再是汪洋大海上漫无目的漂泊的船只，而是有了想要到达的远方。个体克服空虚感，还要有积极的行动。光有志向，没有行动，志向就是一纸空谈。现在很多大学生的问题是，想得多，做得少。一些大学生光在头脑中想一想，却无法落在实际行动上，想法就成为白日梦。缺乏行动的想法，也会给精神造成伤害，滋生愧疚感，甚至是自我厌恶。因此，大学生应用行动充实生活，用行动落实梦想，这是克服空虚感的良药。

链接：提升我们的积极情绪

情绪扩展和建构理论表示，积极情绪能扩展思维、拓宽视野，会带来良性循环，能改变人际交往；积极情绪还能建构心理优势、良好的心智习惯、社会联系和健康的身体；积极情绪还可以让我们在消极情绪的恶性循环上紧急刹车并恢复过来，让我们百折不挠地面对生活。

积极情绪引发的连锁反应就像混沌学中著名的“蝴蝶效应”。微妙的美好感受能引起积极情绪的连锁反应，重塑个体生活进程。既然积极情绪对我们生活有如此重要的影响，那么，个人如何产生积极情绪，引发积极情绪的“蝴蝶效应”呢？

1. 觉知情绪的河流

你的习惯性思维是河床，情绪是河流。面对问题和困境时你的习惯性思维决定了你体验到的是积极情绪还是消极情绪。人们意识到自己有消极情绪时，通常反应是希望抑制或赶走它，而这两种处理方法会使你更加痛苦。其实，对消极情绪保持开放接纳的态度远比把它挡在外面更健康。

科学实验已经证明遏制消极情绪的一个好方法是锻炼觉知力。乔恩·卡巴金对觉知力的简单定义是：“觉知力意味着以一种特定的方式保持注意——关注目标，在当前的时刻，不带任何评价。”大学生应不断修炼自己对情绪的觉知力，用一种不评判、不拒绝的方式对待情绪，与消极情绪进行反驳、辩论，让情绪的河流缓缓流过。

2. 接纳情绪，了解神奇的洛萨达比例

心理学家洛萨达在对积极情绪和消极情绪的研究中发现，积极情绪和消极情绪的比例为3∶1时，人们在生活中的多数时候是感觉良好的。婚姻科学专家约翰·戈特曼提出，幸福美满的婚姻生活中，该比例大约是5∶1；与此形成鲜明对比，失败和不幸的婚姻所具有的该比例低于1∶1。尽管我们提到了积极情绪的诸多好处，但积极情绪也并非越多越好。在欣欣向荣的生活配方中，消极情绪也是必不可少的组成部分，洛萨达比例也从一个侧面告诉了我们消极情绪的重要性。

3. 培养积极思维，找到事情存在的积极意义

人们之所以体验到负面情绪，和人的基因和思维模式有很大关系。基因是与生俱来的，无法改变的，但思维模式却是可以被训练和改变的。因此，提升你的积极情绪的一个关键途径就是，你要在日常生活情境中更加频繁地找到积极的意义。并非事情本身决定了你的情绪，而是你对这件事情的解释，是你赋予这件事情的意义在影响着你、改变着你。每个事件的发生一定有它的积极意义，你不要总是关注它

消极负面的影响，试着找到它的积极意义，重新解读事件，让我们从事件中获取成长的力量。

4. 学会感恩，让感恩成为一种习惯

“感恩日志”是一个很好的实践方法。简而言之，就是我们每天都写下所热爱的五样东西。积极心理学也倡导写“感恩信”，对你生活中帮助过你的人，你一直想表达感恩之心却没有机会表达的人表示感谢。繁忙的工作、快节奏的生活让我们对所拥有的一切习以为常，很少有时间停下来感恩大自然、感恩家人、感恩朋友、感恩生活。

提升积极情绪的方法还有很多，如真诚待人、帮助他人、冥想、利用你的优势、计算善意、细数你的福气等，这些都可以增加自己的积极情绪。我们应试着在生活中时不时扇动积极情绪的“蝴蝶翅膀”，一起去追求真实的幸福和美好的人生。

小结：

与中学时代相比，大学阶段大学生对情绪的体验更加复杂和深刻。由于经验、阅历有限，大学生的情绪普遍还不够稳定，容易“热血沸腾”，也容易“心灰意冷”。这种细腻、冲动和两极化的情绪特征，让大学生容易遭受抑郁、焦虑、愤怒和空虚等情绪的侵扰。因此，大学生需要关注自己的情绪健康，克服不良情绪的困扰。更重要的是，大学生需要了解积极情绪对认知、人际和生活都有极大的益处。大学生要培育积极正向的情绪，并在学习和实践中树立和完善积极健康的人生观、价值观，建立支持性的人际关系，勇于尝试，接受生活的挑战。

思考题：

1. 请观察周围的同学，如常常表现出很开心的同学，很平静的同学，忧郁的同学，找出他们之间在言行方面的区别。

2. 当你情绪低落时，你有哪些调节情绪的方法？并试着问问周围的人，收集更多的情绪调节技巧。

3. 你认为当今社会的媒体对大学生的情绪变化有哪些影响？试着写出正面的影响，和负面的影响。

第三节　塑造积极健康的情绪

热门网站上出现类似这样的问题：我不喜欢对人发火，也不会找人倾诉，因此经常摔东西、砸东西。这样下去不是办法。如何更好地调整情绪呢？

问题下面有很多人回复，从中可窥见当代青年对情绪调控的重视。总结起来，回答包括了以下三个方面：

一是直接宣泄。比如，“发泄愤怒的话，心理和肢体上同时发泄的效果更好一些。我会使劲弹钢琴，弹到自己疲惫，感觉愤怒基本上就平息了”。二是间接调整。

比如，“喝一罐可乐，最好是冰镇的，咕嘟咕嘟几口下去，冰凉的液体和气泡的快感会让你的心情瞬间变好!”。三是改变自己。比如，“建议你尝试与他人交流，找几个知心朋友或者恋人，他们应该能理解你。或者你把内心活动写下来，重新审视。这时候，你会比以前更客观。世界其实本没有那么多矛盾，不是吗?”

每个人在成长过程中，会习得一些情绪调整的方法。从心理健康视角来看，脱离了一个人自身的特点和他/她所处的实际环境，我们难以评价方法的好坏。对于一个文静的女生而言，与朋友交流或许是好的办法；但对于一个喜欢运动的男生来说，去操场跑步，或与同学踢一场球，也许更加适合。那么，有没有更科学、系统的方法，让我们更好地掌握情绪调节的策略，塑造健康积极的情绪体验，度过幸福的大学生活呢?

一、调整不合理的认知

情绪的认知理论认为，当个体想法不合理时，情绪往往也会随之变得负面。当个体想法合理时，情绪会变得平静或正面。比如，要做一个课堂展示，甲乙二人能力相当，甲非常紧张，乙却淡然处之。甲乙二人对即将来临的课堂展示有不同的解读。课堂展示作为一个客观事实，若以一种灾难化的眼光看待，必定导致焦虑和恐惧。

该理论认为，不合理的想法让我们产生了过度的负面情绪。不合理的想法，是指不符合客观事实的想法，这些想法没有真实地反映客观事实，而是夸大地、扭曲地反映客观事实。常见的不合理想法包括灾难化、非黑即白、贬低正面经验。

灾难化思维会把事情的严重性扩大，推至灾难性的地步。非黑即白思维会以极端化的方式看待一切，无视事件的复杂性，认为事件要么全坏，要么全好。这种思维方式在儿童中常见。儿童看电视时往往先询问角色的好坏。是非对错虽然重要，但个体若极端地看待，必然脱离了真实世界的规律。因此，极端化的思维会导致情绪在两极中摇摆。个体贬低成功经验，会把成功归因于别人，或者认为是侥幸，或者认为事情很简单，不值一提。总之不认为自己有什么功劳。当个体思维偏离了客观事实，就如同照哈哈镜，看到的是扭曲的影像，个体不仅会产生负面的情绪，还不利于问题的解决。

中国自古讲求中庸之道，指不偏不倚、折中调和的处世态度。落实在想法上，中庸也可以理解为用更加客观、圆融的方式看待万事万物。个体通过不断练习，调整不合理的想法，就可以使情绪保持平和的状态。以下四个技巧，可以帮助同学们及时调整情绪。

停下来。当自己意识到情绪开始变糟时，可以练习对自己叫停。比如，对自己说：等一等，事情是否像我想象的那么糟糕？或者是，等一等，这是我的猜测，还是事实？这种时候，我们可以使用一些小技巧，用右手拍一下左手背，或摇晃一下头，或起身倒水喝，或做几个深呼吸。

换角度。当自己陷入固有的观念里面，往往会变得固执、僵化。这时我们需要冷静，想一想除了这个想法以外，还有没有别的可能性。我们应学会换位思考，想一想站在对方的立场上重新审视问题，帮助我们拓展思维，避免思维的狭隘和僵化。

分析利弊。自己对思维进行利弊分析，可以帮助自身更加理性地看待思维，并看清楚思维导致的结果。试看问自己，我坚持这个观念有什么好处，有什么坏处？我们也可以画一个利弊分析表，罗列利弊。通过这样的练习，同学们可以学会选择对自己更有益的思维，放弃导致负面结果的思维。

解决问题。不论是分析事情，还是思考问题，落脚于实际问题的解决上。我们应学习自我询问，什么样的想法对自己才是真正有帮助的，是解决问题的，是有建设性的，这样有利于培养灵活有效的思维。

不合理思维，往往不是深思熟虑后的想法，而是表现为“自动出现在脑中”的想法，这些想法与过去的经历有关。若缺乏对这些想法的有效控制，个体可能会钻牛角尖，视野变得狭隘。若个体能及时停下来，采用以上的办法进行自我调整，负面情绪将会减轻。

二、树立正确价值观

价值观是指个人对一切事件的意义、作用、效果和重要性的总体评价，在较深层面影响个人的日常观念、言行和情绪。个人价值观受社会文化、家庭氛围和学校教育的影响，具有一定的稳定性。孟母三迁的例子说明古人就早已意识到环境对人的言行和精神的影响。大学生在成长过程中，耳濡目染，内化了父母、家人、老师和同学的言行。其中比较深刻的影响久而久之沉淀为更深刻和持久的观念，即价值观。

价值观虽然深刻且具有稳定性，但我们也可以通过不断引导和塑造，改变不良价值观，树立正确积极的价值观念。作为当代中国大学生，应树立和践行社会主义核心价值观，用理想信念指引人生方向。在网络高度发达的时代，各种社会思潮涌现，消极思想导致消极行为和情绪，不利于自身长远的发展。当代在学生应不断践行“爱国、敬业、诚信、友善”的价值观，培养健康积极的情绪。

三、改善不良的行为

人们能动地认识客观世界，并在认识的指导下能动地改造客观世界。人的实践活动，即行为，导致了相应的结果。当大学生采取积极、正确的行为时，往往会有较好的结果。比如，一些大学生认真听课、自习，遇到困难不轻言放弃，就会不断取得进步。良好的行为，为愉悦的情绪和健康的心态提供了好基础，也为学业保驾护航。

1. 大学生常见的不良行为

相较于中学，大学阶段有更大的自由度，部分同学会养成不良行为，若不注意调整，将会产生情绪、人际和学业等困扰。常见的不良行为包括日常不良习惯、消极逃避行为和伤害行为。

日常不良习惯主要指个体饮食作息不规律，如熬夜，暴饮暴食等，久而久之导致身体健康受损，在心理上造成自责、萎靡不振、消沉等不良情绪。大学四年是人生中最宝贵的时光，大学生应以积极健康的生活方式度过该段时光，早睡早起，健康饮食。

消极逃避行为指个体为了回避心理痛苦而采取的行为。比如，一些同学受挫后冲动购物，或沉迷网络游戏、网络小说，对于现实中需要去面对的事情，采取逃避、拖延的方式。这会导致问题持续存在，甚至恶化，并造成个体心理上的抑郁和焦虑。

伤害行为指给自己或他人造成痛苦的行为。比如，一些个体以辱骂的方式表达人际不满，或者是酗酒、抽烟等。伤害行为的种类繁多，有些伤害行为是个体有意识的，如酗酒。有些伤害行为是个体无意识的，如受挫后一直处于自我责骂的状态。还有一些比较极端的伤害行为，如失恋后用刀割伤自己，会给自己和他人造成伤害，包括精神上的伤害。以上行为，对情绪健康有极大的伤害。

2. 改变不良行为的方法

明朝著名学者王阳明提出知行合一。当知与行都达到高度和谐，情绪也会随之和谐。

（1）对于日常不良习惯，我们可设计日程安排表（见表8-2）。通过设计日程安排表，我们提前将日常的生活安排好，坚持按此作息，每天评估情绪状态。通过一段时间的实践和观察，我们会发现作息安排和情绪呈现出一定的规律性：当习惯良好、生活充实时，情绪会更加积极向上，自我价值感也会随之提升，获得更好的心理体验。心理学研究表明，良好规律的作息会带来掌控感和目标感，这两个因素与情绪健康都有相关性。

表8-2　　日程安排表

	周一	周二	周三	周四	周五	周六	周日
上午							
中午							
下午							
晚上							
情绪状态							

（2）对于消极回避行为，我们可采用逐级自我挑战的方式克服。趋利避害是一种常见反应，人们面对压力或困难事件，往往会滋生紧张、焦虑，甚至是恐惧情绪。当我们用自我麻痹的方式暂时性回避了困难，就回避了负面情绪，获得暂时的舒适和安逸。比如，个体做高数题受挫，情绪焦躁不安，若沉迷于网络游戏中，就暂时感受不到焦躁的情绪。但从长远来看，这种方式无法解决问题，可能使自尊受损，甚至有罹患抑郁症的风险。我们采用逐渐挑战的方法，直接面对问题，每次都勇敢让自己踏出舒适圈，取得踏实的进步。

逐级自我挑战，需要个体按照任务的难易程度罗列一份计划（见表8-3）。个体通过逐步完成计划，直接面对困难，逐渐克服情绪的不适，获得自我效能感，最终提高解决问题的能力，实现自我成长。比如，A从小性格内向，对人际交往过于紧张。在大学里，当众发言、小组讨论、课堂展示等日常活动，均让 A 感到紧张焦虑。下面，A 通过逐级自我挑战克服了人际焦虑的困扰。具体做法如下：

首先，A 按照困难的难易程度，设置挑战计划。其次，A 尽可能从中等难度的挑战开始，各个突破。逐级自我挑战能够让我们的大脑适应情绪。当情绪有足够充分的体验，情绪强度会逐渐下降，不再造成困扰。

表 8-3　　逐级自我挑战表

挑战任务清单	难度评分（1~10 分，分数越高，越困难）	完成情况
在讲台上做展示	9	
上课主动举手回答问题	7	
上课前，主动和周围的同学聊天	5	
在小组讨论中表达自己的观点	4	一开始很紧张，后来紧张程度慢慢下降，心情平静了很多

（3）对于消极回避行为和伤害行为，个体可采用“应对卡”（见表 8-4）克服。伤害行为，往往属于冲动性较强的行为，不管是个体一时冲动导致的对他人的言语或身体攻击，还是对自己的攻击，都可能瞬间发生。若个体冷静下来往往会后悔。消极回避行为会带来消极情绪，具有极大的惯性，很难克服。

设计应对卡的方法如下：个体需要找出典型的困扰行为，然后将有效的应对办法写在一张卡片上，并随时查看。应对行为是指健康、积极、有益的行为。为了增加效果，个体需要经常查看应对卡，并更新补充内容。

表 8-4　　应对卡

×××的应对卡
困扰行为：暴饮暴食，导致肠胃不适，影响健康。 应对办法：当我想吃很多东西时，其实我的身体并不是真正需要这些食物。吃东西让我暂时忘记烦恼，感到舒服，但会造成身体负担。因此，每当我想要吃很多东西时，我可以选择别的方式，如向好友倾诉，去操场跑步，或者做我喜欢的手工。

四、练习情绪“冲浪”

个体体验喜怒哀乐，却不陷入喜怒哀乐，如同冲浪的过程：在海浪中顺应着浪的方向，不被浪花卷入，保持着动态的平衡。情绪冲浪的练习可以帮助我们在情绪袭来时保持稳定而平静。这个练习，从关注呼吸开始。我们学着让身体放松下来，去感觉呼吸，可以缓慢呼吸，感受呼吸的速度与分量，以及胸腔慢慢扩张的感觉。四五个缓慢的深呼吸后，我们将注意力转移到目前的情绪体验，请不带评判地觉察一切感受。例如，有时悲伤中隐藏着愤怒和焦虑，羞耻中纠结着失落与憎恨，甚至身体上有一些发痒、发麻和疼痛现象。此时我们不需要惊慌，保持好奇心，体验这些微妙。

当我们不与情绪对抗时，情绪像波浪一样袭来，然后消失。在这个过程中，我们重复这个练习，耐心地观察、体验，不与情绪对抗。我们通过这个观察过程会发现：任何一种情绪都有自然的存在期，只要持续观察，就会看到它们的高涨和消退。这个练习还会让你从情绪中抽离出来，不至于被情绪本身淹没，减轻来自情绪的压力。

五、主动提升幸福感

幸福，是指一个人的需求得到满足而产生长久的喜悦，不等同于快乐。随着物质生活的提升，人们基本脱离了贫困，希望过上更加幸福、健康的生活。作为大学生，应认真努力学习各方面的知识文化，过上幸福的大学生活，为人生这宝贵的四年画上美丽的风景。对于获得幸福的方法，美国著名心理学家马丁·塞利格曼建立了积极心理学，它将人的美德、积极力量、善良作为研究对象，力求帮助人们获得更优秀的人类品质和幸福感，提升生活满意度。积极心理学告诉我们，真实的幸福来源于优势和美德，个体能够在生活中充分发挥共优势和美德。

积极心理学指出，幸福来源于精神层次的提升。积极情绪、消极情绪对于我们都是有意义的：消极情绪保护我们不受外界侵犯，是远离危险的信号；而积极情绪优化我们的生活，提高我们的生活质量。对于大学生而言，要发挥自己的优势，创造幸福和满足感，在学习、情感、人际关系方面付出努力。

古希腊哲学家苏格拉底及弟子们提出了关于幸福的一些建议。以下的四个步骤，可以作为参考：

(1) 人类能够认知自己。我们都用理性去察觉我们无意识的信念和价值观。

(2) 人类能够改变自己。我们可以用理性来改变我们的信念，因为我们的情绪遵循着我们的信念。

(3) 人类能够有意识地培养新的思维、感受和行动。

(4) 如果我们把哲学当作生活方式来遵循，我们就能过上更加美满的生活。

每一个时代关于幸福和美满的定义是不一样的。而我们可以把古人的智慧作为参考，让我们在高速发展的现代生活中时时反思，找到心灵的平静。

链接：情绪 ABC 理论

基于情绪的认知理论的观点，情绪调节的基本原理是情绪 ABC 理论。古希腊哲学家艾比克泰德曾说，人不是被事情本身困扰，而是被他们关于事物的意见困扰。这句话启发了美国当代心理学家埃利斯，创建了情绪 ABC 理论。埃利斯认为诱发事件 A（Activating Event）只是引发情绪和行为结果 C（Consequence）的间接原因，而引起 C 的直接原因是个体对激发事件 A 的观念 B（Belief）。

情绪 ABC 理论表明，不合理的观念使我们产生情绪困扰。而这些观念，常常是一些无意识的、未经省察的。我们通过练习，把想法放在理性的阳光下，看看它们是否合理。比如，诱发事件 A 是学生丢失。结果 C 是非常自责。观念 B 是“为什么我总是这么粗心大意，一点小事都做不好”。但同样的诱发事件，不同的人有不同的情绪反应。若将观念 B 调整为“既然已经弄丢了，懊恼也无济于事，赶紧补办，并记得以后小心一些”，那么情绪更加平和。

小结：

情绪调节的方法可以分为调整认知、树立正确的价值观、采取积极的行为、直面情绪、提升幸福感等。情绪的认知理论认为，不合理的想法让我们产生了过度的负面情绪。常见的不合理想法包括灾难化、非黑即白、贬低正面经验。价值观是指个人对一切事件的意义、作用、效果和重要性的总体评价，在较深的层面影响个人的日常观念、言行和情绪。作为当代中国大学生，应树立和践行社会主义核心价值观，用理想信念指引人生方向。

在行为层面，当大学生采取积极、正确的行为时，往往会有较好的结果。良好的行为，为愉悦的情绪和健康的心态提供了好基础，也为学业成功保驾护航。

在直接面对并调整情绪方面，大学生可以进行情绪冲浪的练习，逐渐帮助自身在情绪袭来时保持稳定、平静的心态。最后，作为大学生，除了认真努力学习各方面的知识文化，应努力让自己过上幸福的大学生活，为人生这宝贵的四年画上美丽的风景。

思考题：

1. 你的情绪有哪些特点？请试着记录你的情绪变化，并找出规律。
2. 请写出 8 项提升快乐的活动，并在本周内有意识地去尝试其中 1~2 项。

引用：

[1] 莱德利，马克斯，汉姆伯格. 认知行为疗法［M］. 李毅飞，孙凌，赵丽娜，等，译. 北京：中国轻工业出版社，2012.

[2] 马修·麦克凯. ACT，就这么简单，接纳承诺疗法简明实操手册［M］. 祝卓宏，译. 北京：机械工业出版社，2016.

[3] SNYDER C R，LOPEZ S J. 积极心理学［M］. 王彦，等，译. 北京：人民邮电出版社.

[4] 丹尼尔·戈尔曼. 新发现——从“情商更重要”到如何提高情商［M］. 杨春晓，译. 北京：中信出版社.

[5] 刘丹. 利用 fNIRS 研究负性情绪对工作记忆的影响［D］. 武汉：华中科技大学，2017.

[6] 西南财经大学中国家庭金融调查与研究中心. 2014 国民幸福报告［EB/OL］.（2015-02-13）［2019-07-30］. https：//chfs. swufe. edu. cn/thinktank/resultsreport. html？id=1650.

[7] 安东尼奥·达马西奥. 笛卡尔的错误［M］. 殷云露，译. 北京：北京联合

出版公司，2018.

［8］菲利普·津巴多，罗伯特·约翰逊，薇薇安·麦卡恩. 津巴多普通心理学［M］. 7版. 钱静，黄珏苹，译. 北京：中国人民大学出版社，2017.

［9］基斯·斯坦诺维奇. 这才是心理学［M］. 杨中芳，译. 北京：人民邮电出版社，2014.

［10］库恩，等. 心理学导论思想与行为的认识之路［M］. 13版. 郑钢，等，译. 北京：中国轻工业出版社，2014.

［11］斯科特·O. 利林菲尔德，等. 心理学改变思维［M］. 方双虎，等，译. 北京：中国人民大学出版社，2016.

［12］彼得·金德曼. 重新定义心理学：关于心理学的另类思考［M］. 黄珏苹，译. 北京：中国人民大学出版社，2018.

推荐阅读：

［1］丹尼尔·戈尔曼著. 情商，为什么情商比智商更重要［M］. 杨春晓，译. 北京：中信出版社，2010.

［2］塞利格曼著. 真实的幸福［M］. 洪兰，译. 沈阳：万卷出版公司，2010.

第九章
大学生压力与应对

第一节 压力概述

每个人在一生中，都要经历这样或那样的压力，每个阶段都是如此。大学生处在特殊的生活环境和年龄阶段，在日趋激烈的竞争环境下，面临越来越多的挑战与选择，产生各种压力。从某种程度上讲，压力如同电流。适量的电流可以支持你的电器工作，但过量的电流和起伏不定的电流会损坏电器。我们要认识到现代生活的节奏越来越快，作为大学生，目前面临着学业的压力、人际关系的压力、就业选择的压力，而未来将会面临工作压力、买房和组建家庭的压力。可以说，压力似乎无法避免。在这一章里，我们主要来认识那些大学生来不希望面对，却又不得不面对的压力。本章分析这些压力是如何降低效率、打消激情、影响生活，甚至造成精神上的痛苦。

一、压力的概念

压力，是由英文“stress”翻译而来，是生物学和物理学的概念，译为应激、压力、心理压力感等。在当代，关于“压力”一词的含义与界定多种多样，不同领域和角度的研究给予各自的定义。在东方哲学中，压力被认为是内心平和的缺失；在西方文化中，压力是一种失去控制的表现。从生理角度来说，压力是身体在疲惫和受折磨的情况下产生的一系列反应；从心理学角度来说，压力是由事件和责任超出个人应对能力范围时所产生的焦虑状态。

压力是个体对觉知到的（真实存在或者想象中的）对自身的心理、生理、情绪及精神威胁时的体验，所导致的一系列生理性反应及适应。压力产生的过程是一个动态的过程，不存在一种绝对压力。压力大小是个体与环境多次相互作用的产物。从心理学角度上讲适当的压力有助于突出个人表现及增强能力。但是，长期有压力会危害人们的身心健康。持续过高的心理压力可以使人们出现认知偏差、焦虑、情绪激动、易激惹、行动刻板等问题，甚至影响人们个性的深层部分如自信心等。医学研究表明，压力会使我们的心跳加快、血压升高、呼吸加速。个体长期处于压力之下，会对自身健康产生不良影响。

压力反应是身体对于主观意识到的威胁的原初（中央神经系统）反应。身体会释放肾上腺素和去甲肾上腺素，各种器官和组织准备战斗或逃跑就是我们常见的应激反应。

二、压力源及其分类

压力源是指引起机体产生应激反应的刺激物，威胁的情境、环境或刺激都被称为压力源。广义的压力源包括躯体、心理、社会和文化等，随着时代变迁，新的问题会不断出现，从而产生新的压力源。压力源可以按生理、心理和社会属性进行分类。

1. 生理性压力源

生理性压力源又称躯体性压力源，是指直接作用于躯体而产生应激反应的刺激，有许多生理层面的因素会引发我们不同程度的压力反应，如重力、温度、阳光。季节性情绪障碍就是一种北极圈附近居民容易患的疾病，因为这一区域的人每年有很长一段时间无法见到阳光，因此变得抑郁。再如，长时间忍受身体某方面病痛的人，也会感到心理方面的压力和不适。

2. 心理性压力源

心理性压力源又叫精神性压力源，它来自于我们心理上对刺激的知觉，在当今社会人群中占据最大比重。因为人们对于自我的意识、思维、观点、态度等会有本能的防御，一旦受到威胁和挑战，甚至被迫需要改变，自我就会产生压力反应。其中包括各类心理冲突、人际关系紧张以及焦虑、恐惧等消极情绪。这类压力源最容易引发压力，也是大学生压力来源的主要方面。

3. 社会性压力源

社会性压力源是源于社会层面的压力事件。随着社会的发展和分工，以及政治经济制度的变更，人们担任不同的社会角色，期待社会认可和社会支持，社会性压力源变得不可忽视。日常生活中最常见的社会性压力源包括工作、婚恋、人际关系等方面。

4. 文化性压力源

文化性压力源指的是一个人从熟悉的生活环境、生活方式、语言环境中迁移到陌生的环境中，在调整的过程中所产生的一些变化。比如，大学新生从家乡来到陌生的城市读书，语言、饮食习惯和生活习惯都面临巨大的改变，这些改变都会带来压力。

三、压力的类型

压力并非全然是负面的。作为一种具有适应功能的体验，人类必须经受一定程度的压力才能保持健康，我们需要平静，但也需要一定程度的生物唤醒，以保证器官处于最佳功能状态。当压力作为一种积极的动机出现时，就被认为是有益的，超过这个理想的点，就造成伤害。在这个层面上，我们可以把压力分为三种类型：正性压力、中性压力、负性压力。

1. 正性压力

正性压力是带来动力和激情的压力，产生于个体被激发和鼓舞的情境，和对自己的身心健康具有积极作用的事件，会产生令人满意的体验，也会让个体产生动力。例如，个体坠入爱河以后，想要追求对方，从而产生正性压力。

2. 中性压力

中性压力是一些不会引发后续效应的感官刺激，无所谓好坏。

3. 负性压力

负性压力，即带有负面影响的压力源会对自己产生消极作用，也最容易被大家简化为我们日常所说的压力。负性压力又可以被分为急性压力与慢性压力，前者来势汹汹且消退迅速；后者出现的时候不会很强烈，但旷日持久。

同一件事在不同的情境和个人状态下，产生的压力会在正面和负面之间来回变化。日常生活中，我们期待正性压力带给我们动力，去完成需要完成的工作和学习，随着压力的增加，事情往往不受我们控制，正性压力逐渐变为负性压力，让事情越变越糟糕。就像图 9-1 显示的那样，当压力增加，正性压力会逐渐转化为负性压力。有研究表明，当压力处于最佳点时，与压力有关的荷尔蒙可以帮助提高身体效能、工作的效率和信息处理能力，这里的最佳压力水平点就是正性压力变为负性压力的临界点。离开最佳水平后，各方面效能都会有所下降。

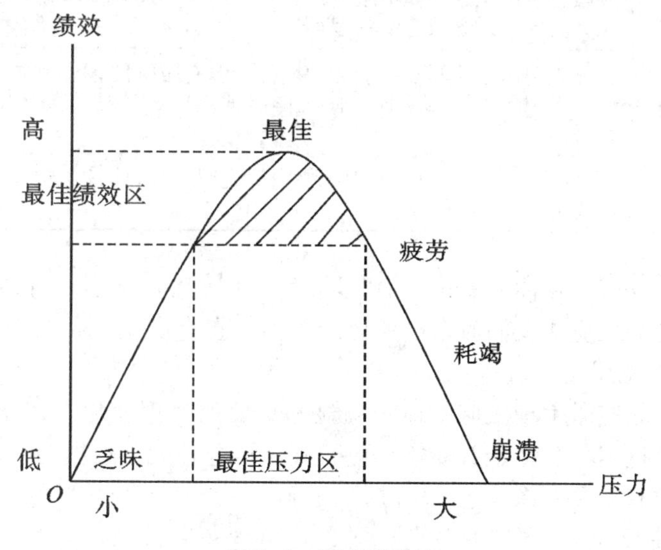

图 9-1　压力绩效表

四、压力反应

1914 年，哈佛大学心理学家沃尔特 · 坎农首次提出“战或逃反应”，描述面对压力时身体生物唤醒的动力性。坎农在一系列的动物实验中发现，身体面对压力的立即反应有两种模式：要么攻击以保护自己，要么逃走以躲避危险，坎农观察到的这一面对急性压力的身体反应，现在被称为压力反应。

古人“头悬梁，锥刺股”，通过这种极端的方式为自己带来压力，促进学习和工作效率。想象一下，如果你将自己的手放进一个装满冰水的小桶，坚持一段时间不动，这种冰冻的痛感会给你带来压力，在此时，让你尝试学习或背诵一组单词，相比正常情况，你会记得比平时牢固。你的记忆力之所以得到提高，是因为压力能提升皮质醇和去甲肾上腺素水平，而这两种物质可以暂时性地提高记忆力，压力会运用这两种物质让你不再轻易地从最佳觉醒点跌落下来。

但需要注意的是，压力反应并非都有益处，关键是压力的程度。因为每个人的压力源不同，所以承受压力的能力也不同。从下面的内容，你可以了解到，哪些生理反应意味着你承受的压力过大，哪些情绪的产生是在告诉你需要给自己减压。

（一）压力的生理反应

心理学家塞利以白鼠为研究对象，对老鼠进行多项有关压力的研究，特别是慢性压力下老鼠的反应，发现当老鼠反复经受压力时，会发生一些心理上的适应性变化。塞利将它们称为一般适应综合症。压力状态下的身体反应分为三个阶段，如表9-1所示。但在一般情况下，应激只引起阶段一、阶段二的身体反应，只有严重应激反应才会使身体反应阶段三。

表 9-1　压力状态下的身体反应阶段

阶段	特征
阶段一：警觉期	刺激突然出现，个体情绪变得紧张，注意力提高，体温与血压下降，肾上腺分泌增加，进入应激状态
阶段二：抗拒期	机体表现出适应和抵抗能力的增强，但有防御储备能力的消耗。在此期间人体出现各种防御手段，使机体能适应已经改变了的环境，以避免受到损害。
阶段三：衰竭期	压力存在太久，个体应对压力的精力耗尽，身体各功能衰弱，以适应能力的丧失

上述的身体反应，身体比意识更有发言权，在应激状态下，身体各系统会产生相应的反应，这些反应让我们对自己所处的压力状态有更敏锐和准确的认识与适应。

1. 心血管系统反应

心血管系统是应激生理反应中最为明显和重要的生理变化。在压力过大时，有些人会产生心跳过速、心慌、头晕等反应，甚至可能猝死，这些与血管的持续收缩、心脏的强力活动有重要关系。

2. 消化系统反应

科学家曾在一位患者身上观察胃功能和情绪之间的关系，发现当他出现焦虑、反抗时，胃粘膜会充血，胃液分泌量会增加，胃液的酸度会发生变化；而当他抑郁和失望时，他的身体会出现另一种反应。因此，个体情绪发生变化，其消化系统也会随之变化。

3. 呼吸系统反应

当我们感到兴奋时，会引起身体呼吸频率加快、支气管扩张，便于改善肺泡通气，以便为血液提供更多的氧；而当压力过大时，个体会感觉呼吸困难或呼吸频率过快，过快吸入氧气，吐出二氧化碳，引起呼吸性碱性中毒，表现出心跳加快、口干舌燥、头晕目眩等症状。

（二）压力的心理反应

人在压力状态下，不仅有生理反应，也有心理反应。压力的心理反应从知、情、行（意）三个方面表现出来，如表 9–2 所示。

表 9–2　压力的心理反应

不同反应	具体表现
认知反应	可能降低或提高注意力、工作能力和逻辑思考能力
情绪反应	兴奋、焦虑、不安、恐惧、易怒、有攻击性、无助、工作成就感低
行为反应	生产力降低或升高、行为慌乱、易发生意外事故

1. 认知反应

人类的认知功能包含感觉、知觉、记忆、思维和想象等方面，在压力状态下，主要体现在：

感知觉功能。个体在压力状态下，感觉阈限上升，知觉的速度和精准度变差，视觉的鉴别能力明显降低，可能出现“视而不见”或“充耳不闻”的现象。例如，《中华人民共和国道路商务通安全法》规定：连续驾驶机动车超过 4 小时未停车休息或者停车休息时间少于 20 分钟为疲劳驾驶。长时间驾驶会使驾驶员判断能力下降、反应迟钝。

记忆和注意力。在压力状态下，大脑皮层的紧张度增加，皮层的兴奋度变强。如果个体处于最佳压力点，记忆和注意力会高度集中，学习效率增强；而处于过大压力状态下，会出现负诱导现象。例如，当突发事件和紧急情况发生时，我们经常会出现大脑“一片空白”的情况，忘记之前的相关记忆。

逻辑思维。在压力的作用下，我们原本灵活的脑袋变得木讷和迟钝，大脑的灵活性变差。例如，“当局者迷，旁观者清”这句话描述了类似情况。

2. 情绪反应

了解负性压力引起的负面情绪以及对我们的影响，便于我们在其产生时，能够正确识别和处理。常见的负面情绪反应分别是：焦虑、抑郁和愤怒。

焦虑：焦虑是对生命安全、前途命运等过度担心而产生的一种烦躁情绪，其中含有着急、挂念、忧愁、紧张、恐慌、不安等成分。它与危急情况和难以预测、难以应付的事件有关。过度的焦虑会使人体负荷加重，干扰认知功能活动，妨碍个体做出适宜的判断，严重削弱应对能力。

抑郁：表现为情绪低沉，整日忧心忡忡，对自我才智能力估计过低，对周围困难估计过高。各种重大生活事件突然发生或长期存在会引起个体产生强烈或者（和）持久的不愉快的情感体验，导致抑郁症的产生。

愤怒：指当愿望不能实现或为达到目的的行动受到挫折、自尊心受到打击时，个体为排除阻碍或恢复自尊，产生的一种紧张而不愉快的情绪。美国有关愤怒的研究表明，一般人每天经历大约 15 种愤怒的情境。研究发现几乎所有的这些境遇都是基于期待的受挫，如结账时排长队、上下班堵车等。

3. 意志行为反应

个体在产生上述情绪反应的同时，还会伴随出现各类行为反应，如果说情绪反应是内部反应的话，那么行为反应就是外部反应。行为反应是机体为缓冲应激对个体自身的影响、摆脱身心紧张状态而采取的应付策略，以顺应压力情境的需要。作为外部反应的行为，我们可以对其进行观察和了解，主要介绍以下几类：

逃避与回避行为：一方面，当人们面对可预知的危险或置身于危机中时，本能促使我们逃避和远离，最大程度上保障自身安全，这不仅是人类，也是所有动物的本能反应。例如，遇到地震本能地逃跑。另一方面，是基于一些必须面对的压力和情绪，个体选择逃避与回避，不愿意面对现实。例如，得知至亲突然去世的第一时间，大部分人不愿意接受这一现实而选择逃避。

退行与依赖行为：退行行为的产生主要是个体为了获取周围人的同情和照顾，继而减轻心理上的压力和痛苦。而退行行为往往伴随依赖行为和心理，多见于个体感觉处于不安全的情境中，或是不想继续承担社会责任的义务，放弃成年人应有的应对方式，转而使用幼儿时期的应对方式。

敌对与攻击行为：如果个体的目的行为受到阻碍，就会引起挫折感，挫折感引发指向阻碍目标实现的人和对象的攻击行为，是一种有意伤害他人或自己的行为。

失助与自怜行为：失助是一种无能为力、听天由命、放任自流的行为状态，自怜是对自己怜悯惋惜、自怜自哀的状态。出现这类情况时，个体要及时进行调整，或者通过外界加以干预和引导，避免出现习得性无助的情况。

物质滥用行为：我们经常说的“借酒消愁”就可以说明这类情况，个体通过吸烟、服用某类药物、酗酒等行为方式应对面临的情境。物质滥用仅仅是麻痹自己，并不能真正帮助自己摆脱困境，反而对身体有害。

冷漠行为：个体长期处于压力情境而改变的希望渺茫时，会表现出冷淡、无动于衷的态度。例如，新闻报道中的丈夫长期对妻子实施家庭暴力，在对孩子施暴时，妻子并不会干预，而是表现出冷漠的态度。这种行为方式也会对身心造成伤害。

五、压力相关理论

（一）挫折—攻击理论

美国心理学家多拉德和 N. E. 米勒 1939 年在《挫折与侵犯》书中首次提出挫折—攻击理论，1941 年 N. E. 米勒予以修正。该理论假定人类在遇到挫折时具有做出攻击反应的天赋倾向，并认为个体遭遇挫折后，其目标不能实现，动机得不到满足，必将引起个体对挫折源的外显或内隐的攻击，而且认为攻击总是由挫折引起的。

挫折能够引起多大程度的攻击行为，取决于以下四个因素：

第一，与受挫折反应相联系的动机。攻击的强烈程度取决于所遭受的挫折的程度。一个人想要达到目的的动机越强烈，当指向目的的行为受阻时，受到的挫折就越大，就越具有攻击性。

第二，挫折的完整性。如果目的行为只是部分受阻，产生较小挫折，与攻击行为与目的行为整体受挫所产生的攻击行为相比，程度轻得多。

第三，小挫折的累积作用。许多不严重和不完整的挫折最终叠加起来，产生严重的挫折，并导致严重的攻击行为。

第四，攻击行为受到惩罚的程度。如果攻击行为发生后会个体受到较严厉的惩罚，个体会产生较轻的攻击行为。

挫折产生的情绪，个体即使不以攻击的形式发泄出来，也会以其他形式发泄出来。经过多年研究，1941 年，米勒又对挫折和攻击之间的联系进行了新的解释和说明，米勒认为，攻击只是挫折的一个后果，而不是绝对会出现的结果。但不可否认的是，大部分研究者仍然认为，攻击是挫折引起的最普遍和最重要的反应。

（二）GAS 三阶段理论

该理论最早是由西利（Selye）提出，他曾把压力现象称为“一般适应综合症”（General Adaptation Syndrome，GAS），将其引发的反应模式分为三个发展阶段：惊觉阶段、阻抗阶段和枯竭阶段。他根据所处不同的阶段，对压力进行解读，寻找压力管理的策略。GAS 分三期：

（1）警觉期。警觉期最早出现，以交感-肾上腺髓质系统兴奋为主，并伴有肾上腺皮质激素的增多。警觉反应使机体处于最佳动员状态，有利于机体增强抵抗或逃避损伤的能力。

（2）抵抗期。警觉反应后进入该期。此时，以交感-肾上腺髓质兴奋为主的警觉反应将逐步消退，而表现出肾上腺皮质激素分泌增多为主的适应反应。机体代谢率升高，炎症、免疫反应减弱。机体表现出适应、抵抗能力增强，但伴有防御贮备能力的消耗。此期间人体出现各种防御手段，使机体适应已经改变了的环境，以避免受到损害。

（3）衰竭期：持续强烈的有害刺激将耗竭机体的抵抗能力，警觉期的症状可能再次出现，肾上腺皮质激素持续升高，但糖皮质激素受体的数量和亲和力下降，机体内环境明显失衡，应激反应的负效应陆续出现，机体出现应激相关的疾病，器官功能衰退甚至休克、死亡。此期间是在应激反应严重或应激持久存在时才会出现。它表示机体“能源”耗竭，防御手段已不起作用。严重的话会导致死亡。

在一般的情况下，应激只引起第一、第二期的变化，只有出现严重应激反应机体才进入第三期。

（三）压力的认知理论

“人是有思想的动物，通过调节自己的思维方式改变自己的压力状态”。压力的认知理论认为，压力反应并不是由环境的直接刺激导致，而是个体对环境刺激或事件认知评价的必然结果。个人通过改变自己的思维方式、对压力的看法及对压力事件赋予的意义等，调整压力的反应。著名压力与应对心理学家拉扎勒斯提出：“某一事件对某人是有压力性的，但对别人可能并非如此；同一个人在某时认为某事件是压力性的，而在另一时间可能不这样认为。”因此，我们可以在评价的过程中采取相应的策略管理压力。

拉扎勒斯认为，认知评价是指个体觉察到情境对自身是否有影响的认知过程，包括对压力源的确定、思考及期待，以及对自身应对能力的评价，主要的心理活动包括感知、思考、推理及决策等。认知评价包含三种方式：初级评价、次级评价及重新评价。

初级评价：是指人确定刺激事件与自己是否有利害关系及与这种关系的程度。评价的结果有三种：与个人无关的、有益的、有压力的。当一个事件被评价为有压力时，可能有三种情况：伤害性或损失性、威胁性、挑战性。伤害性评价的性质一般与真实或预期的损伤有关，这种损伤一般对个人的身心健康或资源有较大损害。威胁评价指某一情景所要求的能力超过个人的应对能力时，该事件被评价为威胁性，此评价的感情基调是消极的。它与损失评价所不同的是个体预感伤害事件将要发生，而事实上没有发生。挑战性评价是个体将某一事件评估为冒险性的，其感情基调是兴奋及期待，也包含焦虑与不安成分。

次级评价：是个人对应对方式、应对能力及应对资源的评价，判定个人的应对与事件之间的匹配程度。它所要回答的问题是“在这种情况下我应该做什么”。个体进行次级评价后会产生相应的情绪反应，如果评价结果为有利，个体会出现高兴、骄傲、满足和幸福等正性情绪；挑战性评价时个体会出现希望、信心十足或焦虑反应；伤害性评价时个体会出现愤怒、焦虑、悲伤、害怕、恐惧等反应。

重新评价：是指人对自己的情绪和行为反应进行的有效性和适宜性的评价，实际上是一种反馈性行为。如果重新评价结果表明行为无效或不适宜，人们就会调整自己对刺激事件的次级评价甚至初级评价，并相应地调整自己的情绪和行为反应。重新评价不一定每次都会减轻压力，有时也会加重压力。拉扎勒斯指出：“有效化解压力的关键在于对压力的积极评价。”

（四）环境匹配理论

该理论认为，压力是个人和环境共同作用的结果，它既不是由单独的环境因素导致，也不是单独的个人因素造成。它指出，每一个个体都存在差异，并且具有很强的主观能动性，会采用不同的策略和方法缓解和消除心理压力。该理论从个体和环境之间的相互关系视角对压力进行研究，尤其重视个体心理和行为在应对压力时的重要作用。环境匹配理论对压力理论的进一步发展产生了十分重要的影响，但是它也存在一定的局限性，如把个体和环境都看作静止、不变的。

链接：动物实验带来的启示

压力对健康有消极影响也有积极影响。这里通过几个动物实验进行说明。

实验一：为了了解不同类型动物的压力反应差异，芝加哥大学伊利诺伊分校的索尼亚·卡维格里在研究灵长类动物时发现，尽管某些动物面对同样的压力刺激，但它们的反应却有很大不同。卡维格里因此决定用老鼠研究害怕新鲜事物这种心态给健康带来的影响。研究人员在实验中根据实验对象的特点，将 14 窝老鼠平均分到了不同的组中。跟踪监测显示，在经历一次“新鲜体验”之后，胆小的老鼠血液中的压力激素的水平比胆大的老鼠高 20%。而最终实验结果表明，老鼠寿命的差异非常明显，胆小的组中的老鼠平均寿命为 599 天，胆大的组中的老鼠的平均寿命比胆小的多了102天，而胆小的老鼠的死亡率比胆大的高60%。

实验二：美国科学界为了弄清楚压力对生物身体机能的影响。他们把刚刚断奶的幼鼠分为两组。第1组给予最优惠的待遇，尽可能向它们提供充足的食物和安逸的环境。第2组只能享用相当于第一组60%的食物，它们必须和同伴进行争夺才不会挨饿。按常理，第1组应该比第2组更健康、更长寿，但结果出人意料，第1组老鼠的平均寿命不到3年，而第2组老鼠的平均寿命超过了5年，而且皮毛光滑，反应敏捷，免疫功能和性功能均明显高于第1组。随后科学家们将实验范围扩大到细菌、苍蝇、海洋生物乃至人类，发现结果惊人的相似。

实验三：美国科学家为了了解压力与行为的关系，将1只消除了压力基因的小白鼠放进1个500平方米的仿真实验环境里，同时再放进1只普通的小白鼠。没有压力基因的小白鼠十分活跃，行动时全然没有老鼠那种躲躲藏藏的习性，它在1天内就把整个环境走了1遍。

而那只普通小白鼠行动十分谨慎，用了4天时间才基本熟悉了这个500平方米的地方。他们的活动空间里有1座十几米高的假山，失去压力基因的小白鼠完全不把假山放在眼里，它毫不犹豫地在“悬崖峭壁”上窜来窜去。在实验的第3天，这只“勇敢”的小白鼠在爬上1根吊绳时不慎跌落，当场摔死。而那只普通的小白鼠在爬假山寻找食物时，总是要把地形摸熟之后才开始行动，它完全按照老鼠的习性生活，始终保持鼠类特有的危机感，平安度过了整个实验期。

小结：

压力是个体对觉知到的（真实存在或者想象中的）对自身的心理、生理、情绪及精神威胁时的体验，所导致的一系列生理性反应及适应。压力的分类为：正性压力、中性压力、负性压力。压力源是指引起机体产生应激反应的刺激物，被认作威胁的情境、环境或刺激。压力源的分类为：生理性压力源、心理性压力源、社会性压力源、文化性压力源。压力反应是身体对于主观意识导致的威胁的原初（中央神经系统）反应。压力的生理反应分为三个阶段：警觉期、抗拒期、衰竭期。压力的心理反应包括认知反应、情绪反应、意志行为反应，我们可以简单记忆为知、情、意。压力相关的理论主要包括挫折—攻击理论、GAS三阶段理论、压力的认知理论和环境匹配理论。

思考题：

1. 急性压力和慢性压力有何区别？
2. 思考你现在面临的压力中，哪些是正性压力？对你有什么影响？
3. 什么是一般适应综合症？各阶段分别是什么？你有过类似体验吗？

第二节　大学生常见压力及应对策略

压力性生活事件是影响青少年主观幸福感的重要环境因素，它会导致个体的主观幸福感降低。研究表明，大学生压力的应对方式更多是消极应对，因此，如何应对压力，管理情绪，对当今大学生而言，是一个难题。本节，我们将从大学生的压力入手，解读大学生的压力类型及应对方式。

一、大学生常见的压力源

一项研究结合当代大学生的现实情况，确定了与大学生生活实际紧密相关的58个负性生活事件，主要包括大学生的学习、生活、社会交往、个人发展和家庭等方面，全面地考察当前大学生在大学生活中可能遭遇的压力事件。研究结果如表9-3所示：

表9-3　　大学生经历的压力事件的调查结果

压力事件	百分数（%）	压力事件	百分数（%）	压力事件	百分数（%）
1. 准备外语等级考试	68	21. 生活环境发生变化	29	41. 父母下岗或失业	16
2. 考试失败或不理想	56	22. 生活习惯明显变化	27	42. 受人歧视或冷遇	15
3. 准备期末考试	56	23. 贷款或借钱上学	26	43. 与男友（或女友）吵架	15
4. 被人误会或错怪	51	24. 单相思	26	44. 与好友关系破裂	13
5. 课业负担重	50	25. 准备考研	26	45. 准备毕业论文或毕业设计	12
6. 学习方式发生变化	49	26. 同家人发生冲突	26	46. 沉迷网络或游戏	11
7. 家庭经济困难	46	27. 求职	25	47. 本人患重病或受重伤	9
8. 价值观发生冲突	43	28. 受到批评	25	48. 受到处分或处罚	8
9. 面试	43	29. 家庭成员患重病或受重伤	23	49. 遭遇突发性公共卫生事件	7
10. 想家、思念亲人	43	30. 边学习边打工	22	50. 宠物死亡	7
11. 开始自理生活	43	31. 失眠	22	51. 家庭遭遇自然灾害	6
12. 为外貌或体形操心	40	32. 性的困扰	21	52. 家庭卷入法律纠纷	6
13. 预期的评选落空	39	33. 朋友或同学发生意外事件	20	53. 师生关系紧张	5
14. 没有考上理想的大学	39	34. 重修或重考课程	19	54. 家庭暴力	5
15. 被盗或丢失东西	36	35. 同学关系紧张	18	55. 遭抢劫或劫持	4

表9-3(续)

压力事件	百分数（%）	压力事件	百分数（%）	压力事件	百分数（%）
16. 学习困难	33	36. 家庭成员或亲友死亡	18	56. 休学	4
17. 不喜欢所学的专业	33	37. 个人就业困难	17	57. 父母离婚	4
18. 受骗	33	38. 失恋	17	58. 本人（或女友）意外怀孕	2
19. 与室友发生冲突	30	39. 被迫参加高消费的聚会	17		
20. 当众丢面子	30	40. 家庭不和睦	16		

注：百分数越大，表明越多的大学生正在遭遇或遭遇过这个压力事件

表 9-3 为武汉 4 所高校 700 余名学生的压力事件调查结果，从表 9-3 中我们可以看出，大学生的压力来源多种多样。其中，大学的学习（考试、课业、专业、学习方式的改变）、新的生活方式（自理生活、思念亲人、寝室关系、生活费支配）、个人发展（专业、就业、未来方向）等成为大学生主要的压力来源。我们可以将大学生压力分为下面几类：

1. 学业压力

大学有与初、高中不同的学习方式，导致许多学生不适应。学习从原有的大学科学习变为分专业学习，从每周固定的授课到自行选择时间上课，从分配学习任务到自由计划学习，从被监督着学习到自觉学习。专业学习、学业成绩、课程内容和考试都给大学生带来了或多或少的压力。学习方面的压力主要与以下因素有关：一是不恰当的社会比较；二是对专业和专业知识不感兴趣；三是学习时间长和学习方法多样。

2. 生活压力

初入大学的新生，很大一部分是从未有过住校经历的，即使有过住校经历，也很少有连续几个月无法与家人团聚的经历。家长在送孩子进入学校后离开后，许多学生产生极大的落差感，发现以前从来不用操心的日常小事变为困扰他们的大问题。生活上的全面自立，生活环境的彻底改变，其中部分同学家庭较为困难，学费来源依靠贷款，这都是造成生活压力的主要原因。

3. 成长压力

年满 18 周岁即为成年人，“成年”给很多大学生带来成长压力。大学生正处于过渡期，自我同一性的确立格外重要，这关系一个人能否更好地适应社会，能否体验自身的价值和人生的意义。由于成长环境和经历不同，每个同学的成长和发展情况不同，进入新的环境中，在面对各种各样的机会与困难时，学生的发展需求巨大，渴望在大学得到更好的成长。而在这个过程中，由于早年发展的不平衡性，一部分学生出现不当的应对模式。

4. 社交压力

现在社交网站异常发达，但很多人还是渴望在现实生活中交到几个能聊得来的好朋友，这源于良好的人际关系或稳定的社会支持作为个体心理健康的良好保护性因素，能够增加自信、维护心理环境稳定。刚入学时，个体告别以前的生活圈和朋友圈，来到新的环境中，都有着被同伴群体接纳的强烈需求。另外，大学寝室成员之间发生寝室矛盾也是常见情况，生活习惯不同和对事物的观点不一是室友间产生矛盾的主要原因，寝室矛盾处理对个体产生的压力和处理不顺畅造成的负面情绪，也是我们常见的压力源之一。

5. 情感压力

网络上流传已久的一个说法讲道：父母对我们恋爱的期望是“大四才能谈恋爱，25 岁前要结婚”。的确，在当今社会普遍的认识里，爱情的面纱在大学才能被揭掉，处于青春期的大学生从长期被禁止“谈情说爱”的压抑气氛中解放出来，爱情一跃成为大学生活的主旋律。没有了父母的管束，加之对自我形象的重视与管理，个体在大学时期对爱情和性的探索开始频繁起来，而恋爱与性问题的处理不当，往往会造成一些后果，导致很多学生产生各类压力甚至是心理危机。

6. 发展压力

大学期间和毕业以后的发展方向的思考和抉择，是大学生普遍存在的慢性压力。各种类型的考证、考核，以及工作、出国、考研的选择也是不小的压力源。部分大学生对自己的未来发展感到迷茫，并不清楚自己想要什么，擅长什么，导致个人的发展受挫，从而产生情绪困难。另外，对于临近毕业的大学生来说，写论文和找工作等压力，也可能导致严重的情绪困扰。对于个人的发展，我们务必重视起来，正确应对个人发展带来的种种压力。

二、大学生压力过大的表现

前文我们介绍了压力情境下个体产生的各类反应，压力过大会对我们的身心造成负面影响。尤其作为刚刚成年的大学生，过大的压力会直接或间接引起其生理、心理、行为的不适应。大学生压力过大主要有以下几个方面的表现：

1. 身体免疫力下降，影响身体健康

长时间在压力情境中的人，无论是心血管系统还是血液系统，都会产生各类反应，影响机体的免疫系统，造成如失眠、食欲不振、易感冒等问题。

2. 注意力不集中，学习效率低下

大学生的学习更具有专业性，其学习强度往往不比高中阶段低，学习压力成为大学生最大的压力之一。大多数时间，学生要保持高度集中的注意力，用于听课和学习。而过度的压力使个体产生焦虑、抑郁等情绪，使得个体无法更好地投入学习，导致学习效率低下。

3. 自我认知失调，造成人际关系障碍

许多学生在以往的生活与学习中，常常得到家长和老师的赞许，有自我优越感。进入大学后，面对新的环境，个体感到不适应，在周围同样优秀的同学的对比下，个体产生自我怀疑和失落感。离开原有生活圈子后，新的人际交往圈还没有完全建立起来的同学，很容易自我封闭，独自苦闷。

三、影响大学生压力的因素

人们常说“世界上没有完全相同的两片叶子”，这句话充分说明了人与人之间存在着差异，人具有独特性。每个人心中的压力也不同，同一种压力对每个人造成的影响也有所区别。因此我们从心理和社会两个层面讨论影响压力的因素。

（一）影响压力的心理因素

1. 人格

人格是一个人在社会化过程中形成和发展的思想、情感及行为的特有统合模式。人格是人类独有的，由先天获得的遗传素质与后天环境相互作用而形成的，能代表人类灵魂本质及个性特点的性格、气质、品德、品质、信仰、良心以及由此形成的尊严、魅力等。因此不同人格面对压力的感受就有所不同，对压力的应对方式也不同。

比如，在同样的压力下，开朗乐观的人会活得更加从容，而敏感多疑的人则更容易唉声叹气。有一些人格特征对压力更加易感，在压力状态下，个体更容易产生焦虑、担忧情绪，稍微遇到挫折就有较强的情绪反应，乃至产生不理智的行为。对压力易感的人格特征包括：过于追求完美，在意他人评价，敏感，等等。虽然人格相对稳定，是由先天遗传和后天经历共同影响形成，也非一朝一夕能够改变，但如果个体能越发清晰地意识到人格对压力反应的影响，并不断调整自己看待问题的方式，建立健康生活习惯，则能逐渐降低压力易感反应。

2. 认知评估

认识评估简言之就是个体对压力的认知程度，它对增加或缓解压力方面起着重要作用。当我们面临压力时，首先会在大脑中评估这个压力对我们而言意味着什么，会影响我们什么，这也就是辨认压力和评估压力的过程，因为我们每个人的认知不同，因此对压力的认知评估有所差异。如果我们对压力可能造成的负面影响评估过大，对自己应对压力的能力评估过低，那么压力反应必然较大。这就解释了，当面对同一个压力时，有些人会苦不堪言，无法承受，有些人会平静地对待。

3. 过往经验

研究人员在对两组跳伞者的压力状况进行调查时发现，有过 100 次跳伞经验的人的恐惧感较弱，他们会自觉地控制情绪；而毫无经验的人在跳伞过程中的恐惧感强，并且越接近起跳越害怕。同样的道理，反复面对同样困难的人总是越挫越勇，笑看生命中的各种打击，最后成功；而一帆风顺的人，在遭受一次打击后就可能一蹶不振。可见，经验可以增强抵抗压力的能力，也有利于个体在下一次压力来临前做好充分的心理准备。

（二）影响压力的社会因素

1. 社会变化

压力源的清单会随着社会的发展不断更新，同理，社会变化在一定程度上对压力产生影响。在自然环境方面，自然灾害、环境污染、全球变暖等问题会让人类产生压力反应。在人类社会发展方面，科技进步、互联网及人工智能的发展导致人类工作方式不断发生变化，人们必须学习新的技能以顺应时代发展，这些都会使人产生压力感。

2. 社会支持

社会支持（Social Support）是指个体与社会各方面，包括亲属、朋友、同事等个体，以及家庭、单位、党团、工会等社团组织，所产生的精神上和物质上的联系程度。大学生在面对压力时，最常见的获取支持和倾诉的对象是家长和同辈朋友，得到他们的支持和帮助对减轻压力具有良好的作用。

四、大学生压力应对的策略

压力应对（Stress Coping）是个体遭遇应激事件时所采取的情绪、认知及行为的调节。根据压力学家拉扎勒斯定义，“应对”一词是指对被评价为超出个体资源要求的处理过程，包括个体认知和行为两个方面的努力。

（一）有效的应对策略

在面对压力时，个体采取的应对模式会对结果产生影响，在没有系统地学习和掌握与压力相关的知识时，我们习惯性地启动防御机制，采用逃避、指责等方式应对压力。即使上述方式可以暂且让我们“逃离”压力带给我们的危害，但始终是治标不治本的方法。大学生以学习为主，不能自食其力，不能完全独立，受家庭、学校和经验等方面制约。大部分学生只能被动接受现状，难以改变，压力越大，消极应付的时候就越多。为了避免量变引起质变，我们鼓励采用和平、积极、有效的压力应对策略。我们可以通过一个等式了解和学习有效应对压力的策略：

有效应对压力的策略=增强感知+信息加工+调整行为+满意结果

增强感知，即对压力情景、自身、所处环境等有全面的、正确的观察和认识。

信息加工，通过对感官输入进行添加、削减、改变和操纵，从而抑制压力的损害力。

调整行为，即尝试利用新的行为模式解决问题。

满意结果，即如果一种策略是有效的，那一定会得到满意的结果，反之亦然。

（二）具体措施

1. 保持积极心态

在我们每个人的成长道路上，肯定会遇到困难和压力，但应该没有谁能与弗兰克尔遭遇到的痛苦相提并论，在《寻求生命的意义》一书中，弗兰克尔描述了他在奥斯维辛集中营的三年遭遇。如果夺取人类一切财产，包括衣服、珠宝甚至头发，那么集中营中的囚犯就剩下了弗兰克尔所描述的人类最后的自由：“在一种背景和情况下寻找一个人态度的能力。”弗兰克尔认为幸存者之所以能够在如此艰难的环境中活下来，是因为他们能够在苦难中发现意义，这种意义增强了他的意志力。因此，作为大学生，我们可以在面对压力时，保持积极的心态，寻找意义感，看到压力带来的正面影响，把压力化作前进的动力。

2. 调整行为模式

面对压力，我们要尽量避免采用消极回避的行为模式，采取积极有效的问题解决方式。以大学生常见的学业压力为例，当遇到较难的课业，或论文被否定时，大学生常常会感到压力扑面而来。如果我们被压力淹没，回避困难，会陷入“困难—回避—更困难”的恶性循环。在这种情况下，我们可采用任务分解法，将困难的任务分解为更加具体的步骤，让每一步的难度和完成时间都控制在现阶段可完成的范围内。当我们逐步完成小任务，我们大脑的奖赏系统会分泌“多巴胺”，这种化学物质让我们产生一定的成就感，感到满足和快乐。另外，除了任务分解法，我们还可以制作“应对卡片”，提示自己采用新的、有效的行为模式。以写论文为例，我们可以制作一张名片大小的卡片，放置在书桌上，随时提醒自己调整状态，以便更好地解决问题。卡片上的内容可以根据自己的实际情况来写。比如，“当我感到焦躁时，我需要深呼吸三次，然后集中注意力查阅资料。目前我只需要整理出相关的资料即可”。注意，应对卡片需要具体的细节，不要过于笼统。

3. 寻找社会支持

在个体面对无法有效解决的压力时，不妨寻求人生阅历丰富的父母长辈的建议；在无法调整压力带来的负面情绪时，可以与朋友一起大快朵颐，一起看场精彩的电影；在压力问题无处倾诉时，学校专业的心理咨询老师、辅导员、高年级同学都是很好的倾诉对象。人不是一座孤岛，建立联系是支撑自己前行的重要基石。有效的社会支持有以下几类：一是情感型支持，包括感情上的投入、共情、尊重；二是评价型支持，是通过分享观点提供自我评价有关的信息；三是信息型支持，提供咨询信息等直接帮助。通过社会支持，个体可以获得更多自信和支持感。

4. 学会精力管理

精力是高效表现的基础，个体管理好精力，也是调节压力的有效方式。一天只有 24 小时，而精力的储备和质量却没有定数。因此，精力才是我们最宝贵的资源。人类是一个复杂而庞大的系统，精力的来源不是单一的。它同时需要体能上、情感上、思维上和意志上的动力。第一，体能为身体添柴加火。体能不仅是敏锐度和生命力的核心，还影响着我们管理情绪、保持专注、创新思考甚至投入工作的能力。当你体能状态良好的时候，精力充沛，你能更加投入地完成学业。第二，情感把威胁转换为挑战。个体以积极的态度面对威胁，就会把它看成一次历练成长的机会和挑战。为了使充沛的体能达到最佳状态，我们必须投入愉悦、积极的情感，享受工作和生活中的挑战、冒险和机遇。第三，思维是属于大脑的“肌肉运动”，它帮助我们认识这个世界，判断正误，构建愿景，管理工作、生活和创造未来。如果思维得不到足够的恢复，个体的判断力、创造力会减弱，甚至无法识别风险。第四，意志，即活出人生的意义。意志是个体通过最深层次的价值取向和超越个人利益的意图，指导自己的工作和生活。在这个世界上，每个人都有自己追求的目标，只不过很多人在日常琐事中逐渐淡化自己的人生目标。我们流连于眼前的表象，却很少停留片刻思考人生的意义。人生价值观的确立是精力管理的重要部分。

5. 掌握放松技术

对那些成功人士超乎常人的旺盛精力，我们常感到困惑，他们在工作、学习那么繁忙的情况下还能涉足健身、绘画、乐器等多个领域。事实上，无论是瑜伽还是音乐，都是我们放松自己的绝佳办法，它们与我们日常的生活和工作相辅相成，互相成就。实验和经验表明，听音乐、散步、游泳等都可以使自己的身体和精神由紧张状态转向松弛状态，降低机体唤醒水平，增强机体的适应能力，调节因压力反应而造成的生理心理功能紊乱。如果你感到压力巨大，不妨抽出一点点时间，从最简单的腹式呼吸开始放松。

链接：压力的自我评估

请你阅读以下每一个句子，根据你最近一星期的实际情况给每道题目计分，然后计算得分，并根据最后的解释判断当前的压力水平。

0 分=从来没有；1 分=偶尔；2 分=有时；3 分=经常；4 分=几乎总是。

(1) 对学习或工作没有热情；

(2) 即使睡眠充足，也感到劳累；

(3) 在学习或工作中履行职责时感到沮丧；

(4) 遇到小困难时，情绪低落，不理智或没有耐心；

(5) 我不需要更多的时间和精力；

(6) 对学习或工作感到悲观、无助或沮丧；

(7) 做决定的能力比以前低；

(8) 我认为我的学习或工作效率不应该这么低；

(9) 学习或工作质量达不到期望值；

(10) 我感到身体和精神都很虚弱；

(11) 抵抗疾病的能力下降了；

(12) 对性爱的兴趣降低了；

(13) 饮食习惯改变了；

(14) 感觉自己对别人的问题和需要很无情；

(15) 和老板、同事、朋友及家人的关系似乎更紧张了；

(16) 健忘；

(17) 很难集中注意力；

(18) 容易心烦；

(19) 有不满意、做错事或丢了什么东西的感觉；

(20) 缺乏长远目标。

评分标准：

得分为 0~25 分：学习或工作的压力很小；

得分为 26~40 分：正在承受学习或工作压力，适当预防是较为明智的选择；

得分为 41~55 分：学习或工作压力很大，需要采取措施；

得分为 56~80 分：正在走向崩溃，必须马上采取措施。

小结：

大学生常见的压力源是多样化的，主要由学业压力、生活压力、成长压力、社交压力、情感压力、发展压力六个方面组成。在压力环境下，如果个体不能得到良好的调节，容易产生生理和心理方面的问题，进而影响社会交往、日常学习等。影响大学生压力的因素包括心理因素和社会因素，因此为了更好地应对压力，我们提出了增强感知、信息加工、调整行为等策略阶段，具体措施可以分为：保持积极心态、调整行为模式、寻找社会支持、学会精力管理、掌握放松技术等。

思考题：

1. 大学生常见的压力源如何分类？
2. 列出压力易感型人格特质，并举例说明。
3. 你常用的压力应对策略有哪些？哪些是积极的？有什么效果？

引用：

[1] 戈登·利文斯顿. 压力这么大，你该怎么活［M］. 刘建周，译. 武汉：长江文艺出版社，2013.

[2] BRIAN LUKE SEAWARD. 压力管理策略——健康和幸福之道［M］. 许燕，等，译. 北京：中国轻工业出版社，2008.

[3] 夏翠翠. 大学生心理健康教育［M］. 北京：中国工信出版社，2017.

[4] 陈建文，王滔. 大学生压力事件、情绪反应及应对方式——基于武汉高校的问卷调查［J］. 高等教育研究，2012.

[5] 焦雨梅，穆长征，覃江霞，等. 大学生心理健康教育［M］. 江苏：江苏大学出版社，2013.

[6] 吴汉荣. 压力与应对［M］. 北京：科学出版社，2013.

[7] 李玲，付志高. 贵州大学生压力与应付方式的现状及其关系研究［J］. 凯里学院学报，2018.

[8] 赵军魁. 当前大学生心理压力成因及对策［J］. 卫生职业教育，2018.

推荐阅读：

[1] 乔恩·卡巴金. 多舛的生命——正念疗愈帮你抚平压力、疼痛和创伤［M］. 童慧琦，高旭滨，译. 北京：机械工业出版社，2018.

[2] 马克·威廉姆斯，约翰·蒂斯代尔，辛德尔·西格尔等. 穿越抑郁的正念之道［M］. 童慧琦，张娜，译. 北京：机械工业出版社，2015.

第十章
大学生生命教育与心理危机应对

第一节　生死之间，追寻生命的意义

生命的意义是一个探索人类存在的目的与意义的哲学问题。这个概念通过许多相关问题体现出来，例如，“我为何在此”“什么是生命?”“生命的真谛是什么?”。在历史长河中，它也是人类在哲学领域一直思索的主题。那么，对于大学生，又如何将生命意义这个宏大的主题与自己的生活相联系呢？下面这位值得全世界敬重的科学家屠呦呦，她用毕生的实践，为“生命的意义在于奉献于科学事业”做了诠释。

20 世纪 60 年代，39 岁的屠呦呦受国家领导人委托，致力寻找治疗疟疾药方的研发。有数据显示，世界上一半的人口都存在罹患疟疾的风险。美国也斥巨资进行研究，想要攻破这一人类难题，可惜全都失败了。那么先进的技术都不行，国内的条件就更艰苦了，用着陈旧的设备，能出奇迹吗？面对所有人的质疑，屠呦呦坚定地说：“没有行不行，只有肯不肯坚持的问题。”带着对科研的信仰，屠呦呦表示愿意牺牲一切个人利益，在一次次试验中不断前行，排除万难。无论试验效果是好是坏，不断尝试，不断提炼，她都坚持着。

在摘取诺贝尔奖之前，这位 80 多岁的老人一直是默默无闻的。而正是因为这份默默无闻，她的研究成果承载了如今“中国神药”的赞誉。在她看来，这条科研道路仍然有很长的路要走。她用一生的科研让无数外国人为之敬佩，甚至反思自身的懒惰作风。她用身体力行告诉我们——“坚持的意义在时光里”。

一、生命

（一）生命是什么

生命，人皆有之，那生命到底是什么？虽然人类在进步，但对于“我们从哪里来?”“我们为什么要活着?”等问题仍然充满了困惑。不同的学科、不同的研究者都曾尝试从不同的角度去理解生命。从广义来看，生命指一切具有新陈代谢、繁殖力、生长力和环境适应力的生物体。

《不列颠百科全书》从生物学的角度列举了五种关于生命的界定：第一，从生理学定义，生命是具有进食、代谢、排泄、呼吸、运动、生长和繁殖等功能系统。第二，从新陈代谢定义，生命系统与外界经常交换物质，但不改变其自身的性质。第三，从生物化学定义，生命系统包含储藏遗传信息的核酸和调节代谢的酶蛋白。第四，从遗传学定义，生命是通过基因复制、突变和自然选择而进化的系统。第五，从热力学定义，生命是一个开放系统，它通过能量流动和物质循环不断增加内部秩序。从狭义来看，生命专指人的生命，我们在这里是讲狭义的人的生命。

人的生命由三个要素构成，即生理生命、心理生命和社会生命。

生理生命：人首先是作为一个生理性的肉体而自然存在着，由蛋白质和核酸等物质组成。肉体是人生命的物质载体，与其他动物一样，人也有生存的物质需求，如吃、穿、住、行等，这是人的生命得以存在的必要前提。生命通过新陈代谢成长和发育，并最终走向衰亡。人作为一种生命体，同样也将经历生和死。

心理生命：也指人的精神生命，心理生命是对生理生命的超越。人不仅仅是为了满足生理生命的需求而活着，更重要的是，正如马斯洛的需求层次理论指出的那样，人还有安全需求、社交需求、尊重需求和自我实现需求。而这些需求的满足，正是人的生命的独特之处，也正是这些需求丰富着人的精神世界，让人之所以成为人。

社会生命：指生命是一种社会关系的存在。马克思说，人在本质上，是一切社会关系的总和。每个人都身处与他人和社会的复杂的关系网中，既受社会关系的影响，又影响着社会关系。每个人都以他人和社会的期待或规范调整自己的行为，又以自己的独特性与他人和社会互动，形成了社会生命的权利、义务和责任，并决定了人的潜能和创造力。

生命的三个要素中，生理生命是生命的基础和前提，是生命活动得以进行的根本保证，心理生命和社会生命使人有思想、有智慧，共同地将人与动物区分开来，成为独一无二的存在，并决定着人的生命的价值和意义。

（二）生命的特点

1. 生命的偶然性

生命，始于精子和卵子的结合。一个生命的产生，是几亿甚至是几十亿个精子中的一个与卵子结合，形成受精卵，并在母体内孕育十月后诞生。从这个意义上讲，生命的产生，是一个非常偶然的事件，说明了生命的来之不易。同时，生命又面临着人生际遇的偶然性，一件小事，便可能将生命导向完全不同的方向，从而改变人的一生。各种突如其来的疾病、天灾人祸等偶然发生的灾难，都可能使生命受影响甚至消失。生命来之不易，而生命的成长、成熟更是来之不易。

2. 生命的独特性

世界之大，却没有完全相同的两片树叶，也没有完全相同的两个人，哪怕是同卵双生的双胞胎，我们稍微仔细观察，也会发现各种差异。人的生命的独特性除了先天遗传素质，还有后天养成的不同个性。首先，人的遗传素质具有差异性，这种差异决定了生命先天具有独特性，表现为人的身高、体型、外貌、体能、气质类型、能力倾向等的差异。其次，人在后天与不同环境互动，通过观察、学习、模仿等，形成不同的个性、思维和精神特点。因此，即便是同卵双生，基因完全相同，也会因为后天的环境、教育等差异，形成不同的个性特征。

3. 生命的有限性

生命的诞生是一种偶然，而生命的消亡是一种必然。“故飘风不终朝，骤雨不终日……天地尚不能久，而况于人乎?”世间万事万物皆有其发生、发展和灭亡的过程，人也不可能例外。生命的有限性主要体现在三个方面：一是人的生理生命的有限，即人作为一个生物体存在的时间是有限的。一个人从胚胎开始，到生长、发育，最后衰亡，它遵循着一切生命的必然发展规律。二是生命的唯一性，生命对任何人而言都只有一次，不可再生，也不会有“来世”。三是生命的不可逆性，生命像是一张单程车票，人们只能回味过去，却不能回到过去，人的生命过程只有一次，不能重新开始。

4. 生命的有限超越性

存在主义心理学家欧文·亚隆说：“自我意识是无上的馈赠，如生命一般宝贵，正是它使我们成为独一无二的人类。”生命的有限，在于生命长度的有限；而生命的超越，在于人如何利用自我意识拓展生命的宽度。人能够意识到自我，并能不断地思考自我，当人类认识到自身生命的有限性和当下生命的不完美性时，便会思考如何通过自己的生命活动，使“有限”得到超越，使生命的不完美趋向完美。正因为如此，人的生命通过不断地认识、反思和改变，最大限度地促进自我的发展、完善，进而追求自我实现。

二、死亡

（一）死亡是什么

就个体而言，死亡是每个人的最终归宿。死亡，从生物学意义上看，是指身体机能、脏器及所有生命系统的自发机能出现永久的、不可逆的终止。学界先后提出“心肺死亡”“脑死亡”和“脑心综合死亡”的概念。“心肺死亡”指血液循环全部停止以及由此导致的呼吸脉搏等生物生命活动终止；“脑死亡”是指包括大脑、小脑和脑干在内的全脑功能不可逆地停止，此时尽管个体有心跳、呼吸的存在，仍可宣告其死亡；“脑心综合死亡”指个体除了呼吸、心跳和全脑功能不可逆转地丧失外，还包括意识或自我意识的永不可逆的丧失。

人类肉体的死亡必然带来精神的死亡。出生和死亡的交替，是物质运动在生命领域里的一种表现形式。

（二）死亡的特点

1. 死亡的必然性

生命是有机体新陈代谢的过程，死亡是生命的必然，只是或早或晚而已。《庄子》言：“死生，命也；其有夜旦之常，天也。”意思是说，出生和死亡就像白天和黑夜一样，是上天和命运的安排，是人力无法改变的。如果这个世界上有什么事是最公平的，那就是每个人无一例外地都将经历死亡。人们都梦想着“长生不老”，无论是千古帝王，还是平民百姓，死亡必然到来。秦始皇执着于访神仙、求长生，不惜一切手段企图长生不死，最后却死在了巡游求仙的途中。

2. 死亡的不可抗拒性

有人说，这个世界上最公平的事情，就是每个人都会平等地经历死亡。确实，当死亡来临时，所有人都无法自己选择，无论你年龄几何，无论你地位高低，无论你财富多少，都不可逃脱。

秦始皇，一位统一六国的铁腕政治人物，曾被明代思想家李贽赞誉为“千古一帝”。《史记·秦始皇本纪》记载：“始皇渐露刚愎之色，或是因其年事渐高而畏死，故每每挑战天地，欲天地神灵现形与其一斗，则或有长生之理。”为追求长生不死，秦始皇派徐福带领千名童男童女入海求仙药，多次寻求不得，最后秦始皇死在了躲避灾祸预言的第五次巡游中。秦始皇求长生，既是一种对至高权力的执念，也是对死亡的深深恐惧。即使是秦始皇这样的一位千古帝王，也终究无法逃脱死亡。

（三）死亡的价值

1903 年，俄国生物学家、诺贝尔奖获得者梅契尼科夫首先提出了“死亡学”的概念，认为用科学的精神和方法研究“死亡学”，可改善人类的生活品质。是什么原因让一个生物学家对死亡进行思考呢？原来，梅契尼科夫在年轻时便遭遇了死亡之痛。他的第一任妻子因感染肺结核过世，梅契尼科夫悲痛万分，吞食大量鸦片企图自杀，结果没有死去。再婚几年以后，第二任妻子又罹患伤寒去世，梅契尼科夫故意让自己感染疾病再度自杀，但经过一番痛苦折磨以后，他还是没有死去。梅契尼科夫两次自杀未遂，后来因为发现细胞自噬原理，建立细胞免疫学说。梅契尼科夫既感受到了死亡之痛，又创造了生命的巨大可能性，它就像个寓言一样，暗含了死亡的价值，“唯有愿意触及死亡的限制，才可能从中开拓出生命的尊严与价值”。

古罗马著名的神学家、哲学家圣奥古斯丁指出：一个人只有面对死亡的时候，才真正地出生了。死亡是生命的导师，正因为有了死亡，我们才有了对生命的思考和敬畏；因为有了终结，过程才显得尤其重要；因为死亡的必然性，生命才显得难能可贵。死亡对这个世界具有不可忽视的价值，它让我们的每一天都变得如此珍贵。

三、生死之间，追寻生命的意义

生命的出现是偶然，而死亡却是必然。“虽然死亡可以从肉体上摧毁我们，但死亡也能从精神上拯救我们”，死亡可以成为人生最强有力的催化剂，引发我们对人生的思考和改变，进而开创一个充满意义的人生。那么，我们不禁要问，在有限的短暂生命中，生命的意义到底是什么？我们如何才能创造出生命的意义和价值？

生命的意义是什么？这是一个永恒的哲学问题，其核心是人对自身生命价值、对人类社会存在和发展意义的认识和评价。尼采曾提出两句格言，“圆满人生”和“死得其时”，告诫我们，要不断地充实自我，实现自我潜能，充分、完全地活着，只有这样，我们才能死而无憾。心理治疗大师欧文·亚隆在其著作《直视骄阳，征服死亡恐惧》一书的末尾写道：“我希望通过去领会且真正领会人类的处境——我们的有限性，我们短暂的生命之光——我们不但可以品味每一个独一无二的当下，享受全然为是的喜悦，也可以由此培育我们对自身，乃至对全人类的悲悯之心。”

在欧文看来，生命的意义就是“独一无二的当下”“全然为是的喜悦”和“对自身和人类的悲悯”。

那么，如何开创出生命的意义呢？试着想象一下，假如你的生命只剩下一个月，如果你不想生命有遗憾，从现在开始，你会做些什么？或许你会说，我会去做一些之前很想做，但一直没有时间做的事情，如游遍名山大川；或者之前很想做，但一直没有勇气做的事情，如真诚地与某个人和解；又或者……总的来说，我们可以通过三种途径，去寻求生命的意义。

（一）用创造性开拓生命的意义

生命是有限的，但创造却可以无限。或许，就某种程度而言，创造是人类应对自身生命有限性的一种武器。作为代际传承的生命创造，成为自身生命的延伸，让有限的生命得以延续；物体的创造，造福社会，让人们的生活更舒适便捷；思想的创造，启迪世人，带给人们无限的思考和自我成长。创造，一般而言，是指个体有意识地对世界进行探索性活动，是将以前没有的事物生产或者造出来。但更为重要的是，创造还可以是某种建设性工作的过程，如艺术创作、科技发明，以及所有我们认为有价值并愿意花时间和精力去做的事情。

对他人和社会而言，某个人生命的意义在于他带来了什么，留下了什么。但对自我而言，生命的意义，或许更在于体验生命意义的过程。工作是一种体验，学习是一种体验，生活也是一种体验，当我们积极地、负责任地去体验工作、学习和生活的时候，这就是属于我们的一种创造，并在工作、学习和生活的价值和意义的感悟中体验到生命的意义，实现对自己生命的认识、把握和超越。有人说，人越是忘记自己和目标，投身到某项事业或活动中去，他就越能实现自己的价值，越能找到生命的意义所在。

（二）用爱与连结体验生命的意义

不少人可能都听说过心理学里著名的“格兰特研究”，这是哈佛大学的阿列·博克等人，于 1938 年起历时 76 年，耗费 2 000 多万美元开展一个宏大课题，目的是探寻影响一个人是否成功的关键因素，揭开人类幸福的真相。该研究跟踪了 268 名哈佛大学的本科生，每隔 2 年便全面了解他们的情况，如他们身体是否健康、婚姻质量如何、事业进展情况等。结果出人意料，真正影响成功的因素是：童年被爱与理解，尊重、共情他人及青年时能建立亲密关系等与“爱”有关的因素。数据显示，在“亲密关系”项目上得分最高的 58 个人要比得分最低的 31 人，平均年薪高出 14 万美元。这个宏大的研究最终告诉世人，爱与良好的关系让我们更快乐，更健康！

著名心理学家、哲学家弗洛姆说：“对人来说，最大的需要就是克服他的孤独感和摆脱孤独的监禁”，而“对人类存在问题的真正和全面的回答是要在爱中实现人与人之间的统一”。爱、温暖和亲密关系，帮助人类克服孤独感，并直接影响一个人面对意外和挫折的应对机制。一个活在爱里的人，在面对挫折时，可能通过自嘲、和朋友一起运动、寻求家人的抚慰等方式，迅速进入积极健康的良性生活循环；而一个“缺爱”人，遇到挫折时，往往很难获得支持和鼓励，只能自我疗伤，并感到压抑、痛苦，从而走向消极一端。

没有爱，人类无法生活于世。亲密关系是幸福感的必要条件，爱与连结是人类终生的最高追求。爱赋予人类关系深度和色彩，爱与被爱的体验，都在深化着人们对生命意义的感知。当我们体验到爱与连结时，内心会无比地充实和温暖，这会让人进一步思考自己和整个世界，更好地处理自己和世界的关系。

（三）用直面苦难感悟生命的意义

维克多·弗兰克尔曾说："一些不可控的力量可能会拿走你很多东西，但它唯一无法剥夺的是你自主选择如何应对不同的处境的自由。"1942 年，弗兰克尔和父亲、哥哥、妻子一起被纳粹逮捕，关押进奥斯维辛集中营。后来，家人陆续被饿死或被残忍杀害，弗兰克尔也多次与死神擦肩而过，常年忍受着寒冷、饥饿、侮辱、鞭打，却一直追寻着几乎为零的希望之光。有一天，他强忍着脚伤，一瘸一拐走了几千米去工地干活，寒风彻骨，饥肠辘辘。在他不停地想着当前的悲惨生活时，他突然看到自己站在明亮、温暖的教室里，给专注的听众们讲授着集中营心理学，并从科学研究的角度，客观地描述、分析着亲身经历的这一切。

通过这一想象，他成功地从当时的苦难中抽拔出来。最终，他为自己在集中营里的非人生活找寻意义和价值，以自己的亲身经历写下《活出生命的意义》一书，开创了意义疗法，帮助人们找到活着的意义。

中国人常说人生苦短。确实，哪个人的人生道路不是荆棘丛生？似乎，人就是在不断地面对和解决困难和挫折中度过一生的。人只要活着，就会经历苦难，或是身体的，或是心灵的。苦难是否降临，何时降临，怎样降临，我们都无法控制，但我们却可以选择面对苦难的方式和态度。如果我们在遭遇苦难时，回避现实，怨天尤人，失去克服困难的勇气，那么最终将被命运击败。但如果，我们可以直面命运的挑战，把苦难视作对自身内在力量的考验和磨砺，把握现在，着眼未来，这些苦难必将成为我们生命中最有意义、最自豪的养料。

生命的意义对于每个人都是不同的，重要的不是它的普遍性，而在于每个人独特的属于自己的生命意义。因此，摆在我们面前最现实的途径就是：充实地过好人生的每一刻，从容地享受生命中的爱与被爱，踏实地做好人生的每件事，勇敢地面对生活的每一次苦难，活得充实、丰富、精彩，以一个真实、特别、负责任的生命面对死亡。

链接：我失去双腿，却找到更好的人生①

她的微信朋友圈头像是三双腿，一双男人的腿，一双孩子的腿，还有一双是她的腿——这是一双义肢。

"这是妈妈的腿，妈妈的腿和你的不一样，只是不一样而已。"她在日常生活中向她女儿如此解释她身体的不同之处，她说现在 1 岁半的女儿每天早晨会抱着她的义肢递给她。

① 廖智. 我失去双腿，却找到更好的人生［EB/OL］.（2018-05-09）［2019-07-30］. https://www.thepaper.cn/news Detail_ Forward_ 2059914.

她并不回避自己身体的残缺，甚至在朋友圈开玩笑："我的侄女比我老公更了解我，知道我的左腿比右腿长。"

廖智，汶川地震幸存者，曾是四川德阳的一位舞蹈老师，网上流传着一张她在雅安地震期间做志愿者的照片，照片上的她神似张柏芝，让她有了汶川地震最美女教师、雅安地震最美志愿者的称谓。

2008 年 5 月 12 日，在那场举国悲恸的灾难中，23 岁的她失去了家人、失去了 10 个月大的女儿，失去了婚姻，失去了房子，失去了所有积蓄。作为一名舞者，她还失去了双腿。

"2008 年发生的事，现在对我来说好像很远，好像也不是很远。" 2018 年 4 月，廖智坐在春天的阳光里，静静述说往事，她语调平缓，仿若这一切不是发生在她身上。

"我在废墟下埋了近 30 个小时，我的婆婆、女儿都走了，我也不想活了。""我被救了出来，被搁在一辆卡车上，车上有很多遇难的人，也有像我这样的幸存者，车子开了 10 多千米，才找到接收的医院。""我自己在截肢手术上签了字，手术是在半麻状态下进行的，做了一夜。第二天爸爸找到我时，我躺在地上，腿已经没了。""两个月后我就去跳舞，跳舞第二天又二次截肢，因为我当时住帐篷，下大雨，水漏进来，伤口受到感染。"

这么多年过去了，岁月，没有在廖智脸上留下什么痕迹，她皮肤白皙，五官精致，长长的睫毛在阳光下投射出影子，随着这道影子的微妙变化，你才会注意到她情绪的起伏。

没有一滴眼泪，没有半句抱怨，甚至连痛和苦两个字都未提及——被埋在废墟里近 30 个小时的痛苦，两次截肢的痛苦，训练穿义肢的痛苦，穿义肢跳舞的痛苦……她提都没提，她说的更多的是："这场地震让我重生了。"

重生后的廖智又找到了新的爱情，组建了新的家庭，有了一个和她一样美丽的女儿。汶川地震 10 周年时，33 岁的廖智又孕育了一个新的生命。现在，百度词条是"汶川截肢舞蹈老师"的廖智在上海过着普通家庭主妇的生活，每天，她穿着义肢推着女儿在小区散步，和邻居说说笑笑；每隔一段时间，她就带着父母、孩子和先生一起去台湾、美国旅游；偶尔她也会受邀请去大学参加活动做演讲，不管走到哪里，她的脸上都挂着阳光的笑容。

"如果人生可以选择，你会选择避开那场地震吗?"

"为什么要避开呢? 我现在的生活就很好啊。我不会做其他选择，这就是我的人生。"

小结：

我们每个人都是有"意识"的独一无二的存在，既能感受到自己的"生"，也能意识到自己的"死"，"生"是一种喜悦，"死"却是一种哀伤。在短暂有限的生命中，我们既可以用创造性去开拓生命的意义，实现对自己生命的认识、把握和超越；也可以用爱体验生命的意义，让内心更加充实和温暖；还可以通过直面苦难去感悟生命的意义，在苦难中破茧成蝶。

让我们重新审视自己的人生，探索生命的意义。人们可以在不同的人生阶段找到特定时刻下的生活目标，并在积极地、负责任地实现目标的过程中，体验到充实、丰富和精彩。因为，当且仅当一个人能够理解并肩负自己的责任时，内心才会感到满足和平静，才能真正体会到生活的乐趣，体验到生命的终极意义。

思考题：

1. 你在海上旅行，不幸发生意外，流落荒岛数日，寻求救援无果，岛上食物已被吃完，生命只剩下最后一天的情况下，你会做哪些事情，为什么？
2. 在你生命即将结束时，当你去回顾自己的人生，最让你感到幸福的是什么？
3. 如果让你写一篇自己的墓志铭，你会写下哪些内容？

第二节　大学生心理危机及应对

哲学家尼采有一句名言："凡杀不死我的，会使我更强大。"然而对于处于大学阶段的学生而言，如何度过一段艰难的时间，对当下和未来的身心健康有着非常重要的影响。

晓刚是一个开朗阳光、积极向上的男生。小时候，父母忙于工作，年长几岁的哥哥肩负起照顾晓刚的责任，兄弟感情很深厚。一次假期中，兄弟俩一同出游，二人乘坐的出租车发生了车祸，哥哥在车祸中身受重伤，送到医院进行抢救，最后永远地离开了人世。

这件事过后，晓刚返回学校，发现自己过马路时心慌、胸闷，看着川流不息的车流呼吸越发急促，人行道绿灯反复亮了几次，晓刚也不敢跨出去。室友伸手想拍拍他的背，没想到晓刚一下子弹开，很惊恐地看着室友。

晓刚的情况，意味着他处于心理危机的状态。尽管会有人在苦难后重获新生，但是并非所有人都能做到这一点。心理创伤治疗师范德考克说："我们不愿提起的伤痛却不会因为我们的逃避、拒绝而消失。这些创伤性经历总是会促使人们反复重新体验痛苦。"因此，我们需要直面危机，去认识它，接纳它，从而化解危机给我们带来的创伤，治疗自我，帮助他人。

一、心理危机的定义

就个体而言，心理危机是一种对事件和情境的认知或体验，即当发生的严重生活事件或情境超过了现有的应对机制，如果没有及时得到缓解，就有可能导致个体心理从健康状态转为亚健康状态甚至病态，引起个体严重的情绪、行为和认知功能障碍，甚至出现一些极端的反社会行为或自伤行为。

每个人都有一定的心理调控能力，当我们面对各类生活事件时，都在努力地保持着自己的心理状态平衡。然则当一些重大问题的突发，开始使人无所适从，进而让个体的思维、行为都走进一种难以调和的失常怪圈，这就是心理危机。

二、心理危机的特征

现实生活中，对于每一个人而言，在成长的不同阶段都会遇到特定的挑战，一些发展任务或者适应问题会使个体产生心理危机。而危机的存在也是因人而异的，不同的行业、不同的生活地域、不同的时期的个体经历着各不相同的潜在心理危机。因此，不同的心理学家对于心理危机的特征也都有着不尽相同的认识，总结起来，心理危机有如下特征：

其一，心理危机具有普遍性。在大多数人的认知里，心理危机往往是和较为严重的精神问题联系在一起，这是一种有偏差的认识。实际上，心理危机是由突发的严重的生活事件引起的心理失衡，是我们普通大众都难以避免的。在危机事件产生时，每一个经历这个事件的个体，都会产生或严重或轻微的焦虑、烦闷等负面情绪。因此尽管影响程度和调节能力都存在个体差异，但个体都会出现一定的应对机制失灵和心理调控失衡的体验。

其二，心理危机具有特殊性。在同一个环境下成长起来的个体仍旧存在差异性，就心理危机而言，也符合这一特性。面对同一个危机事件，不同的个体会表现出不同程度的情绪波动，会采用不同方式的应对策略，同样也会出现不同的结果。部分人能够成功地应对危机、调控心理状态从而顺利度过危机，另一部分人因自我调控能力弱或失衡严重，会出现严重的心理问题，甚至心理疾病，需要外界帮助才能较好地度过危机，从而恢复心理健康。

其三，心理危机具有破坏性。心理危机是一种危险心理状态，会对个体身心造成危害。个体处于异常状态时，表现行为不同。一方面，心理危机可能引发个体反常的显性行为，如采取自杀、自残等消极方式应对心理创伤，或通过暴力行为、破坏性行为等攻击性行为来缓解个人心理的失衡；另一方面，心理危机可能被压抑至潜意识层面，个体会做噩梦，会出现危机事件的闯入性回忆，从而对个体身心健康造成影响。

其四，心理危机具有动力性。心理危机是一种机遇，在遭遇心理危机的过程中，大多数个体都会通过积极应对方式促进自我成长和改变。在经历危机之后，一方面，这对于个人的发展而言，无疑是具有积极意义的，能够使个人的耐挫力、心理弹性等积极心理因素更加强大；另一方面，个体会更加富有同情心、同理心，在面对同等境遇的他人时，个体更愿意向他们提供帮助。

三、心理危机的阶段

心理危机是一个短时间、可持续的过程，在这个过程中个体通常会经历四个不同的阶段，每一个阶段个体都会出现不同的身心变化。

第一阶段：冲击期。这个阶段发生于危机事件产生时或产生不久，危机事件使当事人开始出现应激反应，负面情绪和焦虑水平急剧上升，内心平衡被打破，警觉性提高，有紧张、恐慌的表现。在这个阶段的个体会试图采用惯有的策略应对应激反应和不适感，也不太会轻易做出向他人求助的举动。

第二阶段：防御期。在此阶段，当事人发现自己惯常使用的解决问题的办法失效，应激反应持续存在，并影响个体的正常生活，如饮食、睡眠、社交等。因此，在该阶段个体也会产生相应的求助动机。高度的焦虑还会影响求助者的情绪和感受，因而在该阶段的干预中，情绪问题是重点。

第三阶段：解决期。由于个体当前的情绪、行为和精神症状都出现了异常，个体会想方设法地寻求和尝试解决问题的新办法，以应对情绪困扰和心理危机。因此，此时是个体求助动机最强的阶段，此时危机干预和心理介入更容易实现。

第四阶段：成长期或危机期。在经过一段时间的探索和外界帮助，有一部分个体已经从心理危机中脱离，变得更加成熟，获得更多处理危机的技巧，整合个人资源，恢复心理弹性，有更多积极的心理资本。但也有一部分个体仍旧一蹶不振，感到绝望、焦虑，或遭受心理疾病的折磨。

四、心理危机的类型

按照产生心理危机的刺激来源，我们可以将心理危机划分为发展性危机、情境性危机、存在性危机。

发展性危机：在正常成长和发展的过程中，急剧转变所导致的异常反应。人的毕生发展中，每个阶段都有相应的发展任务和发展危机，如青少年角色混乱的危机、老年人绝望的危机等，都是身心发展的阶段差异而导致的危机。因此，此类心理危机对于绝大多数人来讲，既是正常的，也是普遍的。

情境性危机：突发的，且个人无法预测和控制时出现的危机事件，导致个体的身心状态失衡。其标志性特征就是随机、突发、影响强烈等，如交通意外、至亲离世、突发疾病、失业等事件，均属于情境性危机。面临情境性危机时，自我调节能力较差的个体就容易产生持续性的身心健康问题。

存在性危机：重要的人生问题如关于个人价值、人生目标等引发的个人内部的心理冲突和焦虑。在这个过程中，个体可能会领悟或者懊恼。比如，在成长过程中，从来没有独立做过决策的学生，在大学阶段可能感到迷茫、懊恼、价值感缺失。

五、心理危机的理论

林德曼在 1944 年在一项主题为“亲人丧失所导致的悲哀性危机研究”中提出了基本危机理论，该理论认为境遇性危机造成的暂时性的情绪、行为和认知扭曲可以通过短期的危机干预进行治疗；凯普兰在 1964 年对其进行了补充发展，认为发展性危机同样可以通过失衡/平衡模式进行干预。

基本危机理论单一讨论诱发因素作为没有充分阐释环境、社会等因素对于危机事件的影响。因此，扩散危机理论从人际关系、适应、系统等角度对该问题进行阐释。

其一是人际关系理论，由罗杰斯提出，其核心在于如果人们相信自身的潜能，具有自我实现和战胜危机的信心，危机就不会持续太久。该理论的最终目标就是个体重新把握对自己的评价，拥有对生活的控制力，重获应对危机状况的能力。

其二是适应理论，该理论认为，适应不良行为、消极思想和损害性防御机制会对个体的危机起到维持作用，只有当适应不良行为转变为适应性行为，危机才会消退。在这个过程中，个体通过探索积极思想和构筑健康的防御机制促成危机的成功解决。

其三是系统理论，由哈利和哈迪提出，有别于传统的危机理论，该理论从社会和环境的范畴，而非只着眼于个体在危机事件中的内部反应。贝尔金进一步指出，该理论涉及情绪系统、沟通系统及需要满足系统。这与危机解决的系统要求相呼应，充分考虑了人与人之间的互动和环境对于个人的影响，我们能够更好地从诱因、强度、起病、病程等信息了解心理危机的现状。

六、心理危机的识别

心理危机的发生因人而异，且至少符合以下几个标准，才可能构成危机。

其一，重大事件是心理危机产生的导火线。随着年龄的增长，每个人在成长的过程中受多样的系统的影响。每个系统的人际、环境的交互都会对个体产生影响。简单的拌嘴、争执会引起个体的情绪波动，但是大多数人都可以调节好个人的状态。而产生心理危机的事件是某些突发性的重大事件，急剧地引发个人的身心失衡。

其二，个体有急剧的情绪、认知及行为的改变。第一个层次是消极情绪，如压抑、羞耻、恐惧、无助、无望等。第二个层次是行为异常，如反常的懒散、不与人接触、违规违纪，甚至出现自伤、离家等。第三个层次是认知问题，如注意力难以集中、记忆减退、认识偏差、极端地评价别人或自己。

其三，个人调动自身能力仍无法应对当下的负面状态。在心理危机产生时，自知力完整的个体都会采取一定的措施，调节自己的心理状态，应对当下的危机事件。但是心理危机产生于突发的危机事件，并非每个人都能够顺利地实现调控。因而，这也是心理危机发生时，个体需要外部力量如稳定的社会支持、专业的心理咨询等帮助度过的原因。

七、心理危机的应对

心理危机产生后，当事人会产生一系列的身心变化，在这个过程中，大多数人首先会采用自我调控控制一些消极反应，当超过了自身的能力范围后，就需要寻求外部帮助，如他人的社会支持、专业的心理咨询等。

（1）自我调适。在自我调适的过程中，认知调节就起到了极为重要的作用。人的认知犹如“过滤镜”，它会使得个体对情境的感受发生改变。“正是我们常有的一些不合理的信念使我们产生情绪困扰”，同样是面对失恋，有人觉得恢复单身，独处的时候可以反思、提升自己，成为一个更值得被爱的人，很快走出了阴影；而有人则认为，自己付出太多，最终受到伤害，自己不值得被爱，也不再相信爱。

因此，心理危机既是客观的，也是辩证的。当我们在生活中不可避免地面对它的时候，如若消极以待，就可能出现“生命的困顿”，如陷入严重的迷茫、焦虑、空虚、压抑，甚至出现网络成瘾、自伤自杀等有损身心健康的行为。而我们若积极应对危机，能够在克服危机的过程中增长阅历、提高信心、审视自己认知模式，进而重新认识生命的价值和意义，整合自我资源，更好地把握当下，追寻生命的价值。

（2）社会支持。稳定的社会支持是个体从其拥有的社会关系中获得的精神上和物质上的支持，能减轻个体的心理应激反应，缓解紧张状态，提高适应能力。在功能良好的家庭中，当某位成员出现心理危机时，其他成员更愿意通过倾听与沟通、给予情感理解与支持，协助其顺利度过。同时，朋辈群体的社会支持，如同学、室友，对处于青春期和成年早期的大学生尤为有意义。

（3）专业求助。专业的心理援助具备更高的专业性、针对性和有效性。专业的心理援助一般通过了解危机情况、评估心理状态、建立接纳和支持的环境、探索解决办法、制订计划、达成承诺六个步骤，帮助求助者逐渐恢复身心平衡。在会谈或咨询的过程中，专业的心理援助通过专业的评估和全面的了解，针对性地引导求助者直面危机，根据求助者当下的身心状态，调整干预的进程，促进其恢复自身的调节能力。大学生需要具备寻求专业帮助的意识。一般来说，各地高校均有专门的心理机构为学生提供服务，如心理健康教育中心。另外，大学生还需要了解 24 小时免费心理危机咨询热线，当自己或周边的同学出现心理危机状况时，可以迅速做出判断并寻求专业帮助。最后，当身边的同学出现自杀或伤人的行为时，可以拨打报警电话，立即干预。

八、心理危机的预防

正如前文所述，面对心理危机时，并不是每一个人都会在遭受沉重打击后被击溃，在这个过程中不同的个体存在显著的个体差异。想要在面对人生挫折时有更强大的调适能力、更积极的应对方式，我们在平常的生活中就要学会调动积极的内外保护性因素，给自己构建一个更强大心理。具体来说，有以下几个方面：

1. 增强个人复原力

较强的复原力是预防心理危机的个人保障。复原力又称心理弹性、心理韧性，是积极心理学中的重要理念，指的是在面对挫折、逆境、挑战时，个体表现出的心理调控能力与适应能力。培养高水平的复原力，个体可以通过对个人能力、自我效能感、耐挫力等个人特质进行塑造从而产生影响。一个具备足够强的个人能力、高自我效能感、强耐挫力的个体在面对困境的时候能够更乐观地调用个人资源去解决问题，寻求合适的方法，从而应对心理危机。

2. 营造良好的人际支持系统

个体建立良好的家庭氛围和人际关系，是预防心理危机的外部保障。好的家庭氛围是建立在家庭成员间彼此具有温情、互相理解、家庭成员分工明确的基础之上的。它对家庭成员的精神和心理都起着非常重要的作用，是家庭成员生活及成长的重要环境因素。对儿童来说，家庭是其成长的首要环境因素，因此家庭氛围对儿童的成长起着至关重要的作用，很大程度上决定着儿童的心理品质及人格发展。除了好的家庭氛围，良好的人际支持也是心理健康的重要保障。哈佛大学为期 75 年的一项研究发现，良好的人际互动有益于个体的身心健康，还可以保护大脑，减缓记忆力衰退。而孤独的人在中年以后健康状况下降，幸福感降低，生理病痛也会加剧。

3. 增强心理健康意识

作为新时代的大学生，需要不断学习心理健康知识，增强心理健康意识。目前，我国高校均开设了心理健康相关课程，以及形式多样的心理健康活动。很多高校也创建了心理健康知识网络平台，以学生喜闻乐见的形式传播心理健康知识。大学生要重视心理健康，通过课程和多渠道学习，探索自我，有针对性地提高自身的心理素质。

总之，人的一生会不断地面临挑战与挫折，要避免心理危机给个体带来的危险，我们就要不断地促进个人人格健全，掌握科学的心理健康知识与技能，维持稳定的社会支持，为自己的心理健康塑造一个良好的内外环境。

链接：心理急救干预的八个核心行动

1. 接触与参与

目标：救助者对幸存者发起的接触做出回应，或以一种非侵入性、富有同情心和帮助性的方式接触幸存者。

2. 安全与抚慰

目标：救助者加强及时与持续的安全保护，并给予物质和情感的抚慰。

3. 稳定

目标：救助者使情感遭受打击或迷茫的幸存者平静下来，使他们清楚自己的处境和要解决的问题。

4. 收集信息

目标：救助者确定幸存者的及时需求和担心，收集额外信息，确定需要采取的心理急救干预措施。

5. 提供实际的帮助

目标：救助者为幸存者提供实际的帮助，强调及时的需求和担心。

6. 衔接社会支持

目标：救助者帮助幸存者与主要支持人员和其他支持者（包括家庭成员、朋友和社区协助人员）建立暂时和持久的联系。

7. 提供应对信息

目标：救助者提供关于应激反应、降低痛苦、增强适应能力等方面的信息。

8. 与协作服务联系

目标：救助者帮助幸存者联系当前和将来需要的、可以利用的其他服务。

小结：

就个体而言，心理危机是一种对事件和情境的认知或体验，即当发生的严重生活事件或情境超过了现有的应对机制，如果没有及时得到缓解，就有可能导致个体心理从健康状态转为亚健康状态甚至病态，引起个体严重的情绪、行为和认知功能障碍，甚至出现一些极端的反社会行为或自伤行为。心理危机是一个短时间、可持续的过程，在这个过程中通常会经历四个不同的阶段，包括冲击期、防御期、解决期、成长期或危机期。关于心理危机的类别，按照产生心理危机的刺激来源，我们可以将心理危机划分为发展性危机、情境性危机、存在性危机。

心理危机相关的理论包括基本危机理论和扩展危机理论。心理危机的发生因人而异，心理危机至少符合以下几个标准：其一，影响心理的重大事件是心理危机产生的导火线。其二，个体有急剧的情绪、认知及行为的改变。其三，调动个人能力无法应对当下的负面状态。心理危机的应对包括自我调适、社会支持和专业求助。心理危机的预防包括增强个人复原力、营造良好的人际支持系统、增强心理健康意识。

思考题：

1. 如果你身边的同学小 A 近期的食欲明显不好，睡得也不踏实，平时和大家在一起经常恍神儿，情绪低落，听室友说他也把自己很多东西送给身边的人。如果你了解了这件事，你会怎么做？为什么这么做？

2. 假如你是班级的心理委员，你会开展什么样的活动来普及心理危机预防的教育？

引用：

[1] 狄尔泰：狄尔泰全集［M］//叶华松. 大学生生命教育. 杭州：浙江大学出版社，2011.

[2] 辜琮瑜. 最后一堂生死课［M］. 西安：世界图书西安出版公司，2011.

[3] 艾里希·弗洛姆. 爱的艺术［M］. 李健鸣，译. 上海：上海译文出版社，2014.

[4] RICHARD K JAMES，BURL E GILLILAND. 危机干预策略［M］. 肖永源，等，译. 北京：中国轻工业出版社，2017.

推荐阅读：

[1] 亚隆. 直视骄阳，征服死亡恐惧［M］. 张亚，译. 北京：中国轻工业出版社，2015.

[2] 维克多·弗兰克尔. 活出生命的意义［M］. 吕娜，译. 北京：华夏出版社，2017.